studio [21]

Unterrichts-vorbereitung   B1

Deutsch als Fremdsprache

Cornelsen

studio [21]
Unterrichtsvorbereitung
Deutsch als Fremdsprache

Kollaboratives Schreibprojekt

Im Auftrag des Verlages erarbeitet von
Christine Becker (Stockholm);
Renato Ferreira da Silva (Sao Paolo); Andreas Fechner (Seoul);
Priscilla M. Pessutti Nascimento (Sao Paolo);
Gertrud Pelzer (Mexiko); Elena Shcherbinina (Moskau);
Ralf Weißer (Prag)

Redaktion: Maria Funk

Illustrationen: Andreas Terglane

Layout und technische Umsetzung: zweiband.media, Berlin
Umschlaggestaltung: Klein & Halm Grafikdesign, Berlin

Symbole

👤	Einzelarbeit (EA)
👥	Partnerarbeit (PA)
👨‍👩‍👧	Kleingruppe (KG)
👨‍👩‍👧‍👦	Plenum (PL)
	Kursteilnehmer/innen (KT)
	Kursleiter/innen (KL)
M	Material
AL	Alternative
HA	Hausaufgabe
BD	Binnendifferenzierung

www.cornelsen.de

Die Webseiten Dritter, deren Internetadressen in diesem Lehrwerk angegeben sind, wurden vor Drucklegung sorgfältig geprüft. Der Verlag übernimmt keine Gewähr für die Aktualität und den Inhalt dieser Seiten oder solcher, die mit ihnen verlinkt sind.

1. Auflage, 2. Druck 2017

© 2016 Cornelsen Verlag GmbH, Berlin

Das Werk und seine Teile sind urheberrechtlich geschützt.
Jede Nutzung in anderen als den gesetzlich zugelassenen Fällen bedarf der vorherigen schriftlichen Einwilligung des Verlages.
Hinweis zu den §§ 46, 52 a UrhG: Weder das Werk noch seine Teile dürfen ohne eine solche Einwilligung eingescannt und in ein Netzwerk eingestellt oder sonst öffentlich zugänglich gemacht werden.
Dies gilt auch für Intranets von Schulen und sonstigen Bildungseinrichtungen.

Druck: H. Heenemann, Berlin

ISBN: 978-3-06-520603-7

PEFC zertifiziert
Dieses Produkt stammt aus nachhaltig bewirtschafteten Wäldern und kontrollierten Quellen.
www.pefc.de

Inhalt

studio [21] – Das Konzept	71 — 7 Das ist mir aber peinlich!
24 — Willkommen in B1	77 — 8 Generationen
28 — 1 Zeitpunkte	83 — 9 Migration
35 — 2 Alltag	89 — 10 Europa
40 — 3 Männer – Frauen – Paare	96 — Station 2
46 — 4 Arbeit im Wandel	103 — Kopiervorlagen
51 — 5 Schule und lernen	130 — Tests
58 — Station 1	150 — Modelltest Hörtexte
64 — 6 Klima und Umwelt	153 — Lösungen

studio [21] – Das Konzept

1. studio d / studio [21] – Was bleibt und was kommt neu?

studio [21] entwickelt studio d weiter. Wir haben Erfahrungen mit studio d von Lehrkräften aus der ganzen Welt systematisch gesammelt und in die Neubearbeitung einbezogen – zum Beispiel in diese neue Handreichung für den Unterricht, die als kollaboratives Schreibprojekt von Lehrkräften aus der ganzen Welt entstanden ist. Dafür möchten wir den vielen Beteiligten an dieser Stelle ausdrücklich danken!

Was bleibt?

studio d hat 2005 viele fachdidaktische Standards gesetzt, die inzwischen auch von anderen Lehrwerken übernommen wurden. Darüber freuen wir uns. Zum Beispiel:
- ein **Übungskonzept**, in dem Wiederholungen und Automatisierungen eine zentrale Rolle spielen.
- eine integrierte und auf Routineformeln aufbauende **Grammatikarbeit** (dabei folgen wir dem Prinzip: nicht jede Regel muss explizit vermittelt werden).
- eine integrierte und kontinuierliche **Phonetikarbeit** bis in die Mittelstufe.
- ein **Medienangebot**, das man flexibel und optional einsetzen kann.

Darauf haben wir aufgebaut.

Und was kommt neu?

- **landeskundliche Aktualisierung**
  Dort, wo nötig, haben wir aktualisiert; dort, wo Lernende weniger Interesse an einem Thema hatten, gibt es neue Themenangebote.
- **mehr Automatisierungsübungen**
  Sprachliche Flüssigkeit entsteht durch Üben. Sprechroutinen entwickeln sich nur durch Sprechen. Wir haben das Angebot durch entsprechende Übungen gezielt erweitert.
- **erweitertes Textangebot (Lese- und Hörtexte)**
  Es gibt ein größeres Angebot an Zusatztexten, die auf das Thema und Niveau der jeweiligen Einheit abgestimmt sind.
- **erweitertes Testangebot**
  Das Test-Trainingsangebot orientiert sich an den derzeit gängigen Testverfahren.
- **Videoclips**
  Die Videoclips zu studio [21] B1 bieten vielfältige landeskundliche Clips zum themenbezogenen Üben. Der Film zu studio d kann nach wie vor verwendet werden und bietet Zusatzmaterial und Übungsanlässe.
- **verbesserte Wortschatz-Systematik**
  Wir setzen aktuelle Erkenntnisse aus der Lernwortschatz- und Vergessensforschung um: Training aller Formen von Wortverbindungen vor Wortbildungssystematik und Wortfamilien.
- Aus diesem Grund haben wir auch einen neuen **Arbeitsbuchteil** entwickelt, der auf veraltete Übungsformen, an deren Effektivität Zweifel bestehen, verzichtet und statt dessen auf die Ausbildung von Routinen und die Verbindung von Wörtern setzt.

Vor allem haben wir:
- **ein erweitertes Medienangebot**
  Mit der digitalen Lehrerhandreichung haben wir 2005 einen Standard gesetzt, dem andere Lehrwerke inzwischen gefolgt sind. Die digitalen Medien spielen heute eine noch größere Rolle für das Lehren und Lernen. Dem trägt **studio [21]** Rechnung und bietet Lehrenden und Lernenden intelligente, flexibel einsetzbare Arbeitsmaterialien für den Unterricht, für unterwegs und für zu Hause. Zum Medienangebot gehört:
  1. das Deutschbuch mit **E-Book**
  2. Audio-CDs zu den Einheiten und Übungen und Videoclips
  3. der **digitale Unterrichtsmanager**
  4. die **Wortschatz-App**

2. Der Lehrwerksverbund studio [21] auf einen Blick

studio [21] richtet sich an Erwachsene, die im In- und Ausland Deutsch lernen. Der Lehrwerksverbund orientiert sich an den Niveaustufen A1 bis B1 des „Gemeinsamen europäischen Referenzrahmens" und führt in drei Bänden zu den drei Test-Niveaus A1, A2 und B1. Das Deutschbuch B1 gliedert sich in zehn Einheiten mit thematischer und grammatischer Progression, die jeweils durch einen Übungsteil und die Überblicksseite „Fit für Einheit ... " ergänzt werden. Das Deutschbuch B1 enthält insgesamt Materialien und Anregungen für 120 bis 160 Stunden Deutschunterricht. **studio [21]** B1 ist Teil eines multimedialen Angebots, das Lehrkräften ein flexibel einsetzbares Angebot an Texten, multimedialen Lernsequenzen und Übungsangeboten für alle Lerntypen bietet.

Die Funktion der einzelnen Komponenten im Lehrwerkverbundsystem

 **Das Deutschbuch mit E-Book**

studio [21] enthält zehn Einheiten, in denen jeweils Themen, kommunikative Szenarien, sprachliche Handlungen, Lerntipps, Wortschatz, Lexik und Grammatik eingeführt werden. „Willkommen in B1" ist eine Brückeneinheit, die den Kursteilnehmern (KT) den Einstieg in B1 erleichtern soll. Es wird Gelerntes aus A2 wiederholt, neue KT können sich kennenlernen und Aufgaben zum Thema „Verbindungen" bieten einen interessanten Start in den neuen Kurs. Zwei zusätzliche fakultative Einheiten, die „Stationen", sind speziell der Wiederholung, dem Flüssigkeitstraining und der Vertiefung sowie der Arbeit mit den landeskundlichen Videoclips gewidmet. Hier werden keine neuen sprachlichen Handlungen und Grammatikstrukturen eingeführt.

Das Deutschbuch ist nach wie vor das Ankermedium des Lehrwerkverbundes und die Basis des Unterrichts im Kurs. Es macht Vorschläge für die Organisation der Kursarbeit. Der Übungsteil folgt sofort nach der jeweiligen Einheit. Auf diese Weise vermeiden wir die Teilung des Buches und das ständige Blättern zwischen einzelnen Teilen des Lehrwerks. Am Ende des Übungsteils kann auf der Überblicksseite „Fit für Einheit ..." der Lernfortschritt selbstständig überprüft werden. Die Lösungen zu den Übungen können im Internet unter *www.cornelsen.de/studio21* kostenlos heruntergeladen werden.

Der Anhang enthält einen Modelltest „Goethe-Zertifikat B1", eine Übersicht zur Grammatik und zur Phonetik, eine Liste der unregelmäßigen Verben sowie die Hörtexte, die nicht bzw. nicht komplett in den Einheiten und Übungen abgedruckt sind. Am Ende finden Sie eine alphabetisch geordnete Liste des Lernwortschatzes mit Verweis auf das erste Erscheinen.

In den ersten Einheiten sollten die Kursteilnehmerinnen und Kursteilnehmer in die Arbeit mit dem Deutschbuch eingeführt werden. Die Lehrenden machen sie auf die Aufteilung in Abschnitte aufmerksam, sie testen, ob die Arbeitsanweisungen verstanden werden, legen den Zeitpunkt für Kontrollphasen fest und schätzen ein, welche Aufgaben von den KT individuell zu Hause oder eventuell besser im Kurs bearbeitet werden sollen/können.

Dem Deutschbuch beigelegt ist eine **DVD mit E-Book** und allen Hörtexten zu den Übungen. Das E-Book mit stufenloser Zoomfunktion enthält alle Einheiten und Stationen des Deutschbuchs sowie alle Übungen als interaktive Variante. Darüber hinaus bietet das E-Book zahlreiche Zusatzmaterialien: Lernwortschatz zu jeder Seite, Bilder der Wort-Bild-Leiste zum Vergrößern mit vertonten Wörtern und weiterführende interaktive Übungen zum Wortschatz und zur Grammatik.

 **Die Audio-CDs zum Deutschbuch**

Die Audio-CDs enthalten alle Hörtexte zu den Aufgaben in den Einheiten und Stationen: Interviews, Dialoge, Gedichte und Lieder sind integraler Bestandteil der Einheiten.

Das Hörmaterial gibt es in zwei Formaten: für CD-Player und mobile Geräte. Die Hörtexte zu den Übungen befinden sich auf dem eingelegten E-Book des Deutschbuchs und können zusätzlich kostenlos unter www.cornelsen.de/studio21 heruntergeladen werden, so dass die KT zu Hause nicht nur ihr Hörverstehen, sondern auch ihre Aussprache intensiv trainieren können.

studio [21] – Das Konzept

Videoclips

Die Videoclips zu **studio [21]** B1 enthalten eine Vielzahl von landeskundlichen Informationen, die von den Lernenden wahrgenommen und in der Muttersprache besprochen, aber noch nicht auf Deutsch formuliert werden können. Die Stationen enthalten jeweils eine Doppelseite mit Aufgaben und Übungen zu den Videoclips, die Sie unter *http://www.cornelsen.de/studio21/videos* finden. Der Einsatz der Videoclips bietet sich vor allem im Rahmen der Arbeit an den Stationen an. Die landeskundlichen authentischen Bilder bieten über den unmittelbaren Lernstoff des Kursbuches hinaus viele Anlässe für die Kommunikation im Kurs, sie beleben den Unterricht und fördern die Motivation. Wir empfehlen den Einsatz der Videoclips nachdrücklich, da er eine Reihe von Vorteilen bietet, die den fremdsprachendidaktischen Erkenntnissen entsprechen:

Anschaulichkeit   Visuelle Unterstützung des Lernprozesses. Die Videoclips liefern über die Standbildfunktion praktisch unbegrenzt zusätzliche Bilder zum Lehrbuch und unterstützen damit vor allem visuelle Lerntypen.

Differenzierung   Zusätzliches Material an Bildern und Texten ermöglicht es Ihnen, besser und differenzierter auf die Bedürfnisse heterogener Lerngruppen einzugehen.

Reichhaltige Lernumwelten   Die von der Fachdidaktik vor allem im Hinblick auf die Ergebnisse der Gehirnforschung geforderten reichhaltigen Lernimpulse werden durch die Videoclips geliefert. Sie enthalten eine Fülle landeskundlicher Zusatzinformationen, die man im Kurs aufgreifen kann. Durch eine Reihe von Kameraschwenks ist sichergestellt, dass es genügend Material für eine differenzierende Standbildarbeit für die Wortschatzarbeit gibt.

Intensivtraining B1 mit Hörtexten

Das Intensivtraining mit Hörübungen stellt zusätzliches Übungsmaterial für die Einzelarbeit und für Intensivkurse bereit. Es unterstützt vernetztes Denken und fördert die Anwendung von Lerntechniken, mit denen die KT selbstständiger und erfolgreicher Deutsch lernen. Die fakultativen Seiten „Leben in Deutschland" richten sich besonders an in Deutschland lebende Lernende und behandeln für sie wichtige Themen wie z. B. Wohnungs- und Arbeitssuche, wichtige Adressen oder das Gesundheitssystem.

Intensivtraining B1 mit Hörtexten und interaktiven Übungen

Das Intensivtraining ist auch erhältlich mit CD-ROM. Diese enthält zusätzliche interaktive Übungen mit Korrekturfunktion.

Die Unterrichtsvorbereitung

Die Unterrichtsvorbereitung enthält neben dieser Konzeptbeschreibung didaktische Kommentare und Lösungsvorschläge zu den Aufgaben in den Einheiten. Die Übungen im Übungsteil der Einheiten sind nicht eigens kommentiert. Wo es sinnvoll erscheint, wird an einzelnen Stellen aus dem Kommentar zum Lehrbuch heraus auf Übungen verwiesen. Darüber hinaus bietet die Unterrichtsvorbereitung Lehrtipps und landeskundliche Zusatzinformationen sowie zusätzliche Arbeitsblätter und Tests als Kopiervorlagen inklusive Lösungen.

Der digitale Unterrichtsmanager

Der digitale Unterrichtsmanager enthält das interaktive Deutschbuch mit integrierter Unterrichtsvorbereitung, die Audio- und Video-Dateien, Übungen für Whiteboard sowie zusätzliche Arbeitsblätter und Tests als ausdruckbare Kopiervorlagen. Der Unterrichtsmanager ermöglicht es Ihnen, sowohl Ihren Unterricht zeitsparend vorzubereiten als auch abwechslungsreichen und motivierenden Deutschunterricht mithilfe von Whiteboard oder Beamer durchzuführen. Hier stehen Ihnen alle Materialien des Lehrwerkverbundes zur Verfügung.

Das Vokabeltaschenbuch

Das Vokabeltaschenbuch mit dem themenbezogenen Lernwortschatz zu allen Einheiten enthält Schreibzeilen zum Eintragen der Übersetzung in die Muttersprache und Beispielsätze damit die Vokabeln besser im Gedächtnis haften bleiben.

Testheft B1

Das Testheft stellt zusätzliches Material zur objektiven Evaluierung des Lernfortschritts auf der Niveaustufe B1 bereit. Es enthält zehn Tests, in denen der Lernstoff der einzelnen Einheiten überprüft wird, zwei einheitenübergreifende Gesamttests und einen Modelltest *Goethe-Zertifikat B1* zur Prüfungssimulation.

Online-Angebot für Lehrende

Auf der Internetseite *www.cornelsen.de/studio21* erhalten Lehrende vielfältige kostenlose Zusatzangebote.

Online-Angebot für Lernende

Lernende können zu Hause oder unterwegs mit interaktiven Übungen den Lernstoff wiederholen und festigen.

Wortschatz-App

Mit der Wortschatz-App können die KT bequem unterwegs Wörter systematisch lernen und spielerisch wiederholen und festigen.

Die sieben Grundprinzipien und Qualitätsmerkmale von studio [21] auf einen Blick

1 Orientierung am „Gemeinsamen europäischen Referenzrahmen"
Die **Kannbeschreibungen** aus „Profile deutsch" werden transparent und praxisgerecht umgesetzt.

Redemittel

jemandem zustimmen	jemandem widersprechen
Da bin ich ganz deiner / Ihrer Meinung.	Ich bin nicht deiner / Ihrer Meinung.
Da hast du / haben Sie Recht.	Da stimme ich dir / Ihnen nicht zu.
Das sehe ich auch so / (ganz) genauso.	Das kann man so nicht sagen / sehen.
Ganz genau! / Na klar! / Das stimmt.	Das ist nicht (ganz) richtig.

Einheit 3, S. 50

Textbausteine

sagen, was man tun sollte und/aber will

Ich bin (ganz schön) gestresst, weil … / … ist zur Zeit / gerade sehr stressig.
Meine Familie / Meine Freund/in meint, ich sollte …, aber wenn ich ehrlich bin, dann …
Meine Kollegen sagen, ich müsste/könnte … Das sollte ich vielleicht / doch einmal versuchen.
Ich denke (aber), ich könnte … / (Aber) manchmal …

Einheit 2, S. 36

Hier lernen Sie
- über Männer, Frauen und Klischees sprechen
- Ihre Meinung sagen, zustimmen und widersprechen
- über Beziehungen und Probleme sprechen
- das 4-Ohren-Modell der Kommunikation verstehen

Einheit 3, S. 48

2 Deutschlernen für Freizeit und Beruf

Berufliche Themen und Sprachhandlungen gehören in Übereinstimmung mit den Vorgaben des „Gemeinsamen europäischen Referenzrahmens" von Anfang an dazu.

1 Eva Berger unterwegs

a) Lesen Sie die Informationen zu Frau Berger. Wer ist sie, für wen arbeitet sie und was ist ihre Aufgabe? Berichten Sie.

Optronica ... steht für optische Systeme! Mehr Qualität geht nicht.

Mitarbeiter | Unternehmen | Aktuelles | Shop

Ich heiße Eva Berger und arbeite seit 2008 bei der optronica GmbH im Vertrieb. Ich bin technische Optikerin und Betriebswirtin. Ich berate und betreue Sie direkt vor Ort. Sie haben Fragen zu unserem Angebot oder brauchen Unterstützung mit innovativen optisch-technischen Ideen? Bitte rufen Sie mich an oder schicken Sie mir eine E-Mail.

Telefon: +49 3641-547699
Mail: eva.berger@optronica.de

b) Eva Berger ist im Gespräch mit einer neuen Kollegin. Kreuzen Sie die Länder an, über die sie spricht.

☐ Japan ☐ USA ☐ Spanien ☐ Russland
☐ Frankreich ☐ Italien ☐ Türkei ☐ Polen

c) Hören Sie das Interview noch einmal und ordnen Sie Frau Bergers Aussagen den Ländern zu.

1. ☐ Ich habe tagelang Sightseeing gemacht. Kein Wort über Geschäftliches.
2. ☐ Die Leute sprachen sich alle mit Vornamen an. Zuerst fand ich das total unhöflich.
3. ☐ Das mit den Visitenkarten werde ich wohl nie verstehen.
4. ☐ Einladen? Das ist dort eine Lebenseinstellung.

d) Machen Sie eine Tabelle und notieren Sie weitere Informationen zu den Ländern.

Land	Probleme/Fragen	Regel(n)
USA		

Einheit 7, S. 134

studio [21] – Das Konzept

3 Umfassendes Angebot für mediengestütztes Lernen und Lehren

Das **Medienangebot** kann entsprechend den individuellen Bedürfnissen und institutionellen Gegebenheiten flexibel genutzt werden.

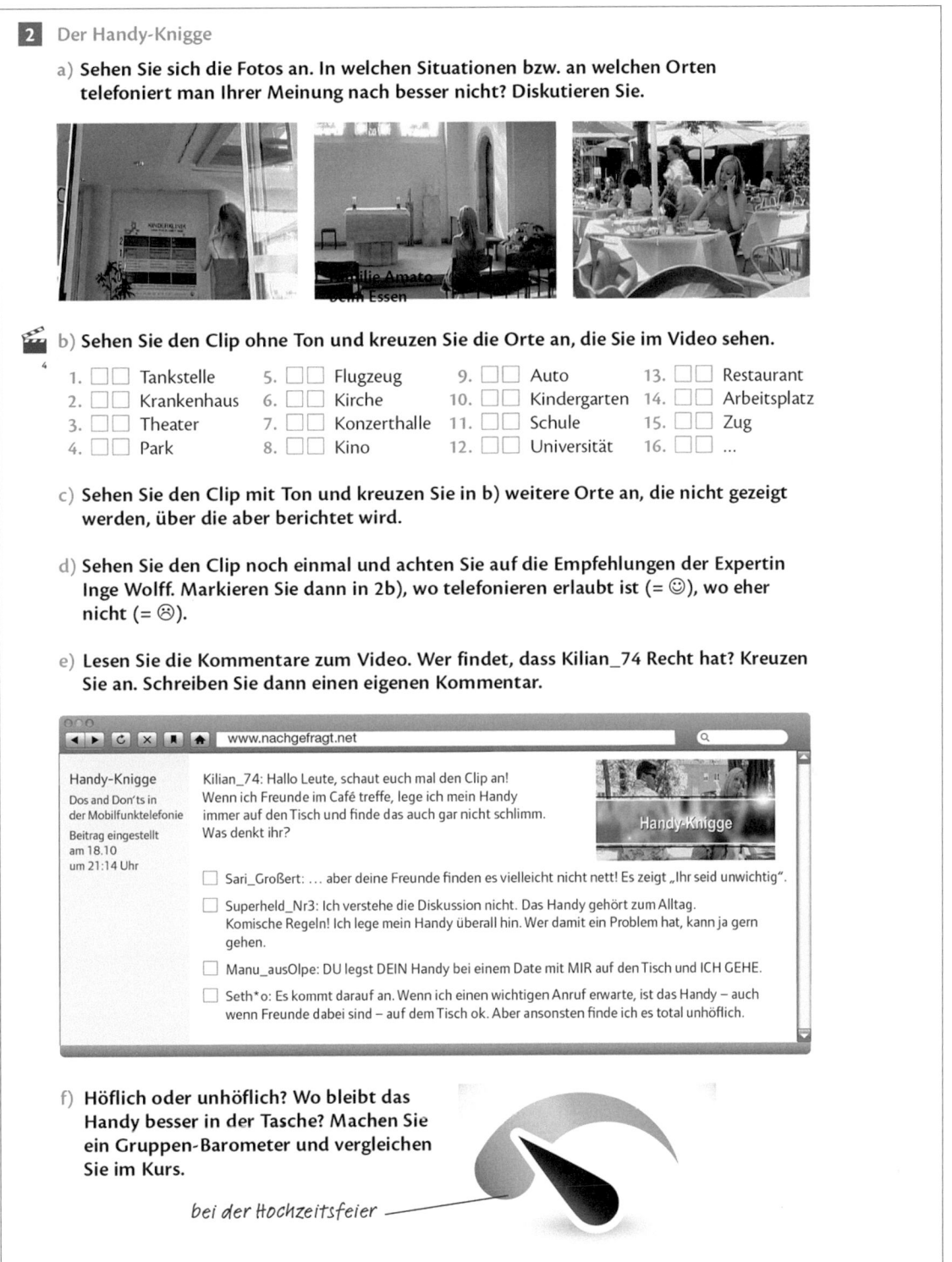

Station 2, S. 209

4 Berücksichtigung neuerer Erkenntnisse aus der Zweit- und Fremdsprachenerwerbsforschung

- **Übungen** zur Entwicklung sprachlicher Flüssigkeit: verstehen, verwenden, automatisieren.
- Didaktisch sinnvolle **Lernsequenzen** ohne künstliche Trennung der Fertigkeiten.
- **Lerntipps** unterstützen die Entwicklung individueller Lernstrategien.

5 Integration der Grammatik in sprachliches Handeln

Das explizite Lernen grammatischer Formen wird konsequent in lebensnahen Übungen trainiert. Die Personalisierung von Grammatik ermöglicht den Erwerb von **zusammenhängenden Sprachmustern** ohne Konzentration auf die grammatischen Regeln.

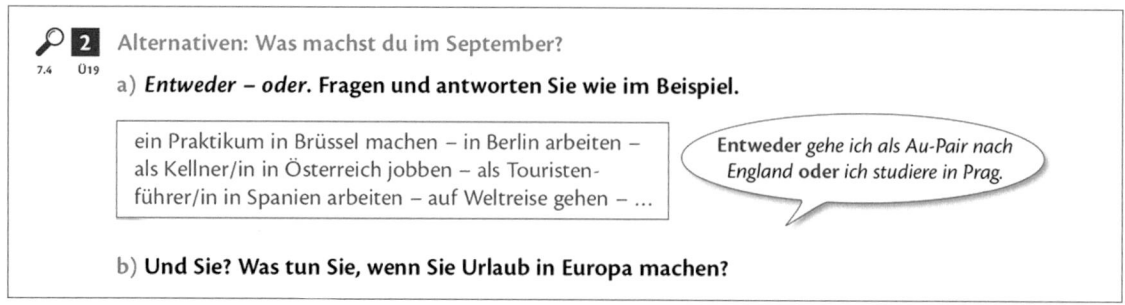

Einheit 10, S. 191

6 Kontinuierliches Aussprachetraining von Anfang an

Ausspracheübungen sind in den Ablauf aller Einheiten integriert. Sie verbinden Dialog- und Wortschatzarbeit und unterstützen das Lernen von Wörtern als Laute, nicht als Buchstabenkombinationen.

Neu im B1-Band sind zusätzliche Phonetikübungen im Übungsteil, die die Lernenden auch alleine durchführen können.

> **9** Wörter mit z
>
> **a)** Markieren Sie den Wortakzent. Hören und kontrollieren Sie. Lesen Sie die Wörter laut.
> 1.03
>
> das 'Zeitgefühl – der Zeitpunkt – die Freizeit – die Lebenszeit – der Zeitdruck – die Arbeitszeit – die Wartezeit – der Zeitplan – zeitlos
>
> **b)** Welches Wort hören Sie? Kreuzen Sie an.
> 1.04
>
> 1. ☐ Zeit ☐ seit 3. ☐ Zehen ☐ sehen 5. ☐ zelten ☐ selten
> 2. ☐ Zoo ☐ so   4. ☐ zieh ☐ sieh   6. ☐ Zeh ☐ See
>
> **c)** Hören Sie die Wörter aus b) und sprechen Sie nach.
> 1.05
>
> **d)** Z oder s? Hören und ergänzen Sie.
> 1.06
>
> 1. ...u...ammen ...ein   4. ...icher   7. ...urück
> 2. ...u viel   5. ...u Hau...e   8. ...ahlen
> 3. ...üß   6. redu...ieren   9. organi...ieren

Einheit 1, S. 23

studio [21] – Das Konzept

7 Aktuelle Landeskunde mit interkultureller Perspektive

Projekt- und Recherchevorschläge ergänzen landeskundliche Informationen und nehmen die Perspektive der Lerner auf die deutschsprachigen Länder ein. Landeskunde wird explizit und implizit vermittelt.

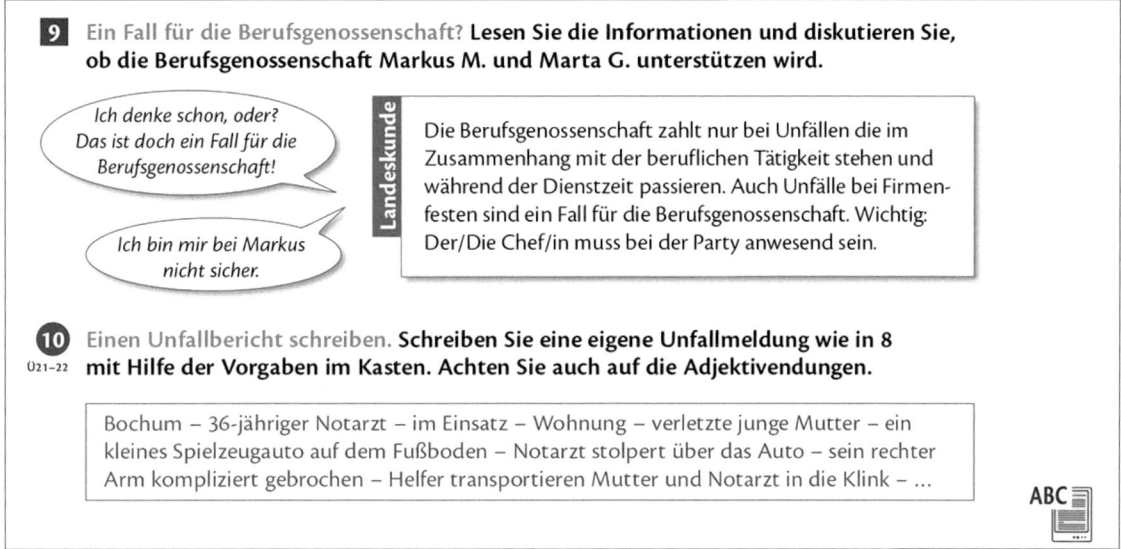

Einheit 4, S. 73

Allgemeine didaktische Grundlagen und Tipps zur Arbeit mit studio [21]

Bei der Erstellung des Materials haben wir uns an den Vorgaben des „Gemeinsamen europäischen Referenzrahmens" und von „Profile deutsch" orientiert. Was heißt das genau?

„Profile deutsch"
- setzt die Anregungen des „Gemeinsamen europäischen Referenzrahmens" für Deutsch als Fremdsprache um,
- enthält konkrete Ideen und Beispiele für den Unterricht,
- übernimmt, erweitert und konkretisiert das System der Kompetenzbeschreibungen des „Referenzrahmens" und des Portfolios,
- hilft, Lernziele oder sprachliche Mittel aufzufinden und Sprachhandlungen zuzuordnen,
- erlaubt, den Inhalt zielgruppenorientiert zu adaptieren oder zu ergänzen,
- macht Vorschläge für eine Grammatikprogression.

Damit sind gleichzeitig die Prinzipien beschrieben, nach denen wir die Vorgaben in **studio [21]** umgesetzt haben. Allerdings: Die europäischen Vorgaben werden ganz in deren Sinne dort flexibel interpretiert, wo im Interesse der pragmatischen Plausibilität von Texten und Dialogen auch Formen aufgegriffen werden, die auf dieser Stufe noch nicht gefordert sind. Wichtig ist für uns beispielsweise das Prinzip von „Profile deutsch", dass Formen auch als „Wendungen" aufgegriffen werden, die nicht analysiert und nicht systematisiert werden. Andere Begriffe für Wendungen sind „Routineformeln", „chunks", „Redewendungen", „Gesprächsroutinen", „Redemittel" und viele andere. Die Begriffe bedeuten nicht immer genau das Gleiche. In jedem Fall werden aber solche Einheiten, die aus mehreren Wörtern bestehen, durch wiederholten Gebrauch im Kontext erworben und nicht durch grammatische Analyse.

studio [21] – Das Konzept

Redemittel

über das eigene Befinden sprechen

... ist für mich (kein) Stress.
... ist / sind ein / kein bisschen nervig.
... macht / machen mich (nicht so sehr) verrückt!
Ich finde es (nicht) stressig, wenn / dass ...
Ich ärgere mich kaum / sehr oft über ...
Es stört mich (nicht), wenn/dass ...

Einheit 2, S. 31

Das europäische Sprachenportfolio

Das europäische Sprachenportfolio ist eine strukturierte Sammlung von Dokumenten und Beispielen persönlicher Arbeiten, die von den Lernenden zusammengestellt, ergänzt und aktualisiert werden, um ihre Mehrsprachigkeit, ihre Kompetenzen in verschiedenen Sprachen, ihr Sprachenlernen, ihre Sprachkontakte und ihre interkulturellen Erfahrungen für sich selbst und für andere transparent zu dokumentieren. Das Sprachenportfolio orientiert sich ebenfalls an dem vom Europarat entwickelten „Referenzrahmen" und trägt zur Vergleichbarkeit von Leistungen bei. Das Sprachenportfolio hat eine vorgegebene Struktur:
– Sprachenpass: Sprachkompetenzen und interkulturelle Kompetenzen auf einen Blick,
– Sprachbiografie: Dokumentation und Reflexion über gelernte Sprachen,
– Dossier: Sammlung persönlicher Arbeiten.

Mit den *Ich-Texten* in **studio [21]** schreiben die Lernenden von Beginn an Texte für ihr Sprachenportfolio, die ihren Sprachstand dokumentieren und Sprachlernfortschritte deutlich machen.

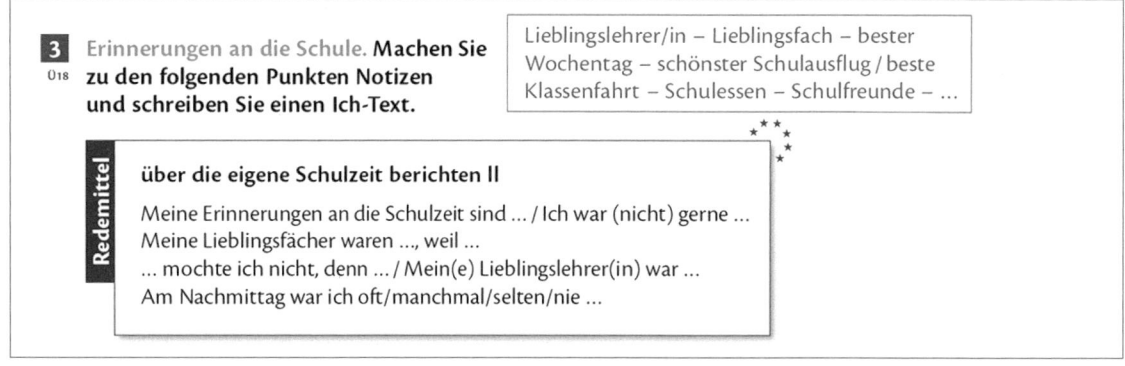

Einheit 5, S. 90

Die Integration von allgemeinsprachlichem und beruflichem Lernen im Sinne des „Gemeinsamen europäischen Referenzrahmens"

Globalisierung und Technisierung erfordern Kenntnisse in mehr als einer Fremdsprache. Gute Fremdsprachenkenntnisse der Mitarbeiter/innen sind nicht nur ein Karrierefaktor, sie werden auch für die Unternehmen immer wichtiger, z. B. wenn es darum geht, Informationen aus unterschiedlichen fremdsprachlichen Quellen im Internet zu recherchieren. Immer mehr Deutschlernende beabsichtigen, die Fremdsprachenkenntnisse in beruflichen Zusammenhängen anzuwenden. Ein Sprachkurs, der die Berufs- und Arbeitswelt von Beginn des Lernens an integriert, kann besonders zur Motivation beitragen. Seit Verschärfung der Finanzkrise um 2010 lernen mehr und mehr junge Erwachsene in Südeuropa Deutsch von Anfang an mit hoher beruflicher Motivation. **studio [21]** berücksichtigt den berufsbezogenen Aspekt der Motivation von Anfang an und geht davon aus, dass berufsbezogene Kommunikationskompetenz in einem integrierten Kurs entwickelt werden kann, der sowohl allgemeinsprachlichen als auch berufsbezogenen Anforderungen gerecht wird. Berufliche Alltagskommunikation besteht zum großen Teil aus sprachlichen Handlungen, die weder berufs- noch berufssprachenspezifisch sind (z. B. Informationen sammeln und austauschen, Termine machen, eine Diskussion einleiten, Diskussionsergebnisse zusammenfassen etc.).

Der „Referenzrahmen" nimmt in den Kannbeschreibungen explizit oder implizit Bezug auf die berufliche Verwendung der Fremdsprache. So ist bei B1 *Interaktion mündlich* formuliert: „Kann ein breites Spektrum sprachlicher Mittel einsetzen, um die meisten Situationen zu bewältigen". In „Profile Deutsch" wird dieses Beispiel konkretisiert: „Kann im Umgang mit Behörden oder Dienstleistern auch sprachlich komplexere Situationen bewältigen.". In **studio [21]** B1 wird dies z. B. in Einheit 2 in den Dialogtrainings „Auf der Bank" und „Bei der Polizei" umgesetzt.

Wie in A1 und A2 wird auch in **studio [21]** B1 die berufsbezogene Komponente des fremdsprachlichen Lernens kontinuierlich in vielen unterschiedlichen Situationen innerhalb der Einheiten und Stationen sowohl implizit als auch explizit aufgegriffen, z. B. implizit in Einheit 1 *(Zeitgefühl, Wofür brauchen wir unsere Zeit)*, Einheit 2 *(Arbeit als Stressfaktor, Strategien gegen Stress)* und in Einheit 4 *(Industrieregionen früher und heute)*. Explizit wird diese Komponente ebenfalls in Einheit 4 *(Arbeitsunfälle, Berufsgenossenschaften)*, in Einheit 5 *(Berufe an der Schule)* sowie in den beiden Stationen mit der Darstellung berufsbezogener Tätigkeiten und Themen *(Eine Präsentation vorbereiten und durchführen; Smalltalk in beruflichen Kontexten)* realisiert. Des Weiteren wird der Berufsbezug durch die Vermittlung von Arbeitstechniken und Lernstrategien mit besonderer beruflicher Relevanz hergestellt, wie etwa die Informationsentnahme aus Grafiken, Bildern und Texten oder unterschiedliche Notiztechniken.

studio [21] und das Training der vier Fertigkeiten

Jede Einheit des Lehr-/Lernsystems **studio [21]** trainiert alle Fertigkeiten in unterschiedlicher Abfolge und unterschiedlicher Gewichtung.

Hören spielt in **studio [21]** eine besondere Rolle. Auch die aktuelle Gehirnforschung legt nahe: Der Bereich des Hörens ist eng mit Emotionalität verbunden. Wir sortieren Klänge in angenehme und unangenehme. Die fremde Welt wird auf diese Weise über das Ohr aufgenommen und emotional „sortiert". Die Hörtexte im Fremdsprachenunterricht haben daher mehrere und unterschiedliche Funktionen:
1. Verstehen lernen: Viele Hörtexte in **studio [21]** und in den Videoclips müssen nicht vollständig verstanden oder nachgesprochen werden. Es geht um das Aufnehmen einzelner Informationen und Eindrücke, um das selektive Entnehmen fremdsprachlicher und fremdkultureller Informationen.
2. Modelle für die eigene Sprachproduktion: In Dialogen und vielen Übungen werden Muster bereitgestellt, die von den Lernenden nachgesprochen und eingeübt werden sollen. Ohne Hören kein Sprechen – Hören und Sprechen werden als interaktives Duo verstanden.
3. Emotionale Stützung abstrakter Lerninhalte: Durch Gedichte, Lieder und ganz allgemein durch den Klang der Sprache wird auch abstraktes, z. B. grammatisches Lernen gefördert. Klang, Rhythmus und Tonfolgen sind emotionale Erinnerungshilfen und sollten so oft wie möglich eingesetzt werden. Diesem Ziel dient u. a. auch die phonetische Arbeit.

Lesen   Im Alltag wie im Fremdsprachenunterricht unterscheiden wir zwei Formen des Lesens: Lesen zum Spaß und Lesen zur Informationsaufnahme. Für beides finden Sie in **studio [21]** ein reichhaltiges Textangebot. Dabei gehen wir davon aus, dass die Lernenden mit der Zeit die drei Ebenen des Verstehens selbstständig unterscheiden lernen:
1. global: Ziel ist eine allgemeine Einschätzung des Textes und seiner wichtigsten Aussage,
2. selektiv: Ziel ist das Verstehen bestimmter Informationen des Textes,
3. detailliert: Ziel ist das Verstehen aller Einzelheiten. Im didaktischen Kommentar zu den einzelnen Einheiten finden Sie genaue Hinweise zu den jeweiligen Lernzielen.

Sprechen   Auch wenn die Dialogarbeit nicht in jeder Einheit im Zentrum steht: Die Gelegenheit, die fremde Sprache zu sprechen, einzeln, in Partnerarbeit und in der Gruppe, ist unverzichtbarer Bestandteil jeder Unterrichtsstunde. In der pragmatischen Planung der Dialoge orientieren wir uns am Niveau B1 des „Referenzrahmens" und an den dortigen Kategorien und Vorgaben für diesen Bereich. Die Forschung weist darauf hin, dass das Sprechen auch wichtig für das Training der anderen Fertigkeiten ist – durch seine Funktion bei der Memorisierung sprachlicher Einheiten im phonetischen Gedächtnis. Integraler Bestandteil des Anfangsunterrichts ist deshalb auch ein bewusstes Training von Aussprache und Intonation.

Schreiben Zu folgenden Schreibanlässen bieten wir Aufgaben und Übungen in **studio [21]** an:
- schreiben, um etwas mitzuteilen (z. B. Mails),
- schreiben, um Informationen zu sichern (z. B. Notizzettel),
- schreiben als Ausdruck der eigenen Persönlichkeit (*Ich*-Texte, z. B. Tagebuch),
- schreiben, um etwas zu lernen: das schriftliche Üben von Wortschatz und Grammatik.

Schreiben ist eine unverzichtbare Lernhilfe und ein Mittel zum Ausdruck der eigenen Persönlichkeit. Gerade das Schreiben in der neuen Sprache kann durch seinen Verfremdungseffekt die Lernenden ermutigen, ihre Gefühle und Gedanken mitzuteilen. Die *Ich-Texte* sind gleichzeitig Belege des eigenen Lernfortschritts und damit Portfoliotexte.

Für alle Fertigkeiten gilt: Sie werden in **studio [21]** nicht getrennt, sondern integriert in Sequenzen geübt.

Lernen lernen – Zur Arbeit mit Lernstrategien und Lerntipps in studio [21]

Zu jeder Einheit gehört eine Vielzahl methodisch-didaktischer Überlegungen und Tipps zum systematischen Training von Lernstrategien, die wir in die Kommentare zu den Einheiten integriert haben, um sie praxisnah und anschaulich beschreiben zu können.

Dem integrativen Strategietraining entsprechend, orientiert sich die Auswahl der Lerntipps und -strategien an den in den Einheiten behandelten Themen und Sprachhandlungen. Dabei versuchen wir, in den verschiedenen Einheiten Lerntechniken unterschiedlicher Art zu präsentieren. Dies bietet den Lernenden die Möglichkeit, diese Techniken und Strategien kennenzulernen und den für sie persönlich effizientesten Lernweg zu entdecken. Neben explizitem und implizitem Strategietraining, wie z. B. durch konkrete Lerntipps oder durch die Anlage der Aufgaben und Übungen, wird durch Angebote zur Evaluation des bisher Gelernten auch eine metakognitive Ebene angesprochen.

In diesem Sinne soll *Lernen lernen* in **studio [21]** mit dazu beitragen, Fremdsprachenlernkompetenzen zu entwickeln.

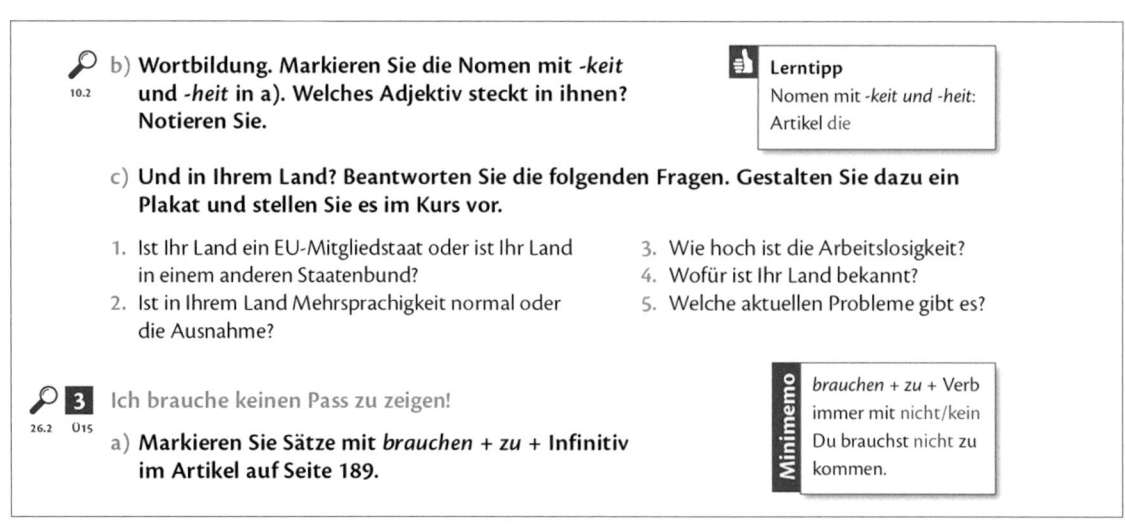

Einheit 10, S. 190

Zur Rolle der Grammatik in studio [21]

Die Grammatikplanung für **studio [21]** geht von den folgenden fünf Grundprinzipien aus:

1. Wir unterscheiden Lernen (bewusst-aufmerksam, explizit) und Erwerben (unbewusst, implizit)

Lernen bedeutet bewusstes und gesteuertes Aufnehmen von Wörtern und Strukturen. Lernen geschieht durch die Konzentration auf die Sprache. *Erwerben* bedeutet das implizite und unbewusste Aufnehmen und Verarbeiten von Information. Im Fremdsprachenunterricht konzentrieren wir uns oft auf das Lernen. Die Anwendung gelernter Strukturen und Wörter in persönlichen und damit bedeutungsvollen Aussagen – und damit der Rahmen für den Erwerbsprozess – kommt im Unterricht oft zu kurz. **studio [21]** macht vielfältige Angebote für informelles, spielerisches Lernen, um Erwerbsprozesse anzuregen.

2. Nur bedeutungsvolle Inhalte können Ausgangspunkt grammatischer Lernprozesse sein

Wir können davon ausgehen, dass ausschließlich solche sprachlichen „Daten" verarbeitet und behalten werden, die von den Lernenden als inhaltlich interessant und motivierend eingeschätzt werden. Grammatikarbeit ohne ansprechende Inhalte ist im Wortsinne „sinnlos". Inhalte dürfen nicht nur der Verpackung grammatischer Formen dienen, sie müssen Lernende emotional oder intellektuell ansprechen und zu Reaktionen animieren. Die Grammatik hat dabei eine dienende Funktion. Die Verbindung von grammatischen Strukturen mit pragmatisch schlüssigen und inhaltlich motivierenden Themen bleibt der Schlüssel zum Lernerfolg.

3. Notwendigkeit von inhaltlich sinnvoller Anwendung von Sprachstrukturen bereits im Unterricht

Nur diejenigen Strukturen werden in die eigene Sprachpraxis integriert, das heißt erworben, die benutzt werden, um eigene Inhalte und Gedanken auszudrücken. Die Gefahr, sich bei knapper Unterrichtszeit ständig auf neue Wörter und Strukturen zu konzentrieren und dem Lösen eines Lernproblems gleich die Arbeit am nächsten folgen zu lassen, führt dazu, dass die Anwendung, das Flüssigkeitstraining und damit die Chance der Integration von neuem Wissen in sprachliches Handeln – das Erwerben des Gelernten – oft zu kurz kommen. Für den Unterricht folgt daraus die Notwendigkeit des expliziten Trainings inhaltlicher Aussagen.

4. Explizites Training von sprachlicher Flüssigkeit: Automatisierungsübungen

Der Fokus auf die Formen und ihr Verstehen sichert noch nicht den flüssigen Gebrauch in der gesprochenen Sprache. Übungen und Aufgaben zur fremdsprachlichen Flüssigkeit helfen neue Sprachmuster auch auditiv zu memorisieren. Sie sind damit eine notwendige Voraussetzung für den Erwerb und die mündliche Verwendung von grammatischen Strukturen. Wir haben solche Übungen zur flüssigen und spielerischen Anwendung von erlernten Sprachmustern und Wörtern mit einem Symbol kenntlich gemacht.

Für diese Übungen gilt:
- eine hohe Wiederholungsrate: die sprachlichen Muster werden oft verwendet,
- ein natürliches Sprechtempo: keine didaktische Verlangsamung,
- übertragbare Muster: Man kann die sprachlichen Muster auch in anderen Kontexten verwenden,
- Flüssigkeit vor Korrektheit: es gibt keine Korrekturunterbrechungen,
- Fehler sollen durch die Form der Vorgaben weitestgehend ausgeschlossen werden.

5. Aufteilung grammatischer Strukturen in lernbare und funktional begründbare Teileinheiten: Lernbarkeit vor Vollständigkeit

Mit der Aufteilung der grammatischen Strukturen in lernbare Teile folgen wir Grundprinzipien einer zyklischen grammatischen Progression. Diese zielen darauf ab, die kognitive Belastung und Verarbeitungskapazität der Lernenden nicht zu überfordern und gleichzeitig eine Unterforderung zu vermeiden. So ist es z. B. unter funktionalem Aspekt günstig, bei der Vermittlung der Präpositionen mit Dativ und Akkusativ eine Aufteilung vorzunehmen, die auch dem Kriterium der Lernbarkeit entgegenkommt, da auf diese Weise die Verarbeitung und Speicherung der sprachlichen Strukturen unterstützt wird. Sie werden funktional eingebunden. In **studio [21]** B1 werden z. B. die Präpositionen aus **studio [21]** A1 und A2 aufgegriffen und vertieft sowie durch die Präposition *wegen + Genitiv* und weitere *Verben mit Präpositionen* ergänzt. Die Notwendigkeit einer solchen Aufteilung betrifft z. B. auch die Präsentation weiterer Haupt- und Nebensatzstrukturen, wobei bewusst an bereits bekannte Satzstrukturen aus A1 und A2 angeknüpft wird bzw. diese wiederholt werden. Gleiches gilt auch für die Erweiterung der Zeitformen (E6: Präsens, Futur/E7: Präteritum, Plusquamperfekt).

6. Einbeziehung von Erkenntnissen über natürliche Erwerbsreihenfolgen

Für die Planung der Grammatikprogression haben wir uns bei **studio [21]** an folgenden Grundsätzen orientiert:
- vom Leichten zum Komplizierteren (Komplexität einer Struktur/Lehrbarkeit),
- vom Häufigen zum Selteneren (Frequenz einer Struktur/Häufigkeit),
- von Strukturen mit hoher Leistungsbreite (Transferpotenzial einer Struktur) zu Strukturen mit geringer Leistungsbreite (Brauchbarkeit),
- von plausiblen, bekannten Kontexten (Lernerbezug/Vorwissen) zu neuen inhaltlichen Zusammenhängen,
- pragmatische Aufteilung grammatischen Lernpensums (Portionierung),
- Hinweise auf universalgrammatische Lernreihenfolgen (Lernbarkeit).

Studien belegen die Existenz von grammatischen Erwerbsreihenfolgen unabhängig von der gesteuerten Einführung grammatischer Strukturen in Lehrwerken. So sind eine Reihe von Strukturen, die im Anfangsunterricht im Rahmen des Trainings pragmatischer Grundstrukturen benötigt werden, von den Lernenden zu einem frühen Zeitpunkt noch nicht fehlerfrei beherrschbar. Wir ziehen daraus die Konsequenz, dass diese pragmatisch unverzichtbaren Strukturen im Lehrwerk zwar schon früh verwendet, aber grammatisch noch nicht analysiert werden. Wir weisen im didaktischen Kommentar an entsprechender Stelle darauf hin. In „Profile deutsch" wird diesbezüglich von einzuführenden Wendungen gesprochen. Zusammengefasst finden Sie diese Wendungen auf der jeweils letzten Seite „Fit für Einheit ..." im Übungsteil der Einheiten.

Zum Stellenwert der Grammatik im Unterricht

Aus den beschriebenen Überlegungen ergibt sich ein Vorschlag für eine gleichgewichtige Aufteilung von Unterrichtsaktivitäten in vier Lernfelder nach dem folgenden Modell:

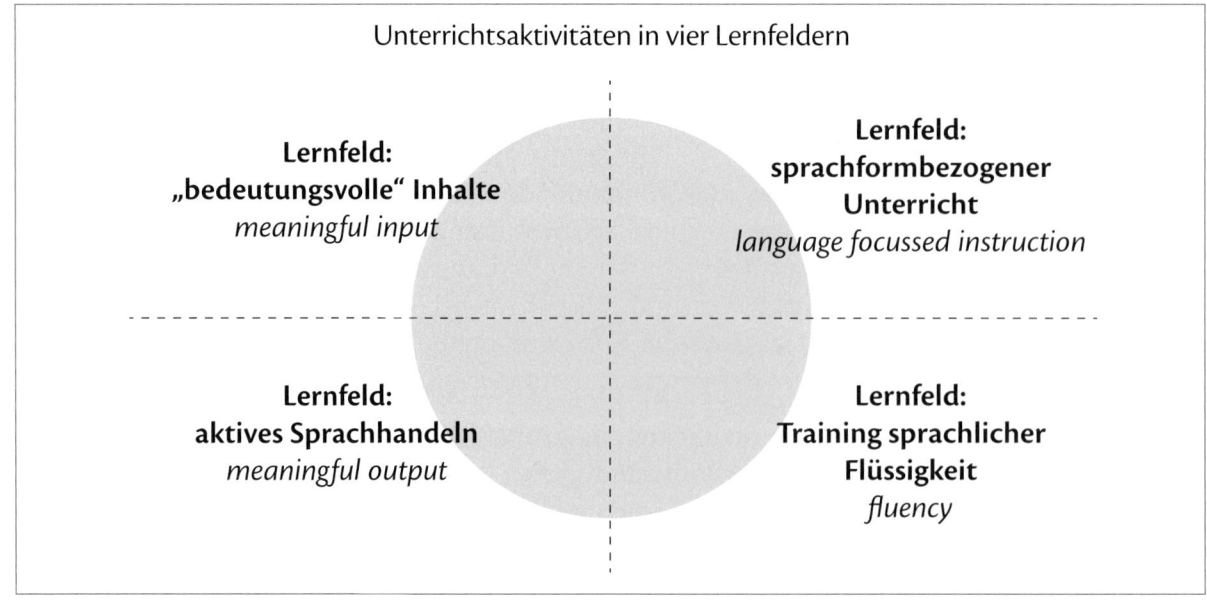

studio [21] – Das Konzept

Auswahl der grammatischen Strukturen

Für die Auswahl der zu thematisierenden und zu übenden Grammatikstrukturen legen wir die Liste von „Profile deutsch" und die Kannbeschreibungen des „Gemeinsamen europäischen Referenzrahmens" zu Grunde. Der erste Band von **studio [21]** orientiert sich an der Stufe A1, die Bände 2 und 3 decken entsprechend die Stufen A2 und B1 des „Referenzrahmens" ab.

Präsentation der Grammatik

Für die Präsentation gilt: Wir geben den Lernenden Hilfen zum eigenständigen Entdecken der grammatischen Regelmäßigkeiten und verzichten daher oft auf vorgefertigte Grammatiktabellen im Lehrbuch. Die Referenztabellen finden die Lernenden bei Bedarf im Grammatiküberblick im Anhang, der wie ein Nachschlagewerk gebraucht werden sollte. Da wir von der Unterschiedlichkeit der Lernenden in Bezug auf den Bedarf an formalen Erklärungen ausgehen, ist der induktive Lernweg zwar häufig vorgezeichnet, aber nicht unser ausschließlicher Ansatz. Lerntipps, klärende Tabellen und Visualisierungen mit sparsamer, aber einprägsamer Farbgebung ergänzen das Lernangebot um deduktive Elemente.

Grammatikprogression

Bei der Aufteilung des grammatischen Lernpensums verfahren wir pragmatisch. So wurden nach dem Kriterium der Frequenz die attributiven Adjektivendungen mit unbestimmtem Artikel im Akkusativ bereits im A1-Band eingeführt, obwohl „Profile Deutsch" auf A1-Niveau hier noch keine produktive Kompetenz verlangt. Wir gehen davon aus, dass durch die pragmatisch orientierte Verteilung des Lernstoffs der Komplexität des sprachlichen Phänomens „Adjektivdeklination" entgegengewirkt werden kann, um auf diese Weise Lernschwierigkeiten zu begegnen. Die Verteilung des Grammatikpensums auf generell kleinere Lerneinheiten ist im A1- und A2-Band sichtbar und wird auch im B1-Band weitergeführt. Dabei spielt auf dem B1-Niveau die Anknüpfung an bereits erworbene grammatische Formen und Strukturen eine zentrale Rolle. Dies findet u. a. in den Lernzielkästen am Anfang einer jeden Einheit mit dem Eintrag *Wiederholung* (Wdh.) seine Berücksichtigung und unterstützt die systematische Vorbereitung auf das *Zertifikat Deutsch*. Dazu einige Beispiele:

Adjektive Auf A1-Niveau werden attributiv gebrauchte Adjektive mit unbestimmtem Artikel im Akkusativ (E11) eingeführt, auf A2-Niveau kommen Adjektive mit bestimmtem Artikel im Dativ (E2) und Adjektive ohne Artikel im Nominativ und Akkusativ (E5) hinzu und auf B1-Niveau werden die weiteren Formen ergänzt (E4).

Verben Die auf A2-Niveau eingeführten Verben mit Dativ, Verben mit Akkusativ und Verben mit Dativ- und Akkusativergänzung (A2, Einheit 10 und Einheit 11) werden in den Einheiten auf B1-Niveau in unterschiedlichen Aufgaben und Übungen implizit geübt und vertieft.

Modalverben Die Aufteilung der Modalverben nach Situation und Bedeutung wird fortgesetzt. Auf B1-Niveau kommt der Konjunktiv II (Präsens) der Modalverben im Kontext von Ratschlägen und Empfehlungen hinzu (E2).

Vergangenheit Während *sein* und *haben* im Präteritum bereits in A1 (Einheit 3 und 5) eingeführt wurden, wurden in A2 zunächst die Modalverben im Präteritum und dann die regelmäßigen Verben im Präteritum sowie frequente unregelmäßige Formen wie *es gab* eingeführt. Die Vergangenheitsformen regelmäßiger und vor allem unregelmäßiger Verben werden im B1-Band erweitert (E1). Außerdem wird das Plusquamperfekt als eine weitere Zeitform der Vergangenheit neu eingeführt (E7).

Nebensätze Auf dem Niveau A2 wurden die Nebensätze systematisch und gebunden an sprachliche Handlungen eingeführt. Dieses Prinzip wird auf B1 fortgesetzt, wobei an vorhandene Kenntnisse zur Struktur und Funktion der Nebensätze angeknüpft wird und diese systematisch wiederholt werden, z. B. sagen, was man gleichzeitig tun kann: Nebensätze mit *während* (E1); Gründe nennen: Wdh. Nebensätze mit *weil*, Nebensätze mit *dass* (E3); Wdh. Relativsatz (E5); Gegensätze ausdrücken: Nebensätze mit *obwohl* (E7); einen Zeitpunkt nennen: Nebensätze mit *seit* (E8).

studio [21] – Das Konzept

Prinzipien der Wortschatzarbeit in studio [21]

Wenn wir ins Ausland fahren, nehmen wir keine Grammatik, sondern ein Wörterbuch mit. Wörter und Wendungen ermöglichen uns die Verständigung. Sie tragen Inhalte und sehr oft auch grammatische Informationen. Sie werden als ganze Einheiten im Gehirn gespeichert (z. B. *Tut mir Leid! Herzlichen Glückwunsch zum Geburtstag!*). Die Forschung hat Fragen des Wortschatzerwerbs aus diesem Grund in den letzten Jahren wieder mehr Aufmerksamkeit gewidmet.

Grundprinzipien unserer Wortschatzauswahl

Angebot von Wortfeldern nach den Vorschlägen des „Referenzrahmens" und von „Profile deutsch" Wir haben die Wortfeldvorschläge von „Profile deutsch" in Verbindung mit den Kannbeschreibungen übernommen. In „Profile deutsch" finden Sie auch Hinweise auf österreichische oder Schweizer Varianten.

Wortschatz als offenes Angebot – Differenzierungsmöglichkeit Wir decken mit unserem Angebot von A1 bis B1 ca. 2000 Wörter für den aktiven Gebrauch ab. Damit können wir einen Verstehenswortschatz von ca. 8.000 Worteinheiten generieren. Wir verstehen die Wortfelder als strukturiertes, aber offenes Angebot. Ein Wortfeld wie „Wohnung" wird im Zweitsprachenunterricht in deutschsprachiger Umgebung beispielsweise intensiver bearbeitet und ausgebaut werden. In fremdsprachlicher Umgebung dagegen kann das Angebot eher reduziert werden. Wortschatz in Lehrwerken ist prinzipiell als Angebot an die Lernenden zu verstehen. Wörter, die selten gebraucht werden, werden ohnehin automatisch vergessen. Wir haben im Video immer wieder durch die Kameraführung sichergestellt, dass eine Vielzahl zusätzlicher Wörter zu den im Lehrbuch angebotenen Wortfeldern (z. B. Wohnung, Markt, Lebensmittel, Büro) aufgegriffen werden können.

Verstehenswortschatz – Internationalismen Wir haben verstärkt Wörter aufgenommen, die in der Regel gut verständlich sind, weil sie auch in vielen anderen Sprachen in ähnlicher oder gleicher Form vorkommen (z. B. *Computer, organisieren, Spezialist, populär, Tradition*). Wir wollen damit die Lesekompetenz der Lernenden entwickeln und gehen dabei nicht unbedingt von Englischkenntnissen aus. Falls die Lernenden Englisch vor Deutsch gelernt haben, sollten Sie die lexikalischen Zusammenhänge aber unbedingt bewusst machen und als Lernhilfe nutzen.

Berufsbezogener Transferwortschatz als Lernangebot Besonders in den Stationen haben wir versucht, Wortschatz aufzunehmen, der in allen beruflichen Domänen gebraucht wird (Prinzip Integration berufsbezogenen Lernens von Anfang an). Wörter wie z. B. *Termin, Arbeitstag, Service, Kosten, reparieren, Karriere, Mail, organisieren, Kunden* gehören praktisch als beruflicher Grundwortschatz zu fast allen Berufen und werden deshalb im Kontext der Berufsbilder angeboten.

Lernstrategien zum Verstehen, Ordnen und Memorisieren von Wörtern Wir machen in **studio [21]** immer wieder praktische Angebote zur Einübung von Strategien der selbstständigen Wortschatzarbeit (siehe auch das Inhaltsverzeichnis des Deutschbuchs). Machen Sie die Strategien bewusst und fragen Sie die Lernenden nach ihren Erfahrungen.

Zur Rolle der multimedialen Lernkomponenten in studio [21]

Wir verstehen Lernen
- als aktive Konstruktion von Wissen,
- als einen autonomen und experimentellen Prozess, den Lernende unter Einbeziehung bereits gemachter Erfahrungen eigenverantwortlich gestalten,
- als Ausbildung von Automatismen durch Übungsroutinen auch durch Wiederholung,
- insgesamt als Prozess, der reichhaltiger Lernmaterialien bedarf und in eine vielfältige Lernumgebung eingebettet sein sollte.

Der multimediale Lehrwerksverbund von **studio [21]** unterstützt Sie beim Aufbau einer Lernumgebung, die einen solchen vielfältigen auf Forschung basierten Lernbegriff als Grundlage hat.

studio [21] stellt mit seinen Lernkomponenten E-Book, DVD, Internet und Intensivtraining mit interaktiven Übungen eine erweiterte Medienbasis zur Verfügung, die Themen und Inhalte in verschiedenen medialen Formen aufbereitet und damit unterschiedliche Lerntypen anspricht. Gerade die Nutzung des Internets, entweder über die zusätzlichen Hinweise auf der **studio [21]**-Homepage oder über die Links und Internettipps im Deutschbuch, trägt zur Öffnung des Kursraums hin zu den Zielsprachenländern bei. Durch den Einsatz unterschiedlicher audiovisueller Medien wird selbstgesteuertes und entdeckendes Lernen möglich. Der Unterricht mit **studio [21]** ist natürlich auch heute noch ohne die multimedialen Komponenten möglich. Allerdings: Da Medienunterstützung bei Arbeit, Freizeit und Selbstorganisation inzwischen zur Alltagserfahrung der Menschen gehört, erwarten sie in der Regel eine solche Unterstützung auch beim Lernen fremder Sprachen. Es geht also nicht mehr um den „Mehrwert der Medien". Es geht um Lernumgebungen, die Menschen in ihren Zielen unterstützen. Medien gehören dazu.

Landeskunde und interkulturelles Lernen in studio [21]

Fremdsprachenunterricht beschränkt sich nicht nur auf das Lehren und Lernen sprachlicher Strukturen, sondern dient auch der Vermittlung von Kenntnissen über das Land bzw. die Länder und die Kultur(en) der Zielsprache sowie dem interkulturellen Lernen. Ziel von **studio [21]** ist es, landeskundliches Wissen zu vermitteln und dieses Wissen mit den Erfahrungen und Gegebenheiten der eigenen Realität zu vergleichen, persönliche Fremdheitserfahrungen zu machen sowie die Empathiefähigkeit, also das Verständnis für die Kultur des jeweils Anderen, den Abbau von Vorurteilen und das Aushalten von Unterschieden zu fördern.

Landeskundlich-interkulturelles Lernen findet in **studio [21]** integriert und auf unterschiedliche Art und Weise statt:
1. visuell unterstützt durch Fotos, Zeichnungen und Grafiken, die die Wahrnehmung trainieren und Gesprächsanlässe bieten,
2. auditiv unterstützt durch Hörtexte, die nicht nur sprachliche Informationen transportieren, sondern auch den situativen Hintergrund und die Atmosphäre spiegeln,
3. textbasiert durch die Präsentation von Themen und Texten, die am „Referenzrahmen" und an der Zielgruppe orientiert sind. Die ergänzenden Informationen in den Landeskundekästen trainieren vor allem das globale und selektive Lesen. Gerade die Auseinandersetzung mit Texten verlangt von den Lernenden Offenheit und die Bereitschaft zum Perspektivwechsel als Basis des landeskundlich-interkulturellen Lernens,
4. audio-visuell durch die fakultativ einsetzbare DVD, die eine Vielzahl von Eindrücken, Gesprächsanlässen und „Wissensbausteinen" transportiert,
5. multimedial durch die Internetseite zu **studio [21]**: *www.cornelsen.de/studio21* .

Durch die Internetverweise im Lehrwerk wie auch mit unserer Internetseite, auf der wir ein aktuelles Angebot bereitstellen, das auf den Kenntnisstand der Lernenden abgestimmt ist, erhalten Sie kontrollierte, auf die Lehrwerksprogression abgestimmte landeskundliche Tipps für den Unterricht.

Umgang mit Mehrsprachigkeit in studio [21]

Die Mehrzahl Ihrer Lernenden hat vor dem Deutschen mindestens eine, oftmals auch mehrere Fremdsprachen erlernt. Als Teil des individuellen Sprachlernprozesses steht das Deutschlernen in der Gegenwart einerseits in Verbindung zu den in der Vergangenheit erlernten Fremdsprachen, andererseits eröffnet es eine Verbindung zu weiteren, in Zukunft zu erlernenden Fremdsprachen. Auf den Sprachlernprozess in der Vergangenheit bezogen heißt das: Beim Erlernen der ersten Fremdsprache haben die Lernenden Strategien und Kenntnisse erworben. Sie haben Sprachlernerfahrungen gesammelt, die hilfreich für das Erlernen weiterer Fremdsprachen sein können.

Deshalb unsere Anregung: Nutzen Sie die in Ihrem Kurs in unterschiedlicher Form vorhandenen Sprachlernerfahrungen, thematisieren Sie diese z. B., wenn Sie Strategien zum Wortschatzlernen erarbeiten und bewusst machen möchten. Da Vergleiche zwischen Muttersprache/n und Fremdsprache/n in einem internationalen Lehrwerk nur sehr begrenzt möglich sind, sollte es auch eine Anregung für Sie sein, diese Vergleiche in Ihrem Unterricht einzuplanen, um Brücken zwischen den Sprachen und den Sprachlernerfahrungen Ihrer Lernenden herzustellen. Der Zugriff auf bereits vorhandene Strukturen oder Wortschatz einer vorher gelernten Sprache trägt nicht nur zur Lernökonomie bei, er fördert auch den Spaß und das Interesse an der Entdeckung sprachlicher Phänomene.

Als internationales Lehrwerk berücksichtigt **studio [21]** unterschiedliche Aspekte der Mehrsprachigkeit. Wir haben gezielt Wörter verwendet, die von vielen Sprachen als Internationalismen gut zu verstehen sind, um Vorkenntnisse im Bereich des Wortschatzes zu aktivieren und zu nutzen. Dies gilt besonders, aber nicht nur für die ersten Einheiten, in denen es wichtig ist, den Lernenden klar zu machen, dass sie eigentlich schon viele Wörter auf Deutsch kennen. Ein weiteres Argument: Der Alltag in den deutschsprachigen Ländern ist multikulturell geprägt. Viele Personen im Lehrwerk haben erkennbar Migrationshintergrund, ohne dass sie auf diese Rolle festgelegt oder gar reduziert würden. Der UNESCO-Forderung nach Berücksichtigung des Konzeptes der **Inklusion** auf allen Ebenen der Bildungssysteme tragen wir in der Themenauswahl von **studio [21]** Rechnung.

Zur Rolle der Muttersprache im Fremdsprachenunterricht in studio [21]

Die Wertschätzung der Muttersprache und der Herkunftskultur von Fremdsprachenlernenden gehört zu den Grundlagen des pädagogischen Handelns. Die Wertschätzung der Herkunftssprache und -kultur, der nützliche Vergleich von Sprachen, um das Sprachbewusstsein zu entwickeln, die Tatsache, dass die muttersprachliche Erklärung der Zeitersparnis dient, all das darf nicht dazu animieren, den Gebrauch der Muttersprache im Fremdsprachenunterricht auszuweiten. Muttersprachengebrauch im Rahmen der wenigen Stunden, die überhaupt für das Erlernen neuer Sprachen zur Verfügung stehen, reduziert in jedem Fall die Zeit für das fremdsprachliche Training noch weiter. Die Muttersprache sollte daher sehr sparsam und nur in wenigen Unterrichtsphasen eingesetzt werden.

Phonetik und Aussprachetraining in studio [21]

Weil wir die kontinuierliche Entwicklung der mündlichen Fertigkeiten der Lernenden als zentrales Element der Kompetenzentwicklung ansehen, ist für uns auch die Entwicklung der Aussprache von zentraler Bedeutung. Da Lehrkräfte in der Regel auf diesen Punkt wenig vorbereitet werden, wollen wir an dieser Stelle ausführlicher dazu Stellung nehmen.

Jede Sprache hat ihre eigenen phonetischen Mittel. Die phonetischen Mittel des Deutschen können mit Mitteln anderer Sprachen übereinstimmen, sich aber auch unterscheiden. Will man sich im Deutschen verständlich artikulieren und gesprächsfähig sein, reicht es deshalb nicht aus, sich den Wortschatz und die Grammatik anzueignen. Deutschlernende, die eine gute Aussprache und Intonation anstreben, werden von Muttersprachlern wie von anderen Deutschlernenden positiv bewertet. Mit einer korrekten Lautung und Intonation hat man es leichter, sich situativ angemessen zu verhalten. Die Phonetik im Fremdsprachenunterricht sollte dazu Gemeinsamkeiten der Sprachen verstärken und Interferenzfehler minimieren. Die Übungen in **studio [21]** mit dem Phonetikzeichen helfen, die korrekte Aussprache der Vokale und Konsonanten sowie die typische Intonation des Deutschen zu erlernen. Dazu ist es notwendig, sowohl sensorische als auch motorische Fähigkeiten zu entwickeln und zu schulen. Einen anhaltenden Übungseffekt zu sichern, also Klangmuster zu speichern sowie Sprechbewegungen einzuschleifen, braucht vor allem Zeit, Geduld und Energie, da jede abweichende Lautung und Intonation nur durch ständiges Wiederholen und Anwenden trainiert werden kann. Die Bewusstmachung des phonetischen Systems mit seinen Regeln sowie seinen artikulatorischen und intonatorischen Mustern ist zwar hilfreich, kann die Automatisierung der Abläufe aber keinesfalls ersetzen. Mit der ständigen Wiederholung phonetischer Übungen können Lernende ihre sprachlichen Kompetenzen auch insgesamt verbessern. Phonetische

Grundlagen beeinflussen den Sprachlernprozess positiv, sie fördern das verstehende Hören, das freie Sprechen und die Identifikation mit der Zielsprache. Deshalb wurden die Phonetikübungen in die Unterrichtsabläufe eingebaut. In den Phonetikübungen finden Sie das Wortmaterial und die grammatischen Schwerpunkte der jeweiligen Einheit wieder. Umgekehrt kann und sollte man die phonetischen Schwerpunkte auch auf andere Übungen übertragen. Vor allem Monologe, Dialoge und Lesetexte eignen sich zur Wiederholung und Anwendung der Aussprache und Intonation, auch wenn diese nicht mit dem Phonetiksymbol ausgewiesen sind. Häufig müssen im Ausspracheunterricht Sprechhemmungen abgebaut werden, weil die sprecherische Identität als verändert wahrgenommen wird. Es ist erforderlich, sich mit der eigenen Sprechweise in der fremden Sprache neu zu identifizieren. Die Lernprogression verläuft in der Phonetik anders als auf anderen Sprachebenen: Interferenzen können sich als sehr langlebig und hartnäckig erweisen. Deshalb kommt dem Wiederholen von Mustern eine zentrale Bedeutung im Phonetikunterricht zu.

1. Variationen
Die Sprechübungen können in Lautstärke (laut, leise), Sprechtempo (langsam, schnell) und Stimmlage (hoch, tief) variabel gestaltet werden. Hier kann man sich ausprobieren und einmal etwas bewusst „falsch" oder „anders" machen. Besonders hilfreich ist die Realisierung emotionaler Formen. Es lohnt sich, die Übungen freundlich, ärgerlich, verwundert, ängstlich usw. zu sprechen – das kann bis zur Theatralik reichen, je nach Lust und Talent der Lernenden.

2. Emotionen
Gestalten Sie die emotionalen Sprechweisen als Wettspiel: Welche Stimmung wollen die Lernenden vorstellen? Wer kann es noch besser? Desweiteren können Körperbewegungen und Gesten die Übungen auflockern und den Übungseffekt steigern: Melodieverläufe und Pausen mit den Armen zeigen, Akzente mit einem Handklatsch markieren und verstärken, lange oder kurze Vokale zwischen den Händen dehnen oder stauchen, Fortis-Konsonanten mit einem Faustschlag stärken usw.

3. Anschaulichkeit
Alle Tonbeispiele der Audio- und Videotexte können für phonetische Übungen genutzt werden, auch wenn sie nicht explizit als solche markiert sind. Wir möchten Sie besonders auf die neuen Videotrainingsclips hinweisen, mit denen wir die Ausspracheentwicklung noch effektiver unterstützen wollen. Die Sprecher/innen geben muttersprachliche Lautungs- und Intonationsmuster vor, die man nachsprechen oder mitsprechen kann. Auch das Mitsummen ist hilfreich, besonders zur Verdeutlichung der deutschen Intonation. Die Lernenden können dann ihr eigenes lautes Sprechen oder Lesen aufnehmen und mit den deutschen Sprecherinnen und Sprechern vergleichen. Je nach technischen Möglichkeiten eignet sich diese Anregung sowohl für das Unterrichtsgeschehen als auch für das Selbststudium zu Hause.

Akzentuierung, Rhythmus und Melodie bestimmen den Klang einer Sprache und sind für das Sprachverstehen von entscheidender Bedeutung. Die Erfahrungen des Deutschunterrichts zeigen, dass eine ungenügende intonatorische Sprechgestaltung stärker stört als die falsche Aussprache einzelner Laute. Deshalb werden in **studio [21]** zuerst die intonatorischen Mittel geübt. Sie bilden die Grundlage und müssen bei der Aneignung der Vokale und Konsonanten bereits richtig angewendet werden. Das Deutsche gehört zu den akzentzählenden Sprachen, d. h. die Satzakzente werden in annähernd gleichen Abständen gesetzt. Die Satzakzente liegen im Allgemeinen nur auf solchen Silben, die in Wörtern als Akzentstellen festgelegt sind. Die Wahrnehmung und Anwendung der Wortakzente ist daher Grundlage der Satzakzentuierung, des Rhythmus und der Sprechmelodie.

Wir hoffen, dass diese Erläuterungen zum Konzept von **studio [21]** für Sie hilfreich sind, und wünschen Ihnen viel Spaß und Erfolg bei der Arbeit mit dem Lehrwerksverbund.

Ihr Autorenteam
Hermann Funk, Christina Kuhn und Britta Winzer-Kiontke

Willkommen in B1

Diese Einheit dient der Überleitung von A2 zu B1. Es werden bekannte Themen aufgegriffen und wiederholt. Die KT sprechen darüber, was Menschen miteinander verbinden kann und lernen sich untereinander besser kennen.
Im zweiten Teil werden die KT für die Bedeutung der Sprache sensibilisiert und sprechen über ihre Sprachbiografien. Weiterhin erhalten Sie interessante oder witzige Informationen über die deutsche Sprache, die sie kommentieren können und werden auf die Inhalte des Buches eingestimmt. Abschließend sollen sie ihre Wünsche an und Ziele für den Kurs formulieren und sich auf diese Weise selbst für ihren Lernprozess verantwortlich fühlen.

Sprachhandlungen
über Dinge sprechen, die Menschen verbinden	S. 8
über Gemeinsamkeiten sprechen	S. 9
die eigene Sprachbiografie vorstellen und vergleichen	S. 10 f.
Ziele formulieren	S. 11

Themen und Texte
Verbindungen	S. 8
Wortwolke	S. 8 f.
Fakten zum Thema Deutsch	S. 10
Zitate	S. 10
Sprachbiografien	S. 10 f.

Wortfelder
Lernen, Arbeit und Freizeit	S. 8 f.
Sprache	S. 10 f.

Grammatik
Wiederholung Nebensätze	S. 10

1 Verbindungen

1 Dinge, die verbinden

a) Zunächst sollen die KT ohne Buch Ideen zum Thema „Dinge, die verbinden" sammeln.

b) Nun sollen die KT ihre Ideen mit den Vorschlägen in der Wortwolke vergleichen und die Gemeinsamkeiten oder Unterschiede besprechen.
Um den nötigen Wortschatz zu (re)aktivieren, besprechen Sie vorher die Redemittel im PL. Unterteilen Sie die Redemittel in drei Blöcke. Beginnen Sie mit den Redemitteln für die eigenen Ideen: „Ich habe an … gedacht …" Gehen Sie davon aus, was die KT verstehen und lassen Sie dies im Redemittelkasten markieren. Erst dann klären Sie, was nicht verstanden wurde.
Anschließend schauen sich die KT die Wortwolke an und vergleichen sie mit ihren Ideen: *Worauf sind sie selbst gekommen? Was ist ihnen nicht eingefallen?* Sie könnten dies z. B. in der Wortwolke markieren. Dann können die entsprechenden Redemittel für die Gemeinsamkeiten/Unterschiede wie oben besprochen angewandt werden.

BD Um auch die Ideen der anderen KT kennenzulernen und die Redemittel weiter zu üben, sollte ein Austausch mit anderen KT stattfinden.
Dies könnte in einem Klassenspaziergang geschehen, d. h. alle KT stehen auf und suchen sich frei einen KT, mit dem sie die obigen Informationen (Gemeinsamkeiten und Unterschiede) austauschen. Wenn sie fertig sind, wechseln sie und suchen sich einen anderen KT.
Die Übung „Klassenspaziergang" hat den Vorteil, dass die KT immer gemeinsam beginnen und aufhören und sie so viele und so ausführliche Dialoge machen können, wie es zu ihrem individuellen Lernstand passt. Achten Sie darauf, dass die KT nur halblaut sprechen, damit es nicht zu laut wird und sie sich eventuell nicht mehr verstehen können.

M　A2-Papier (Plakate) und dicke Stifte

c)　Die Wortwolke bietet eine Gelegenheit mit Wortfeldern zu arbeiten.
Lassen Sie KG zu unterschiedlichen Wörtern aus der Wortwolke Wortfelder erstellen.

Die Ergebnisse werden im Kurs präsentiert. Sie können z. B. eine „Vernissage" (eine Ausstellung) machen, in der die Plakate aufgehängt werden und die KT von einem zum anderen gehen und sich die Ergebnisse anschauen.

2　Kennen Sie die?

Diese Aufgabe stellt eine Verbindung zu **studio [21] A2** dar, um bereits Gelerntes zu aktivieren und an Bekanntes anzuschließen. Besprechen Sie zunächst die Beispiele, damit die KT die vorgeschlagenen Redemittel anwenden.

AL　Sie könnten auch alle Fotos aus dem Inhaltsverzeichnis von **studio [21] A2** kopieren und fragen, an welches Kapitel die KT sich noch erinnern.

3　Sich kennenlernen

a)　Die KT schreiben zunächst Sätze auf, die auf sie selbst zutreffen, wie in den Beispielen vorgegeben. Die Beispiele werden gesammelt.

b)　Dann gestalten Sie das Klassenzimmer wie auf der Zeichnung zu sehen ist. Ein KT liest ein Beispiel vor, alle ordnen sich den Kategorien zu. „Ja" bedeutet, das trifft auch auf mich zu, „Nein" bedeutet, das trifft nicht auf mich zu oder „teils, teils" entsprechend.

In der jeweiligen Gruppe können sich die KT dann noch einmal genauer austauschen. Auf diese Weise lernen die KT sich über ihre Interessen und Eigenheiten besser kennen.

Am Ende fragen Sie noch einmal nach bemerkenswerten Informationen, die für alle interessant sein könnten.

2　Sprachen verbinden

In diesem Abschnitt werden die KT für die Bedeutung der Sprache sensibilisiert und zum Nachdenken über ihre Beziehung zur Sprache und zu ihrem Sprachlernprozess angeregt.

1　Was ist Sprache?

a)　Ausgehend von der Beziehung zur Muttersprache reflektieren die KT darüber, welche Bedeutung die Sprache für sie hat. Lassen Sie sie zunächst alleine nachdenken.

Besprechen Sie dann die Redemittel aus den Beispielen. Danach tauschen sich die KT untereinander aus.

Fragen Sie nach Beispielen, die für alle interessant sein könnten.

AL　Wenn Sie mit Sprachgruppen arbeiten, in denen die KT schon viel Spracherfahrung haben, können die KT ein Bild mit den Umrissen ihres Körpers malen und die Wörter und Ausdrücke bestimmten Körperteilen zuordnen, z. B. die Muttersprache dem Herzen o. ä.

Willkommen in B1

b) Die Zitate verweisen auf die nicht zu unterschätzende Bedeutung der Sprache für den Menschen. Hier ist nicht an eine philosophische Auseinandersetzung gedacht, sondern an eine Sensibilisierung für dieses Thema. Sie könnten fragen, ob jemand schon mal die Erfahrung gemacht hat, dass er eine Sprache nicht konnte und wie er sich gefühlt hat (z. B. bei einem Auslandsaufenthalt oder im Kontakt mit einem anderen Menschen, ohne dass es eine gemeinsame Sprache gab). Lassen Sie dann die Zitate den Umschreibungen zuordnen.

Vergleichen Sie im PL und besprechen Sie die Lösung.

M KV1: Aphorismen

AL Wenn die KT sich weitergehend mit dem Thema beschäftigen wollen, z. B. wenn Sie Philosophen im Kurs haben, dann könnten Sie mit weiteren Aphorismen arbeiten. Dazu können Sie die KV verwenden oder auf der Internetseite www.aphorismen.de nach passenden Aphorismen suchen.

Zunächst lesen die KT die Sätze und markieren, was sie verstehen. Was sie nicht verstehen, können sie in einem Wörterbuch nachschlagen. Restliche Unklarheiten werden im PL geklärt. Dann suchen die KT einen Aphorismus aus (ggf. auch eines der Zitate aus dem Kursbuch) und schreiben einen Text dazu. Das kann eine persönliche Erfahrung sein oder ein Kommentar oder ein Brief an eine Freundin oder einen Freund, in dem sie etwas zu diesem Thema schreiben.

c) Die KT sollen nun über ihre eigenen Sprachbiografien schreiben. Besprechen Sie wieder zuerst die Redemittel. Die KT sollen wieder davon ausgehen, was sie schon verstehen. Erst danach besprechen Sie gemeinsam Unklarheiten. Nun schreiben alle ihre Sprachbiografie. Erinnern Sie die KT daran, die vorgegebenen Redemittel zu verwenden.

BD Bei leistungsstärkeren Kursen können auch die emotionalen Aspekte oder die Aphorismen, über die zuvor reflektiert wurde, einbezogen werden. Was bedeuten die Sprachen für Ihre KT?

2 Zehn Fakten zum Thema „Deutsch"

a) Die KT raten und streichen durch, was ihrer Meinung nach nicht richtig ist. Ergebnissicherung im PL.

b) Die KT tauschen sich in KG über ihre Eindrücke aus.

3 Sprachbiografien vergleichen

a) Die KT beantworten die Fragen und halten ihre Ergebnisse schriftlich fest.

b) Anschließend besprechen Sie kurz die Beispiele und dann stellen die KT ihre Gruppenergebnisse vor.

AL Organisieren Sie die KT in neuen KG, sodass aus der ersten Gruppe jeweils ein Vertreter in der neuen Gruppe ist und das Ergebnis seiner Ursprungsgruppe vorstellen kann (Wirbelgruppe). Dies hat den Vorteil, dass alle zum Sprechen kommen und die Verantwortung des Einzelnen höher ist.

4 Was uns verbinden wird – ein Blick in studio [21] B1

In diesem Teil werden die KT auf die Themen aus **studio [21] B1** eingestimmt. Beziehen Sie dies auf alle Themen des Buches oder nur auf die Themen Ihres Kurses und nehmen Sie dazu die Bilder aus dem Inhaltsverzeichnis. Bereiten Sie im Anschluss wieder auf die Redemittel vor.

Die KT schauen sich alle oder einen Teil der Fotos an und überlegen sich, warum sie diese Themen interessant finden.

Sie begründen ihre Auswahl und tauschen sich darüber aus.

Machen Sie eine Kursstatistik. Schreiben Sie die Kapitelnummer an die Tafel und die KT markieren, z. B. ein oder drei Themen, die sie am meisten interessieren. Die Anzahl richtet sich nach der Anzahl der Kapitel, die Sie bewerten lassen. Diese Information ist für Ihre Arbeit hilfreich.
Sie können sich in der Bearbeitung der Themen entsprechend mehr Zeit lassen und ggf. auch ergänzen oder kürzen, wenn ein Thema für die KT weniger interessant ist.

5 Mein Ziel – B1

M   KV2: Wünsche und Ziele und wie ich sie erreichen werde

Die KT reflektieren über ihre persönlichen Wünsche und Ziele für den Kurs. Am Ende des Kurses können Sie dann überprüfen, inwieweit sie diese Ziele erreicht haben.

AL   Man kann diese Aufgabe erweitern, indem man die KT auch formulieren lässt, wie sie diese Ziele erreichen wollen (vgl. KV).

1 Zeitpunkte

In dieser Einheit lernen die KT, über Zeit und Zeitgefühl zu sprechen. Dabei trainieren sie selektives Hören und Lesen und kommentieren neue Informationen. Texte zur deutschen Geschichte bilden den inhaltlich motivierenden Ausgangspunkt für das Sprechen über historische Ereignisse in den D-A-CH-Ländern, in den Heimatländern der KT sowie über eigene Erinnerungen daran. Grammatikalisch stehen die systematische Einführung und das Üben des Präteritums der unregelmäßigen Verben im Mittelpunkt. Außerdem werden Ihre KT mit dem Gebrauch von Nominalisierungen mit *zum* vertraut gemacht und lernen Temporalsätze mit *während* kennen.

Sprachhandlungen	
über Zeit und Zeitgefühl sprechen	S. 12 f., 19
ein Foto/Bild vorstellen	S. 12
Informationen kommentieren	S. 14
sagen, dass man (nicht) überrascht ist	S. 14
über deutsche Geschichte sprechen	S. 16
über ein Ereignis berichten	S. 17

Themen und Texte	
Magazin-Beitrag *Was machen wir eigentlich all die Jahre?*	S. 14
Reiseführer *Die Geschichte des Brandenburger Tors*	S. 16
Zeitungsartikel *629 Jahre Konzert in Halberstadt*	S. 19
Gedicht von J. W. v. Goethe *Hat alles seine Zeit*	S. 19

Wortfelder	
Zeit	S. 12 ff., 18 f.
Deutsche Geschichte	S. 16 f.

Grammatik	
Nominalisierung mit *zum*	S. 15
Nebensätze mit *während*	S. 15
Präteritum der unregelmäßigen Verben	S. 18

Aussprache	
das z	S. 15

1 Zeitgefühl – gefühlte Zeit

Einstieg

M Stoppuhr an der interaktiven Tafel, A2-Blätter

👥 Als Einstieg in die Einheit sammeln die KT bei geschlossenem Buch auf einem großen Blatt Papier Zusammensetzungen mit dem Wort *Zeit*. Sie als KL führen ein bis zwei Beispiele an, z. B. *Zeitmanagment, Uhrzeit*. Nach fünf Minuten werden die Plakate aufgehängt und kurz verglichen. Die Listen bleiben hängen und können in den weiteren Unterrichtsverlauf einbezogen werden.

BD Bei lernschwächeren Kursen/Gruppen können Sie die Bearbeitungszeit entsprechend verlängern.

1 Zeit sehen

 a) Die KT sehen sich die Collage an und ordnen die Wörter den passenden Fotos zu. Kontrolle im PL.

AL Die KT können die Wörter auf den Plakaten (s. Einstieg) diskutieren und Bildern auf der Collage zuordnen.

28 achtundzwanzig

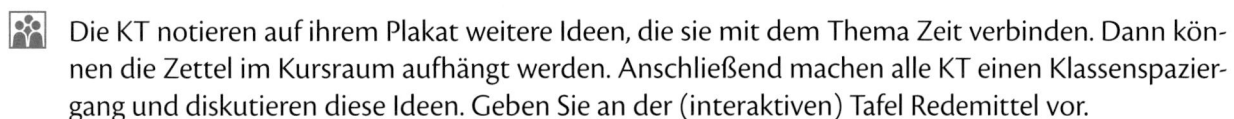

Die KT notieren auf ihrem Plakat weitere Ideen, die sie mit dem Thema Zeit verbinden. Dann können die Zettel im Kursraum aufhängt werden. Anschließend machen alle KT einen Klassenspaziergang und diskutieren diese Ideen. Geben Sie an der (interaktiven) Tafel Redemittel vor.

b) Die KT wählen ein Foto aus und begründen ihre Wahl. Weisen Sie auf die Redemittel im Buch hin. Wiederholen Sie mit den KT die Wortfolge in Sätzen mit *wenn*. Danach werden die gewählten Fotos im PL verglichen. Erstellen Sie Top-3-Bilder.

AL Die KT arbeiten allein und sammeln Notizen zu einem Bild. Danach suchen sie einen Partner, der das gleiche Bild gewählt hat, vergleichen ihre Notizen und diskutieren das Bild.

BD Leistungsschwächere KT können zunächst die Bilder in KG beschreiben. Lassen Sie die KT den Satz mit „*Wenn ich das Bild sehe, denke ich an ...*" weiter formulieren.

2 Zeit fühlen

a) *Globales Hörverstehen:* Die KT hören die Kommentare der Personen und finden ein passendes Foto in der Collage. Danach werden die Ergebnisse in KG verglichen.

BD Sie als KL können Aussagen aus den Hörtexten ausschneiden, verteilen und leistungsschwächere KT vor dem Hören den Bildern zuordnen lassen.

Mögliche Aussagen:
Person 1: auf den Start warten, ein Zeitrennen fahren
Person 2: aus der Kita abholen, auf dem Spielplatz sein
Person 3: Bibliothekar sein, in alten Zeitdokumenten lesen
Person 4: viel unterwegs sein, eine stressige Arbeitswoche haben
Person 5: mit einem Patienten arbeiten

b) *Selektives Hörverstehen:* Die KT hören die Aussagen der Personen noch einmal und ordnen den Personen die Sätze zu. Ergebnissicherung im PL.

Lassen Sie die KT das konjugierte Verb in den *wenn*-Aussagen markieren. Danach können eigene Aussagen formuliert werden. Zeigen Sie an der (interaktiven) Tafel ein paar Beispiele:
Wenn ich ins Büro fahre, ... / Wenn ich im Urlaub bin, ... / Wenn ich im Unterricht sitze, ...

c) Die KT ordnen in PA die Redewendungen nach schnell und langsam, danach hören sie die Aussagen noch einmal und markieren die Zeitausdrücke. Die Kontrolle erfolgt im PL.

d) Die KT äußern sich. Weisen Sie auf die Wortfolge in *wenn*-Sätzen hin.

AL Die KT können ihre Sätze auf die Kärtchen schreiben und danach an die Pinnwand heften. Sie können die Kärtchen nach schnell und langsam ordnen.

2 Wo bleibt die Zeit?

1 Wozu brauchen wir unsere Zeit?

M KV1: Umfrage

a) Die KT ergänzen zuerst eigene Aktivitäten und notieren dann selbst die Zeitangaben. Danach gehen sie durch den Raum und tauschen sich mit anderen aus.

Anschließend kann eine Kursstatistik erstellt werden.

1 Zeitpunkte

b) Die KT lesen den Magazin-Beitrag und ergänzen die Informationen in der Grafik im KB.

Die Lösungen werden kontrolliert, danach vergleichen die KT die Informationen aus der Grafik mit ihren Ideen aus a). Bei Bedarf können Sie folgende Redemittel vorgeben: *Wir brauchen mehr Zeit für ... / Wir ... genau so wie ... / Die Deutschen verbringen viel Zeit bei(m) ..., aber wir ...*

c) Die KT markieren im Beitrag Wortverbindungen und ergänzen das Verb. Die Lösungen in KG vergleichen.

AL Erstellen Sie Kärtchen mit Wortverbindungen und lassen Sie die KT zuordnen.

d) Die KT kommentieren den Beitrag. Dabei sollen die Redemittel aus dem Kasten benutzt werden. Weisen Sie auf die Wortfolge in *dass*-Sätzen hin.

2 Partnerinterviews

Die KT formulieren zunächst drei bis vier Fragen, danach suchen sie sich einen Partner und führen mit ihm ein Interview durch. Dazu machen sie sich Notizen. Begrenzen Sie die Zeit für die Interviews. Anschließend kommen alle KT in ihre KG und vergleichen dort die Ergebnisse.

BD Leistungsstärkere KT erarbeiten selbstständig Fragen. Mit leistungsschwächeren KT können Sie als Vorbereitung zunächst gemeinsam an der Tafel die Fragen erarbeiten.

AL Jeder KT formuliert eine Frage auf einem Zettel. Kontrollieren Sie, dass sich die Fragen nicht wiederholen. Danach werden die Zettel gemischt und verteilt. Jeder bekommt eine Frage und geht durch den Raum und stellt möglichst vielen anderen KT dieselbe Frage und notiert die Antworten. Anschließend werden die Ergebnisse im PL verglichen. Zeigen Sie dazu Beispiele an der (interaktiven) Tafel: *Wer schläft am meisten? Wer schläft am wenigsten?*

3 Das *z*

Die KT trainieren die Aussprache des deutschen *z*.

AL Sie können auch weitere Zungenbrecher mit *z* üben:
*Zehn Ziegen ziehen zehn Zentner Zucker zum Zoo, zum Zoo ziehen zehn Ziegen zehn Zentner Zucker.
Der Zweck hat den Zweck den Zweck zu bezwecken; wenn der Zweck seinen Zweck nicht bezweckt, hat der Zweck keinen Zweck!*

4 Nominalisierung mit *zum*

M Ball

Fragen Sie als Einleitung *Wie oft lesen Sie?*, werfen Sie den Ball und lassen Sie diese Frage beantworten. Danach zeigen Sie an der (interaktiven) Tafel eine zweite Frage: *Was brauchen Sie zum Lesen?* Zeigen Sie an der Tafel möglichst viele Varianten: *ein Buch, meine Brille, mein e-Book, eine Zeitung, meinen Computer usw.*

Die KT stellen einander Fragen und antworten darauf. Weisen Sie auf andere Varianten hin: *zum Schwimmen, zum Reiten, zum Kochen, zum Autofahren usw.*

AL Die KT beantworten Fragen in einer Kettenübung. Achten Sie bei der Durchführung der Übung auf Tempo. *XY braucht zum Lesen eine Brille und ich brauche immer meine Zeitung ...*

5 Wunschzeit

- Die KT notieren auf einem Zettel fünf Dinge, für die sie gern mehr Zeit hätten. Weisen Sie auf das Beispiel im KB hin.

- Die Zettel werden gesammelt und neu verteilt. Die KT lesen die formulierten Wünsche vor und raten, wer was geschrieben hat.

AL Die KT können vier Wünsche und eine Lüge notieren. Die KT stehen in zwei Reihen den Partnern gegenüber, lesen die Wünsche auf den Zetteln und raten, was eine Lüge ist.

6 Eis essen, Musik hören und in der Sonne liegen – was man (nicht) gleichzeitig tun kann

a) Zeigen Sie die Fotos aus b) an der (interaktiven) Tafel und fragen Sie: *Was tun die Menschen? Kann man gleichzeitig lesen und Kaffee trinken? Warum? Warum nicht?*

Die KT bilden Sätze wie im Beispiel.

BD Leistungsstärkere KT können auch ihre Meinungen begründen: *Ich kann nicht gleichzeitig lesen und Radio hören, weil ich mich nicht konzentrieren kann.*

b) Die KT ergänzen die Sätze und lernen die Semantik der Konjunktion *während* zu verstehen. Weisen Sie auf die Endstellung des konjugierten Verbs in einem Nebensatz hin. Anschließend werden die Sätze im PL kontrolliert. Beantworten Sie evtl. Fragen der KT.

c) Zeigen Sie den KT, was Sie gleichzeitig machen können, z. B. *Schreiben Sie an der Tafel und trinken Sie Wasser.* Formulieren Sie zwei Sätze: *Während ich Wasser trinke, schreibe ich an der Tafel. Ich schreibe an der Tafel, während ich Wasser trinke.*

Lassen Sie die KT eigene Sätze mit *während* bilden. Die KT können auch vormachen, wie sie zwei Dinge gleichzeitig tun.

AL 1 Die KT formulieren auf dem Zettel eine Frage nach dem Muster: *Was machst du, während du …?* Danach bilden die KT einen Innen- und Außenkreis. Der Innenkreis formuliert Fragen, der Außenkreis antwortet. Auf ein Zeichen drehen sich die Kreise gegeneinander und ein neuer Partner steht dem KT gegenüber.

AL 2 Die KT stehen auf und gehen durch den Raum und zeigen pantomimisch den anderen, wie sie zwei Dinge gleichzeitig machen. Die anderen KT formulieren Sätze mit *während*.

3 Zeitgeschichte

1 Die bewegte Geschichte eines Berliner Wahrzeichens

M a) A2-Vergrößerung der KV2: Platzdeckchen

Erklären Sie den KT die Platzdeckchen-Methode. Begrenzen Sie die Arbeitszeit in jedem Schritt.

Die KT sehen die Fotos an, überfliegen die Überschriften und notieren ihre Gedanken zu der Frage „Worum geht es?" in ihr Individualfeld.

1 Zeitpunkte

Die individuellen Ergebnisse werden ausgetauscht und verglichen. Dazu kann in der KG der Bogen im Uhrzeigersinn gedreht werden, sodass alle Gruppenmitglieder am Ende die anderen Ergebnisse gesehen und nachvollzogen haben. Die KT kommen ins Gespräch und entwickeln ein gemeinsames Gruppenergebnis. Dieses Ergebnis wird in das zentrale Feld in der Mitte eingetragen.

Die KT stellen ihre Gruppenergebnisse im Kurs vor. Dazu können sie auf die Aufzeichnungen im Mittelfeld des Bogens zurückgreifen.

AL Kopieren und vergrößern Sie die Fotos aus dem Text. Die Bücher bleiben geschlossen. Zeigen/Verteilen Sie die Fotos im Kursraum und fragen Sie die KT, was für ein Bauwerk auf den Bildern zu sehen ist, wo es sich befindet, ob sie es schon einmal besucht haben etc. Lassen Sie dann die KT die Fotos chronologisch ordnen.

b) *Selektives Leseverstehen:* Die KT lesen den Auszug und ordnen in PA die Bilder zu.

Die KT formulieren für jedes Foto einen passenden Titel. Anschließend werden die Titel im PL präsentiert.

2 Wörter erschließen

a) Die KT suchen Wörter im Text, markieren sie und notieren die Zeilen. Die Kontrolle erfolgt im PL.

b) Jede KG bekommt einen Begriff auf einem A4-Blatt und sammelt stichpunktartig Informationen dazu. Die KT können auch ein Wörterbuch nutzen.

Die A4-Blätter werden im Kursraum aufgehängt, die KT gehen durch den Raum, lesen die Stichpunkte und ergänzen Informationen.

BD Leistungsstärkere KT können Fragen zu den Begriffen stellen und andere Fragen beantworten.

3 Aussagen zur Geschichte des Brandenburger Tors

Die KT lesen die Aussagen, kreuzen die richtigen an, korrigieren die falschen. Die Lösungen werden in KG kontrolliert.

AL Die KG können selbst zwei bis drei falsche und richtige Aussagen formulieren. Die Aussagen werden im PL vorgelesen, die anderen KT lösen.

4 Der 9. November 1989 – der Fall der Mauer

a) Die Bücher sind geschlossen. Fragen Sie die KT, was am 9. November 1989 in Deutschland passiert ist. Falls es niemand weiß, weisen Sie auf die Überschrift hin. Sammeln Sie in einem Assoziogramm, was die KT über den Mauerfall wissen.

Die KT hören die Erlebnisberichte der drei Personen und ordnen die Aussagen zu. Die Lösungen werden in KG kontrolliert.

b) Teilen Sie den Kurs in vier Gruppen. Der Hörtext wird noch einmal abgespielt. Drei Gruppen machen Notizen zu jeweils einem der drei Interviews. Diese Notizen sollen stichpunktartig zusammengefasst werden. Die vierte Gruppe notiert die Fragen der Journalisten. Die Journalisten können auch eigene Fragen formulieren.

Bilden Sie neue Gruppen (3 Personen + ein(e) Journalist(in)) und spielen Sie ein Rollenspiel. Weisen Sie darauf hin, dass die KT auch fantasieren und eigene Gedanken äußern können.

c) Die KT berichten in KG über ein (historisches) Ereignis. Dabei sollen die Redemittel aus dem Kasten benutzt werden.

BD Leistungsschwächere KT können sich zunächst gemeinsam in der Gruppe für ein Ereignis entscheiden, danach Wörter zu dieser Kategorie sammeln und dann mit Hilfe dieser Wörter berichten.

HA Diese Aufgabe kann als HA angeboten werden. Die KT schreiben einen Blogeintrag und beschreiben ein (historisches) Ereignis aus ihrem Land.

AL 1 Sie als KL erstellen Kärtchen und schneiden sie aus. Die KT ziehen eine Karte und berichten kurz über diesen Tag oder dieses Ereignis: z. B. *erster Schultag, Kindheit, erste Auslandsreise, politisches Ereignis aus dem Heimatland, Umzug, Studium, ...*

AL 2 Die KT bereiten zu Hause eine kleine Präsentation zu einem historischen Ereignis vor. Das kann ein für sie persönlich bedeutsames Ereignis sein, aber auch ein von Ihnen vorgegebenes historisches Ereignis aus den D-A-CH-Ländern. Für ihre Präsentation bringen die KT dann je nachdem z. B. ein Foto, einen Zeitungsausschnitt, eine Landkarte oder einen persönlichen mit dem historischen Ereignis verbundenen Gegenstand mit und stellen ihn im Kurs vor. In schriftlicher Form kann dieser Vorschlag auch in der nächsten Phase bzw. nach Einführung und Übung der unregelmäßigen Präteritumformen umgesetzt werden.

5 Das Präteritum der regelmäßigen und unregelmäßigen Verben

Die KT suchen nach den Verben und schreiben sie in die Tabelle ins Heft.

Die Bildung der regelmäßigen Verben wird wiederholt und der unregelmäßigen eingeführt.

HA Diese Aufgabe kann auch als HA angeboten werden.

Diskutieren Sie im PL die Bildung des Präteritums. Die eine Gruppe der unregelmäßigen Verben (starke Verben) hat im Präteritum andere Personalendungen als die regelmäßigen. Die andere Gruppe (wie die schon bekannten Modalverben und *denken, haben, wissen*) haben im Präteritum einen Vokalwechsel, aber die gleichen Endungen wie die regelmäßigen Verben. Je nach Lerngruppe können Sie die Grammatik an der Tafel systematisch darstellen und erläutern. Erklären Sie, dass man bei den unregelmäßigen Verben im Präteritum immer die Stammform bzw. die 3. Person Singular angibt/lernt.

6 Unregelmäßige Verben im Wörterbuch

a) Die KT markieren die Präteritumformen in den Wörterbuchauszügen und kontrollieren im PL. Stellen Sie zusätzlich einsprachige Wörterbücher zur Verfügung. Die KT können weitere Verben suchen und präsentieren, die auch an der Tafel gesammelt werden können.

b) Die KT ordnen die Bezeichnungen den Wörterbucheinträgen zu. Ergebnissicherung (vor allem in lernschächeren Gruppen) erfolgt im PL, damit die Terminologie für die folgenden Unterrichtseinheiten gesichert ist.

7 Unregelmäßige Verben lernen: Rhythmus und Bewegung

a) Diese Aufgabe unterstützt den bewussten Umgang mit dem Lehrwerk und verdeutlicht die Funktion einzelner Lehrwerksteile. Die KT notieren auf Karteikarten und üben danach in PA.

AL In den nächsten Unterrichtsstunden können Sie immer wieder die Grundformen der Verben wiederholen, z. B. durch Werfen eines Balls.

b) Mit Hilfe der CD trainieren die KT bereits einige wichtige unregelmäßige Verben.

8 Die längsten 5 Minuten in meinem Leben

HA Diese Aufgabe dient als HA. Die KT beschreiben die längsten fünf Minuten in ihrem Leben. In der nächsten Unterrichtseinheit können die Texte in KG vorgelesen werden.

4 Nachdenken über Zeit

1 Alles braucht seine Zeit!

Die KT kommentieren die Informationen im KB. Zeigen Sie die Redemittel (KB S. 14) an der (interaktiven) Tafel.

AL Die Bücher sind geschlossen. Die KT bekommen Kärtchen mit den Informationen (z. B. 80 Jahre – Lebenserwartung eines Deutschen). Die KT ordnen diese Informationen zu, kontrollieren mit Hilfe des KB und kommentieren im Anschluss.

2 Was bedeutet Zeit?

a) Zeigen Sie die Überschrift an der (interaktiven) Tafel und lassen Sie Ihre KT Vermutungen anstellen, worum es im Zeitungsbericht geht. Weisen Sie auf die Redemittel zur Meinungsäußerung hin: *Ich glaube, … / Ich vermute, … / Ich bin mir sicher, dass …*

b) Die KT überfliegen den Zeitungsartikel und markieren im Text die Antworten auf die W-Fragen. Danach beantworten sie diese Fragen in PA.

c) ABCDE-Diskussion. Hängen Sie in vier Ecken des Kursraums Zettel mit den Buchstaben von A bis E auf. Erklären Sie, dass die Buchstaben von A bis D die Aussagen im KB darstellen. Die KT lesen diese Meinungen und gehen in die entsprechende Ecke, treffen dort andere KT und tauschen sich aus. Wenn die KT eigene Ideen haben, können sie zu dem Buchstaben „E" gehen und diese Ideen sammeln und anderen vorstellen. Fragen Sie am Ende der Diskussion: *Würden Sie dieses Konzert besuchen? Warum? Warum nicht?*

3 Alles hat seine Zeit

a) Laufdiktat. Kopieren Sie das Gedicht auf ein A4-Blatt und hängen Sie es an die Wand. Teilen Sie die KT in drei bis vier Gruppen auf. Eine Person der Gruppe A läuft zum Text, merkt sich die erste Zeile, geht zum Tisch zurück und diktiert diese Zeile einem Partner in ihrer Gruppe. Danach geht die zweite Person zum Text, merkt sich die zweite Zeile usw. Anschließend erfolgt die Korrektur mit Hilfe des KB.

Die KT hören das Gedicht und lesen es mit. Das Gedicht kann auch auswendig gelernt und in der folgenden Unterrichtseinheit vorgetragen werden.

b) Die KT ordnen die Sätze zu und diskutieren, ob ihnen das Gedicht gefallen hat oder nicht und mit welchem Satz sie einverstanden sind und warum.

2 Alltag

In den ersten beiden Teilen dieser Einheit stehen Alltagsprobleme im Mittelpunkt. Die Lernenden können Alltagsprobleme beschreiben und lernen, ihre Probleme in alltäglichen Situationen oder auf Reisen anderen zu beschreiben. Dazu lernen sie entsprechende Nomen-Verb-Verbindungen kennen. Die KT können in Notfällen Gründe benennen und dabei sowohl Kausal- (*weil*) als auch Konsekutivsätze (*deshalb, deswegen, darum*) benutzen.
Abschnitt drei der Einheit widmet sich dem Thema Stress. Die Lernenden lesen einen Zeitschriftenartikel und lernen, fremde sowie eigene Stresssituationen zu beschreiben. Sie können einen Radiobeitrag zum Thema verstehen und Strategien und Tipps gegen Stress heraushören und benennen. Außerdem lernen sie, ihre Aussagen durch graduierende Adverbien zu verstärken und diese Verstärkung durch gezielte Betonung deutlich zu machen.
Im vierten Teil geht es darum, Ratschläge und Tipps zu erteilen. Die KT erarbeiten zusammen den Unterschied zwischen höflichen Ratschlägen im Konjunktiv II und solchen im Imperativ.
Im letzten Teil lesen die KT einen Artikel zum Thema Lachen und lernen Sprichwörter zu diesem Thema kennen.

Sprachhandlungen

über Alltagsprobleme sprechen	S. 30 f.
über das eigene Befinden sprechen	S. 32
etwas begründen	S. 33
eine Radiosendung zum Thema Stress verstehen	S. 35
Ratschläge geben	S. 36 ff.
Informationen in einem Magazinbeitrag finden	S. 37

Themen und Texte

Dialoge über Alltagsprobleme	S. 30 f.
Probleme erläutern	S. 32 f.
eine Anzeige bei der Polizei machen	S. 33
Zeitschriftenartikel *Frisst Ihr Job Sie auf?*	S. 34
Radiointerviews	S. 35
Artikel *Lachen ist gesund*	S. 37

Wortfelder

Alltagsprobleme	S. 30 ff.
Nomen-Verb-Verbindungen	S. 32
Stress	S. 34 ff.
Sprichwörter zum Thema Lachen	S. 37

Grammatik

Kausalsätze mit *weil* – Konsekutivsätze mit *deshalb, darum, deswegen*	S. 33
graduierende Adverbien *sehr, ziemlich, besonders*	S. 35
Konjunktiv II	S. 36

Aussprache

eine Aussage verstärken	S. 35
Höflichkeit durch Intonation	S. 36

1 Alltagsprobleme

1 So ein Ärger!

 Die KT sehen sich zu zweit die Bilder an und stellen Vermutungen an, welche Probleme die Personen auf den Fotos haben könnten. Anschließend werden die Hypothesen an der Tafel gesammelt.

In Paaren lesen die KT die Dialoge, ordnen sie den Bildern zu und vergleichen mit den Hypothesen an der Tafel. Welche Vermutungen waren richtig, welche falsch?

2 Alltag

2 Was ist richtig?

Globales Hörverstehen: Lassen Sie beim ersten Hören die KT die Dialoge hören, ohne die Aussagen in Aufgabe 2 zu lesen. Die KT ordnen die Dialoge den passenden Bildern zu.

BD Schwächere Gruppen hören die Dialoge erst, nachdem sie die Aufgabe gelesen haben.

Selektives Hörverstehen: Die KT lesen die Aufgaben und markieren die relevanten Stellen (z. B. bei a) „schon zum zweiten Mal in kurzer Zeit") danach hören die KT die Dialoge noch einmal und markieren, was richtig und was falsch ist und korrigieren die falschen Aussagen in PA.

3 Und Sie?

Sammeln Sie an der Tafel verschiedene Situationen, in denen man sich eventuell ärgert oder gestresst ist.

AL In multikulturell zusammengesetzten Kursgruppen kann diese Sammlung auch in KG nach Ländern erfolgen, anschließend würde sich ein Gespräch anbieten, ob solche Situationen kulturell geprägt sind.

Die KT sprechen darüber, in welchen Situationen sie sich (nicht) ärgern bzw. (nicht) gestresst sind. Ermuntern Sie die KT dazu, die an der Tafel gesammelten Situationen noch zu ergänzen und dabei den Redemittelkasten sowie auch die Wort-Bild-Leiste unten auf den Seiten 30/31 zu benutzen.

Die interessantesten Antworten können im PL noch einmal vorgestellt und eventuell diskutiert werden.

2 Notfälle

1 Ich habe ein Problem

Teilen Sie die KT in zwei Gruppen. Die erste Gruppe bekommt die Frage „Was mache ich, wenn ich meine Bankkarte verliere?", die andere bekommt die Frage „Was mache ich, wenn mein Handy gestohlen wird?" Die beiden Gruppen sammeln in PA passende Antworten.

Anschließend lesen die Gruppen beide Dialoge, ordnen die Fotos zu und geben den Dialogen einen Titel.

2 Wörter und ihre Partner

M KV1: Nomen-Verb-Verbindungen

3 Und Sie?

KT berichten in der KG oder in PA, ob sie schon einmal etwas verloren haben bzw. was sie in dieser Situation gemacht haben.

4 Gründe nennen mit *deshalb, darum, deswegen*

Lassen Sie die KT die beiden Dialoge auf Seite 32 noch einmal lesen und dabei alle Sätze markieren, in denen Gründe für etwas genannt werden. In allen Sätzen sollen die KT den Grund sowie die Folge daraus bestimmen (schalten Sie hier zum besseren Verständnis ein einfaches Beispiel voran). In PA tragen die KT ihre Sätze dann in folgendes Schema ein (evtl. auch am IWB – dann PL):

Grund	Folge
Folge	Grund

Anschließend bestimmen die KT in PA Hauptsatz, Nebensatz sowie die jeweilige Position des Verbs und ergänzen die Regel in 4b). Erst danach können die KT in 4a) weitere Sätze mit *deshalb, darum* und *deswegen* ergänzen und sich diese in PA schnell und laut vorlesen.

5 Bei der Polizei – Anzeige erstatten

Die KT ordnen zunächst die Kategorien des Dialogs und ergänzen anschließend die Sprachhandlungen des Redemittelkastens mit Ausdrücken aus den Dialogen.

6 Eine Anzeige bei der Polizei machen

M KV2: Rollenspiele

BD Leistungsschwächere Gruppen erarbeiten den Dialog *„Eine Anzeige bei der Polizei machen"*. In lernstärkeren Gruppen können stattdessen Rollenspiele vorbereitet werden. Mit Hilfe der Rollenkarten aus KV2 wird die Struktur der Dialoge entsprechend Aufgabe 5) vorbereitet und die notwendigen Sprachhandlungen mit Ausdrücken aus den Dialogen auf Seite 32 ergänzt.

3 Stress im Beruf

1 Arbeit als Stressfaktor

 a) Sammeln Sie mit den KT an der Tafel oder am IWB in einem Assoziogramm Gründe für Stress im Beruf. Fragen Sie die KT, welche Stressfaktoren auch auf sie zutreffen und lassen Sie sie anschließend in PA darüber sprechen, was man gegen Stress im Beruf tun kann.

b) Teilen Sie die KT in 3er-Gruppen ein. Jede KG überfliegt zunächst die drei Texte und überlegt gemeinsam, welche der eigenen Ideen zu Stressfaktoren und Strategien gegen Stress auch im Text genannt werden. Anschließend liest jede Gruppe einen Text genauer und füllt gemeinsam das Raster in c) aus.

c) Bilden Sie Wirbelgruppen, d. h. bilden Sie neue 3er-Gruppen und zwar so, dass in jeder Gruppe KT sitzen, die einen anderen Text gelesen haben. Die KT stellen sich gegenseitig anhand des Rasters die Person vor, deren Text sie gelesen haben. Die anderen KT der Gruppe machen sich Notizen und vervollständigen ihr Raster.

d) Mischen Sie die KT noch einmal neu (Zufallsprinzip) und lassen Sie die KT den Begriff „Work-Life-Balance" diskutieren. Überlegen Sie gemeinsam, warum der Begriff im Deutschen mit einem englischen Wort ausgedrückt wird und ob es ähnliche Begriffe in den Sprachen der KT gibt.

2 | Alltag

2 Eine Aussage verstärken: *sehr, ziemlich, besonders*

Lassen Sie die KT den Dialog mehrmals hören und mitlesen, gegebenenfalls auch schon leise mitsprechen. Klären Sie im PL die Bedeutung der graduierenden Adverbien *sehr, ziemlich, besonders*. Beschränken Sie sich an dieser Stelle nur auf den Gebrauch als Adverbien!

Lassen Sie die KT anschließend die Dialoge in PA lesen. Animieren Sie sie ruhig dazu, die Verstärkungen übertrieben zu betonen.

3 Und Sie?

M Moderationskarten

Lassen Sie die KT hier drei Situationen sammeln, in denen sie in der letzten Zeit Stress hatten. Die KT schreiben je eine Situation auf eine Moderationskarte. Diese Kärtchen werden später in Aufgabe 5) noch benötigt.

4 Strategien zur Entspannung

a) Lassen Sie die KT noch einmal sammeln, welche Strategien gegen Stress schon genannt wurden und diese eventuell noch durch weitere ergänzen. Die KT sollen hier auch auf die Texte auf Seite 34 sowie die Bilder zurückgreifen und eigene Erfahrungen nennen.

b) *Globales Hörverstehen:* KT sollen sich nur auf Titel und Thema der Sendung konzentrieren.

M Moderationskarten

c) *Selektives Hörverstehen:* Teilen Sie den Kurs in KG. Schreiben Sie die Antworten aus 4c) auf Kärtchen (eine Antwort pro Kärtchen; pro KG benötigen Sie einen Satz Kärtchen) und legen Sie die Kärtchen gut sichtbar auf einen Tisch. Jede Gruppe verteilt sich um einen Tisch mit je einem Satz der Kärtchen. Sobald der Hörtext startet, bewegt sich die Gruppe um den Tisch. Wenn ein KT einen der Begriffe auf den Kärtchen hört, versucht er das entsprechende Kärtchen an sich zu nehmen. Wer am Ende des Hörtextes die meisten Kärtchen hat, bekommt einen kleinen Preis.

Anschließend hören die KT den Text noch einmal markieren die richtigen Lösungen im Buch.

5 Und was machen Sie gegen Stress?

Die KT suchen sich ein oder zwei ihrer Kärtchen aus Aufgabe 3) aus, gehen im Kursraum umher und fragen sich gegenseitig, was sie in der entsprechenden Situation gegen den Stress tun können. Nach jeder Frage/Antwort tauschen sie die Kärtchen und gehen zum nächsten KT.

4 Gute Ratschläge

1 Was Katrin alles tun sollte. Ratschläge mit *könnte, müsste, sollte*

a) Lassen Sie die KT je einen Satz zu jedem Bild schreiben. Achten Sie darauf, dass die KT die Sätze auch tatsächlich aufschreiben.

b) Die KT lesen sich die Sätze abwechselnd laut vor. Dabei sollen sie weniger auf die Struktur als auf die Flüssigkeit achten (daher ist es notwendig, dass die KT die Sätze vorher auch wirklich komplett aufgeschrieben haben und nun ablesen können).

Alltag | 2

2 Sprachschatten

Die KT üben mit Beispielen aus Aufgabe 1 die Dialoge. Dabei wiederholen sie den Konjunktiv für Ratschläge.

3 Höflichkeit durch Intonation

Die KT überlegen zu zweit, welche Ratschläge sich höflicher anhören und eventuell auch warum. Anschließend hören Sie den Hörtext und vergleichen ihre Antworten. An dieser Stelle sollte die Funktion des Konjunktivs als Ausdruck der Höflichkeit thematisiert werden.

KV3: Wimmelkarten

Schneiden Sie die Karten aus oder schreiben Sie die Situationen auf Moderationskärtchen. Jeder KT erhält ein Kärtchen, geht herum und erläutert einem anderen KT die Situation, woraufhin dieser einen höflichen Ratschlag erteilt. Danach wechseln die Rollen und wenn beide KT einen Ratschlag gegeben haben, tauschen sie ihre Kärtchen und suchen sich erneut einen Partner.

4 Zehn Dinge, die ich tun sollte

Der schriftliche Ausdruck (Ich-Text) bietet sich als HA an. So können Wortschatz und Grammatik wiederholt werden.

5 Lachen ist gesund!

1 Sie sollten mehr lachen!

a) *Vorentlastung:* Fragen Sie die KT, ob sie Sprichwörter zum Thema Lachen aus ihrer Muttersprache kennen. Lassen Sie die KT die Sprichwörter auf Deutsch sagen und sammeln Sie gegebenenfalls die korrekten deutschen Sprichwörter an der Tafel.

Fragen Sie die KT, ob sie glauben, dass Lachen wirklich gesund ist.

Anschließend lesen die KT den Text und beantworten die Frage, warum Lachen gesund ist.

b) In PA finden die KT aus dem Text die passenden Ausdrücke.

c) Greifen Sie die Ergebnisse des Kursgesprächs aus der Vorentlastung wieder auf und erweitern Sie die Fragestellung, ob Lachen sogar bei Krankheiten helfen kann.

2 Sprichwörter zum Thema Lachen

a) Nehmen Sie noch einmal das Tafelbild mit den Sprichwörtern zum Thema Lachen. Lassen Sie die KT weitere Sprichwörter aus dem Text finden.

b) Die KT ordnen die Sprichwörter den Ländern zu.

3 Vergessen?!

In KG versuchen die KT, die Fragen zu beantworten. Anschließend versuchen die KT, die Geschichte als Witz zu erzählen.

In lernstarken Gruppen können die KT versuchen, Witze auf Deutsch zu erzählen. In leistungsschwächeren Gruppen sollte dies als HA vorbereitet werden.

3 Männer – Frauen – Paare

In dieser Einheit beschäftigen sich die KT intensiv mit Klischees über Frauen und Männer, z. B. typische Gegenstände oder typische Männer- und Frauenberufe. Anhand des Themas werden die Sprachhandlungen „Meinungen äußern", „zustimmen" und „widersprechen" gemeinsam erarbeitet und geübt. Die KT arbeiten mit verschiedenen Textsorten wie Grafik, Flyer und Interview. Im dritten Teil der Einheit setzen sich die KT mit Partnerschaften auseinander und erarbeiten Adjektive mit *un-* und *-los* und den Infinitiv mit *zu*, der anschließend gemeinsam geübt und gefestigt wird. Im letzten Abschnitt der Einheit wird „Das 4-Ohren-Modell der Kommunikation" erläutert und anschließend von den KT selbstständig angewandt. Den Abschluss der Einheit bildet eine Bildbeschreibung und eine finale Aufgabe zum Thema Liebe.

Sprachhandlungen	
über Männer, Frauen und Klischees sprechen	S. 48 f.
jemandem zustimmen oder widersprechen	S. 50
über Beziehungen und Probleme sprechen	S. 52
ein Bild beschreiben	S. 55

Themen und Texte	
Magazin: Typisch Mann?! Typisch Frau?!	S. 48 f.
Rollenklischees	S. 49
Frauen- und Männerberufe	S. 50 f.
Partnerschaft	S. 52
Interview über Beziehungen	S. 52
das 4-Ohren-Modell der Kommunikation	S. 54

Wortfelder	
Frauen- und Männerberufe	S. 50 f.
Partnerschaft und Liebe	S. 52
alltägliche Aktivitäten im Haushalt	S. 53

Grammatik	
Wiederholung von Nebensätzen mit *dass*	S. 48 f.
Adjektive mit *un-* und *-los*	S. 52
Infinitiv mit *zu*	S. 53

Aussprache	
lange und kurze Vokale	S. 54 f.

1 Männer und Frauen

1 Was passt zu wem?

a) *Einstieg, Vorwissen aktivieren:* Fragen Sie im Kurs (bei geschlossenen Büchern), welche Gegenstände die KT mit einem Mann, welche sie mit einer Frau verbinden. Dann sehen sich die KT die Gegenstände im Buch an. Es ist wichtig, dass die Namen der Gegenstände wiederholt bzw. eingeführt werden. Das kann im PL oder zuerst in KG stattfinden (die KT versuchen, sich an die Wörter zu erinnern oder arbeiten mit dem Wörterbuch), dann im PL. Sagen Sie den KT, sie sollen in PA über die Bilder sprechen. Bilden Sie im PL Beispiele mit den Redemitteln im Kasten. Die KT machen die Aufgabe in PA, dann können sich einige KT im PL äußern und die anderen reagieren.

M A3-Blätter

AL Bilden Sie KG (wenn möglich, Gruppen nur mit Männern und nur mit Frauen). Jede KG erhält ein  A3-Blatt und notiert Assoziationen zum Thema „typisch Mann" und „typisch Frau" (die Männer beschäftigen sich mit dem Thema „typisch Frau", die Frauen mit dem Thema „typisch Mann"). Dann werden die Ergebnisse im PL präsentiert.

Männer – Frauen – Paare 3

 b) Spielen Sie das Interview. Die KT markieren die Gegenstände, um die es im Interview geht. Vergleich erst in PA, dann im PL.

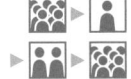 c) Lesen Sie mit den KT die Aussagen und klären Sie Fragen. Dann spielen Sie den Hörtext zweimal. Die KT vergleichen ihre Lösungen in PA, dann im PL.

AL Um den Teil abzuschließen, fragen Sie die KT, was ihr Lieblingsgegenstand ist und warum. Die KT
 machen eine Tabelle mit Namen/Gegenstand/Grund, fragen andere im Kurs und ergänzen die Tabelle. Zum Abschluss kann jeder etwas im PL berichten.

BD Bei leistungsschwächeren Gruppen können die KT zuerst ein paar Sätze schreiben, die vom KL korrigiert werden (indem Sie herumgehen und Hilfe leisten), dann sprechen die KT in PA darüber.

2 Männer sind anders – Frauen auch

 a) Lesen Sie mit den KT die Aufgabenstellung. Die KT lesen den Text und sammeln, was „typisch Mann" und was „typisch Frau" ist. Sie vergleichen in PA, dann im PL. Klären Sie die neuen Wörter, indem sie auf die Bilder im Buch hinweisen oder Beispiele geben.

AL Die Männer lesen den Text über Frauen und die Frauen lesen den Text über Männer. Der Vergleich
 kann in PA stattfinden, indem eine Frau mit einem Mann zusammenarbeitet; sie erzählen dem anderen, was im Text steht. Im Anschluss Vergleich im PL.

 b) Lesen Sie mit den KT die Aufgabenstellung. Schreiben Sie zwei oder drei Beispiele an die Tafel z. B. *Männer sehen gern Sportsendungen, Frauen kaufen gern Kosmetik.* Wenn nötig, wiederholen Sie kurz die Struktur mit *gern* und ihre Bedeutung. Sagen Sie, dass die KT auch über andere Aktivitäten schreiben können, die nicht im Text vorkommen. Dann lesen die KT ihre Sätze in der Gruppe vor und die anderen reagieren (z. B. *das stimmt, das stimmt nicht; ich finde/denke/glaube nicht, dass …*). Zum Schluss können einige Sätze im PL vorgelesen und an die Tafel geschrieben werden, die KT reagieren.

AL Verteilen Sie Plakate im Kurs, einige mit „typisch Mann" und einige mit „typisch Frau". Die können auf verschiedenen Tischen liegen oder an der Wand hängen. Die KT stehen auf und schreiben Sätze auf die Plakate. Dann werden die Plakate vorgelesen, kommentiert, Fragen werden geklärt.

3 Alles nur ein Klischee?!

 Fragen Sie die KT, ob sie denken, dass die Aussagen stimmen oder ob es sich um Klischees handelt. Lesen Sie gemeinsam die Definition aus dem Wörterbuch und klären Sie evtl. Fragen. Ihre KT sollen in KG darüber sprechen, welche Klischees es in dem Artikel und auf ihrer Liste gibt. Lesen Sie mit ihnen das Beispiel im Buch (*Es ist ein Klischee, dass Frauen nicht einparken können.*) und formulieren Sie ein weiteres Beispiel. Weisen Sie auf die Struktur des Nebensatzes mit *dass* hin bzw. wiederholen Sie kurz diese Struktur, wenn nötig. Lassen Sie die KT in den KG diskutieren.

2 Frauen- und Männerberufe

1 Typische Berufe

  a) Um das Vorwissen der KT zu aktivieren und um Wortschatz zum Thema Beruf zu wiederholen, fragen Sie, welche Berufe typische Männerberufe und welche typische Frauenberufe sind und schreiben die von den KT genannten Berufe an die Tafel. Dann vergleichen die KT die Liste an der Tafel mit der im Buch. Klären Sie unbekannte Wörter, wenn nötig.

3 | Männer – Frauen – Paare

 b) Lassen Sie die KT die Sprechblasen ergänzen und weitere Aussagen schreiben. Danach lesen sie ihre Aussagen ihrem Partner oder der KG vor.

2 Eine Talkrunde im Fernsehen: Männer, Frauen und Unterschiede

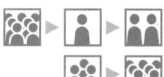 a) Sagen Sie den KT, sie werden eine Talkrunde im Fernsehen zum Thema „Männer, Frauen und Unterschiede" hören. Lesen Sie zuerst im PL die Aussagen und klären Sie ggf. unbekannte Wörter. Lassen Sie die KT den Hörtext zweimal hören und in PA oder in der KG vergleichen. Abschließend Vergleich im PL.

 b) Lesen Sie mit den KT den Redemittelkasten und klären Sie WS, wenn nötig. Lassen Sie dann die KT den Hörtext noch einmal hören und die Redemittel markieren, die im Hörtext vorkommen. Vergleich in PA oder in der KG, abschließend im PL.

 AL Bei geschlossenen Büchern: Die KT bekommen die Redemittel auf Karten und sortieren sie in KG in die Kategorien „jemandem zustimmen" oder „jemandem widersprechen" ein (die Verben *zustimmen* und *widersprechen* sollten zuerst semantisiert werden). An einer IWB-Tafel können die Redemittel einfach zu der richtigen Kategorie geschoben werden. Erst dann schlagen die KT das Buch auf, vergleichen die Redemittel an der Tafel mit denen im Buch, hören den Hörtext noch einmal und markieren die Redemittel, die im Hörtext vorkommen. Vergleich im PL.

3 Typisch? – Von wegen!

 a) Fragen Sie bei geschlossenen Büchern, ob die Berufe Pilot/in und Erzieher/in typisch Mann oder typisch Frau sind (erwartete Antwort: Pilot – Männerberuf, Erzieherin – Frauenberuf). Dann sagen Sie den KT, sie werden einen Text über eine Pilotin und über einen Erzieher lesen. Lesen Sie mit ihnen die Aussagen. Die KT lesen den Text, kreuzen die Aussagen an und vergleichen in PA. Dann Vergleich im PL.

 b) Lesen Sie mit den KT die Beispiele und lassen Sie sie in PA / in der KG darüber diskutieren.

4 Pro und Contra: Frauen- und Männerberufe

 Lesen Sie mit den KT die These und bilden sie zwei oder mehr Gruppen, je nach Teilnehmerzahl. Eine bzw. einige Gruppen sind pro, die andere(n) sind contra. Die KT sammeln Argumente in der Gruppe. Danach diskutieren sie mit KT aus anderen Gruppen. Das kann in KG gemacht werden (z. B. in jeder neuen Gruppe sind zwei KT pro und zwei contra) oder jeder KT aus der „Pro-Gruppe" diskutiert mit einem KT aus der „Contra-Gruppe" (PA). Weisen Sie sie auf die Redemittel aus 2b) hin. In Kursen mit wenigen KT kann die Diskussion im PL geführt werden.

3 Über Paare sprechen

1 Partnerschaften heute

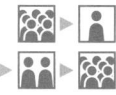 a) Sagen Sie den KT, dass sie ein Interview über Beziehungen lesen werden, in dem die Fragen fehlen. Lesen Sie mit ihnen die Fragen im Kasten und klären Sie ggf. neue Wörter. Die KT lesen den Text und ergänzen die fehlenden Fragen. Sie vergleichen in PA, dann im PL.

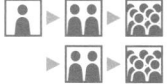 b) Die KT ergänzen die Informationen aus dem Interview und vergleichen in PA. Auswertung im PL. Dann sprechen sie in PA über Gemeinsamkeiten und Unterschiede. Vergleich im PL.

 AL Je nach Gruppe können die KT über ihre eigenen Beziehungen sprechen, wenn das für die jeweilige Kultur / das jeweilige Land kein Tabuthema ist.

Männer – Frauen – Paare | 3

2 Adjektive in Gegensatzpaaren

a) Weisen Sie die KT darauf hin, dass es im Interview viele Adjektive gibt und lassen Sie sie die jeweiligen Gegenteile im Text suchen und ergänzen. Vergleich in PA, dann im PL. Lassen Sie die Wörter nachsprechen (weisen Sie auf die richtige Betonung und auf den Lerntipp hin). Um die Wörter zu festigen, können sie in PA üben: Ein KT sagt ein Adjektiv, der andere das Gegenteil.

b) Die KT sprechen in PA, welche Person aus 1a) sie (un)sympathisch finden und warum.

AL Erstellen Sie an der Tafel eine Liste mit den Namen der Personen aus dem Interview (Elena König, Michael Lang, Ivana Boksic); die KT sagen, wen sie (un)sympathisch finden und warum, und malen ein ☺ oder ein ☹ hinter die Namen an der Tafel. Am Ende kann man sehen, wen die meisten KT sympathisch oder unsympathisch finden.

3 Hast du Lust ...?

Automatisierungsübung. Als Überleitung können Sie die KT fragen, was Paare bzw. Freunde oft zusammen machen (z. B. ins Kino gehen). Fragen Sie, wie man einen Freund z. B. zu etwas einladen kann. Erwartete Antworten: „Möchtest du ...?", „Willst du mit mir ...?". Wenn die KT „Hast du Lust ...?" nicht sagen, führen Sie diese neue Form ein. Die KT machen die Aufgabe im Sitzen (wie im Buch abgebildet) oder im Stehen mit einem Ball. Achten Sie auf ein zügiges Tempo.

4 Infinitive mit *zu*

a) und b) Fragen Sie, was die Sätze aus 3 gemeinsam haben und markieren Sie das *zu*. Dann lassen Sie die KT Aufgabe 4 individuell lösen, in der KG über die Regel sprechen und sie ergänzen. Vergleich im PL.

5 Was Paare oft sagen

Wenn möglich, projizieren Sie nur das Bild an die Wand und fragen Sie die KT, wo die Personen sind, was sie sagen, was das Problem ist. Führen Sie das Verb *gießen* und das Partizip *gegossen* ein. Dann lassen Sie zwei KT das Beispiel im Buch vorlesen (wenn Sie das Bild nicht projizieren können, können die KT das direkt machen). Bevor die KT die Dialoge üben, lassen Sie sie die Verben im Kasten lesen, klären Sie Fragen und wiederholen Sie mit ihnen die Partizipien der Verben, damit sie die Dialoge schnell üben können.

BD In leistungsschwächeren Gruppen können die kurzen Dialoge zuerst geschrieben werden.

M KV1: Schnipsel
M Jeder KT bekommt einen Schnipsel mit einem Satzanfang (z. B. *Ich vergesse oft ...* / *Ich habe nie Zeit ...*). Alle stehen auf und finden einen Partner. Beispiel: KT 1 hat den Satzanfang: *Ich vergesse oft ...* Er liest seinen Satzanfang einem Partner vor und ergänzt ihn mündlich: *Ich vergesse oft, meine Pflanzen zu gießen* und fragt: *Und du/Sie?* Der Partner (KT 2) reagiert, indem er: *Ich auch* sagt oder einen neuen Satz formuliert (z. B. *Ich vergesse oft, Brot zu kaufen*). Dann ergänzt KT 2 seinen Satzanfang mündlich (z. B. *Ich habe nie Zeit, mein Auto zu waschen. Und du/Sie?*) und KT 1 reagiert (*Ich auch nicht* oder *Ich habe nie Zeit, Sport zu machen*). Dann tauschen sie die Schnipsel und finden einen neuen Partner usw. Gehen Sie herum und helfen Sie den KT bzw. korrigieren Sie sie.

3 | Männer – Frauen – Paare

M A3-Blätter

AL Schreiben Sie auf A3-Blätter Satzanfänge (wie in KV1) und hängen Sie die Blätter an die Wand bzw. legen Sie sie auf die Tische. Die KT gehen herum und ergänzen die Sätze. Am Ende können sie noch einmal herumgehen und lesen, was die anderen geschrieben haben.

Wichtig: Vergleichen Sie die Frage *Möchtest/Willst du mit mir ins Kino gehen?* (die vor Aufgabe 3 wiederholt wurde) mit *Hast du Lust, mit mir ins Kino zu gehen?* und weisen Sie darauf hin, dass es mit Modalverben kein *zu* gibt.

4 Paare lieben – Paare streiten

1 Das 4-Ohren-Modell der Kommunikation

a) Fragen Sie bei geschlossenen Büchern, welche Probleme Paare haben bzw. warum es (oft) Streit gibt. Wenn die KT das Thema Kommunikation nicht nennen, nennen Sie es (wenn möglich auch das Wort *Missverständnis*) und fragen Sie, was wichtig für eine gute Kommunikation ist und ob die KT Kommunikationsmodelle kennen. Die KT öffnen das Buch und lesen die Aussagen. Klären Sie ggf. Fragen. Die KT lesen den Text, kreuzen die richtigen Aussagen an und vergleichen in PA. Anschließend Vergleich im PL.

b) Die KT schreiben eine andere Beispielgeschichte und präsentieren sie im PL oder lesen sie einem Partner vor. Das kann nach Aufgabe 2 gemacht werden.

2 Die Ampel ist grün!

Die KT machen die Aufgaben wie im Buch, vergleichen in PA, dann im PL.

AL Zuerst diese Aufgabe machen, dann 1b).

3 Lea, die Nudeln sind zu weich!

a) Die KT hören den Dialog und achten auf die Betonung. Dann lesen sie den Dialog im Hörtexte-Anhang und klären Fragen im PL. Schließlich lesen sie den Dialog in PA.

M KV2: Lea, die Nudeln sind zu weich

AL M Bei geschlossenen Büchern projizieren Sie die KV2, die ein Paar am Tisch zeigt, das Nudeln isst oder verteilen Sie die KV2. Fragen Sie die KT, wo das Paar ist, was sie gerade machen, was das Problem ist, was sie wohl sagen. Die KT hören den Dialog einmal und sagen, was das Problem ist. Dann hören sie den Dialog noch einmal und lesen die Transkription im Anhang mit. Klären Sie evtl. Fragen. Bevor die KT in PA den Dialog vorlesen, weisen Sie auf die Intonation hin.

b) Die KT schreiben den Dialog in PA weiter und präsentieren ihn. In größeren Gruppen kann jede Zweiergruppe einer anderen Zweiergruppe den Dialog präsentieren. Gehen Sie herum und helfen bzw. korrigieren Sie.

4 Lange und kurze Vokale

a) und b) Die KT machen die Aufgabe wie im Buch. Sie vergleichen in PA, dann im PL. Dann hören Sie die Wörter noch einmal und sprechen sie nach.

AL Diese Aufgabe kann nach dem Lesen des Dialogs (Aufgabe 1a) gemacht werden, damit sich die KT beim Lesen des Dialogs in PA auf die Länge der Vokale konzentrieren bzw. die richtige Aussprache üben können.

Männer – Frauen – Paare | 3

5 Ein Bild beschreiben

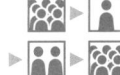
 a) Lesen Sie die Aufgabenstellung mit den KT und die Redemittel im Kasten. Die KT beschreiben das Bild anhand der Redemittel und vergleichen ihre Beschreibung mit der von einem Partner. Beispiele können dann im PL verglichen werden.

  b) Die KT sammeln Adjektive, vergleichen in PA, dann im PL.

c) Die KT schreiben eine Geschichte anhand der W-Fragen.

BD   Schnellere KT können einem Partner, der auch fertig ist, ihre Geschichte vorlesen oder den Text von einem Partner lesen (und evtl. Fehler markieren).

d) In größeren Gruppen können die Lernenden einem Partner oder der KG ihre Geschichte vorlesen.

AL   Sie können die Texte einsammeln, korrigieren bzw. Fehler markieren, damit die Texte in der darauffolgenden Stunde von den KT korrigiert und dann vorgelesen werden können.

5 Liebe ist …

 a) Die KT machen die Aufgabe wie im Buch und sprechen in der Gruppe oder in PA.

 b) Die KT schreiben einen Satz über Liebe und vergleichen in der Gruppe.

M   Herz-Kärtchen

AL  Bereiten Sie Kärtchen (wenn möglich in Form von Herzen) vor. Die KT schreiben ihre Definition von Liebe auf die Kärtchen und hängen sie an die Pinnwand/Wand. Die KT stehen auf und lesen die Definition der anderen. Danach können sie sagen, welche Definition sie am besten/schönsten finden.

4 Arbeit im Wandel

Im ersten Teil dieser Einheit geht es zunächst um das Ruhrgebiet, die größte Industrieregion Deutschlands. Die geografische Lage, besondere Merkmale der Region sowie typische Ruhrgebietswörter stehen im Fokus.

Die KT erhalten im zweiten Teil der Einheit wichtige Informationen über die Geschichte des Ruhrgebiets, erfahren aber auch, wie es sich bis heute verändert hat. Sie lernen, über das Ruhrgebiet zu informieren. Ein Rechercheprojekt zu wichtigen Industrieregionen in den Herkunftsländern der KT schließt diesen Teil ab.

Der dritte Teil der Einheit ist Arbeitsunfällen gewidmet. Die KT lernen, über Arbeitsunfälle zu sprechen und einfache Unfallberichte zu schreiben. Außerdem erfahren sie, was Berufsgenossenschaften sind und was diese bieten.

Wortverbindungen stehen im Fokus der gesamten Einheit, wobei im ersten Teil der Schwerpunkt auf Verb-Nomen-Verbindungen liegt, im zweiten Teil auf Adjektivendungen.

Sprachhandlungen	
Regionen und Orte beschreiben	S. 66 f.
die Geschichte einer Region kennenlernen	S. 68 f.
über Arbeitsunfälle sprechen	S. 71 f.
einen Unfallbericht schreiben	S. 71 f.

Themen und Texte	
das Ruhrgebiet	S. 66 f.
Zeitungsartikel *Entwicklung einer Industrieregion*	S. 68
Arbeitsunfälle	S. 71 f.
Pressemeldung	S. 72
Unfallmeldung	S. 73

Wortfelder	
Industrie	S. 66 f.
Ruhrgebietswörter	S. 67
Arbeitsunfälle	S. 71 f.
Versicherungen	S. 72

Grammatik	
Verkleinerungsformen	S. 69
Adjektivendungen	S. 72 f.

Aussprache	
Adjektivendungen nachsprechen	S. 73

1 Die größte Stadt Deutschlands

1 Geografie

Als Einstieg in die Einheit sehen sich die KT die Karten auf S. 66 im KB an. Im PL beschreiben sie mit Hilfe der Redemittel zunächst die Lage des Ruhrgebiets in Deutschland, dann die Lage der Städte Duisburg, Dortmund, Bochum und Gelsenkirchen.

AL HA Leistungsstärkere KT, die sich etwas mit dem Ruhrgebiet auskennen, können während des Unterrichts mit Hilfe des Internets oder als HA die Tabelle mit Informationen zu einer anderen Stadt ergänzen und diese im PL als Rätsel stellen.

Als Überleitung zu Aufgabe 2 können Sie als KL fragen, ob einer der KT schon im Ruhrgebiet war und was die KT mit dem Ruhrgebiet verbinden. Eventuelle Assoziationen können dabei an die Tafel geschrieben werden und so den Wortschatz für Aufgabe 2 vorentlasten.

2 Das Ruhrgebiet

 a) Die KT finden in den Fotounterschriften zunächst in PA passende Wörter, Auflösung im PL.

 b) und c) *Globales Hörverstehen:* Die KT hören den Bericht zwei Mal im PL und lösen die Aufgaben. Sie können außerdem fragen, ob den KT etwas an der Sprache auffällt und somit zu Aufgabe 3 überleiten.

3 Ruhrgebiets-Dialekt

 Die KT hören den Rest den Interviews und bearbeiten die Aufgabe in EA. Im PL können andere Auffälligkeiten des Ruhrgebiets-Dialekts thematisiert werden.

2 Von der Stahlfabrik zur Traumfabrik

1 Die Entstehung einer Industrieregion

Schreiben Sie den Titel *Von der Stahlfabrik zur Traumfabrik* an die Tafel. Die KT äußern davon ausgehend Vermutungen über den Inhalt der Einheit.

a) Mündlich oder schriftlich beenden die KT die vorgegebenen Satzanfänge. Das so wiederholte Vorwissen über das Ruhrgebiet stellt die Grundlage für das Verständnis des Textes dar. Weisen Sie die KT darauf hin, dass der Text im Hinblick auf die Aufgabe gelesen werden soll, ein detailliertes Verständnis ist an dieser Stelle nicht nötig.

 b) Die KT lesen den Text in EA, vergleichen die Informationen in PA und bearbeiten zusammen b) und Aufgabe 2.

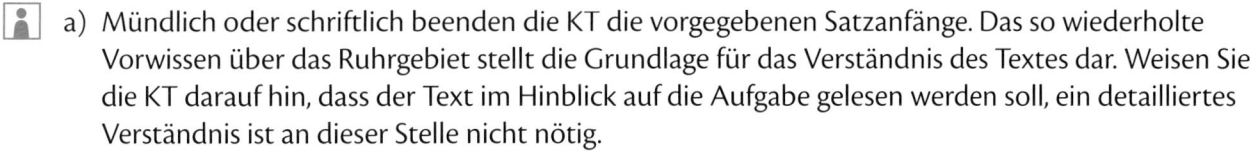 HA Ü6 Leistungsstärkere KT können diese Übung als HA bearbeiten, in leistungsschwächeren Gruppen empfiehlt sich die Bearbeitung im Unterricht, in der Sie als KL individuell Hilfestellung geben können.

3 Inhalte mit Hilfe eines Zeitstrahls systematisieren und wiedergeben

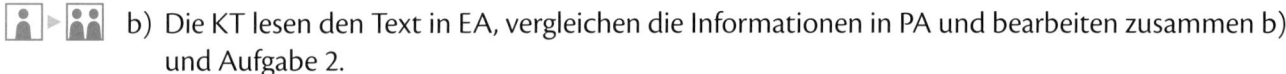 a) Zeichnen Sie den Zeitstrahl an die Tafel und lassen Sie ihn durch die KT ergänzen.

AL 1 Bereiten Sie auf kleinen Zetteln Paare vor, verteilen sie diese unter den KT, die ihren jeweiligen Partner suchen müssen (z. B. 1800 bis 1850 – Abbau von Kohle, 1850 – Dortmund hat 4000 Einwohner). Lassen Sie die KT die Zettel in der richtigen Reihenfolge an die Tafel kleben / an eine Wäscheleine hängen.

AL 2 Bereiten Sie kleine Zettel mit den Informationen zur Entwicklung des Ruhrgebiets vor (z. B. Dortmund hat 4000 Einwohner, viele Menschen aus dem europäischen Ausland kommen ins Ruhrgebiet). Die KT bilden den Zeitstrahl und müssen sich in der richtigen Reihenfolge aufstellen. Lassen Sie die KT die Zettel in der richtigen Reihenfolge an die Tafel kleben / an eine Wäscheleine hängen.

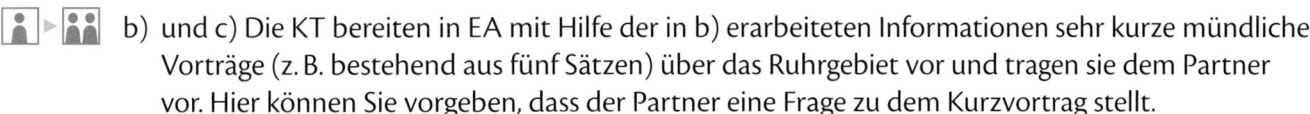 b) und c) Die KT bereiten in EA mit Hilfe der in b) erarbeiteten Informationen sehr kurze mündliche Vorträge (z. B. bestehend aus fünf Sätzen) über das Ruhrgebiet vor und tragen sie dem Partner vor. Hier können Sie vorgeben, dass der Partner eine Frage zu dem Kurzvortrag stellt.

4 Arbeit im Wandel

4 Verkleinerungsformen

Erklären Sie an der Tafel die genannten Verkleinerungsformen und lassen Sie weitere im Text finden. Gehen Sie dann zu Übung 9 auf S. 76 und bearbeiten Sie die Aufgabe im PL. Für leistungsstarke Gruppen bietet es sich an, zu thematisieren, warum hier die Verkleinerungsformen verwendet werden. Bei leistungsschwächeren Gruppen ist es sinnvoller, dass der Fokus nur auf der Wortbildung liegt. Die Frage, warum hier Verkleinerungsformen verwendet werden, sollte, wenn sie nicht von den KT gestellt wird, umgangen werden. An dieser Stelle können Sie die KT fragen, wie Verkleinerungsformen in ihren Sprachen gebildet werden, ob diese häufig vorkommen und ob es bestimmte Situationen gibt, in denen diese verwendet werden. Die Ergebnisse sind sehr oft verschieden.

5 Das neue Ruhrgebiet

AL 1 Als Einstieg in das Thema können Sie aktuelle Fotos vom Ruhrgebiet im Internet suchen (Suchbegriffe Bildersuche z. B. *Gasometer Oberhausen*, *Zeche Zollverein*, aber auch *Industrieromantik Ruhrgebiet*) und den KT zeigen. Fragen Sie, wie ihnen das neue Ruhrgebiet gefällt und warum (nicht). Die Meinungen sind vermutlich sehr verschieden!

AL 2 Als Einstieg können Sie auch das Lied *Bochum* von Herbert Grönemeyer hören (z. B. über Youtube). Mit Hilfe des Liedtextes, den Sie im Internet finden, können Sie folgende Frage diskutieren: Wie beschreibt Grönemeyer das Ruhrgebiet?

Die KT lesen den Text in EA und ordnen die Fotos zu. Im PL ergänzen Sie den Zeitstrahl. In leistungsstärkeren Gruppen können die KT selbst nach vorne kommen und die Informationen auf Zettel / an die Tafel schreiben.

6 Informationen aus verschiedenen Textquellen sammeln

Für b) können die KT jeweils eine Perspektive (früher – heute) übernehmen und die Informationen des anderen in Dialogform damit ergänzen.

BD Leistungsschwächere Paare/Gruppen können stattdessen bzw. zuerst Übung 12 auf S. 78 bearbeiten.

7 Rechercheprojekt: Über eine Industrieregion berichten

HA Die KT setzen sich mit einer Industrieregion in ihrem Land auseinander und schreiben dazu einen kurzen Bericht.
Leistungsschwächere Gruppen können zunächst Übung 13 auf S. 78 bearbeiten.

M A2-Blätter und Stifte

HA AL Gibt es jeweils mehrere KT aus einem Land, kann in KG oder PA gearbeitet werden. Die KT können ihre Ergebnisse als Poster präsentieren, z. B. in einer Posterausstellung. Besonders ansprechend ist die Posterausstellung, wenn die KT die Möglichkeit haben, ihre Poster mit aus dem Internet ausgedruckten Bildern zu illustrieren.

AL 1 Die KT bei Interesse andere Wirtschafts- und Industrieregionen beschreiben oder präsentieren lassen, z. B. das Rhein-Main-Gebiet (Finanzen), München/Stuttgart (Automobilindustrie), das Rhein-Neckar-Gebiet (Chemie), Hamburg (Medien) oder das Mitteldeutsche Chemiedreieck.

AL 2 Thematisieren Sie nun am Ende der Unterrichtseinheit die Überschrift *Von der Stahlfabrik zur Traumfabrik*. Ist das Ruhrgebiet heute eine Traumfabrik? Warum (nicht)?

M KV1: Einigungsfragen – Wortverbindungen üben

Mit Hilfe der KV können Wortverbindungen aus der Einheit mündlich geübt werden. Die KT sollen zunächst die Wortverbindungen ergänzen und dann eine gemeinsame Lösung diskutieren: Welchen Wettbewerb möchten z. B. beide KT gewinnen? Weisen Sie die KT unter Umständen darauf hin, dass manchmal Kreativität gefragt ist, um auf eine gemeinsame Lösung zu kommen.

3 Arbeitsunfälle

1 Warnhinweise und Arbeitsunfälle

Klären Sie im PL zusammen mit den KT die Bedeutung der Schilder und lassen Sie sie den Plakaten zuordnen. Die Lösungsmöglichkeiten sind nicht immer ganz eindeutig. Fordern Sie daher die KT auf, ihre Wahl zu begründen.

2 Zwei Arbeitsunfälle

Hören Sie zweimal im PL die zwei Berichte, die KT bearbeiten in EA a) und b).

c) In PA bearbeiten.

AL Die KT können folgende Szene spielen: Tanja und Marco treffen sich in der Klinik und berichten einander von ihren Unfällen.

3 Adjektive – Nomen näher beschreiben

a) Die KT sammeln Adjektive und Nomen in der Tabelle. Bei leistungsschwächeren Gruppen kann dies dann gemeinsam an der Tafel geschehen, indem die KT die Tabelle an der Tafel ergänzen.

b) In EA lösen. Ergebnissicherung im PL.

4 Berufsgenossenschaften

Die KT lesen die Pressemitteilung und beantworten gemeinsam (schriftlich oder mündlich) die Fragen.

5 Und Sie?

In KG berichten die KT über eigene Unfälle. Weisen Sie darauf hin, dass es sich nicht um einen Berufsunfall handeln muss und dass die KT unter Umständen auch von fiktiven Unfällen berichten können.

AL Die KT schreiben in EA einen Unfallbericht. Der Redemittelkasten und die W-Fragen in der Arbeitsanweisung helfen. Anschließend versuchen sie, ihren Unfallbericht möglichst auswendig zu lernen. Bei leistungsschwächeren KT können gemeinsame Notizzettel erarbeitet werden. Nun tragen die KT in PA ihren Unfallbericht vor. Ein KT berichtet, der andere stellt zu dem Unfall zwei bis drei Fragen, die der KT beantworten muss. Anschließend wird gewechselt.

4 | Arbeit im Wandel

6 Wiederholung Adjektive ohne Artikel
Die KT ergänzen die Endungen zunächst selbst und vergleichen dann in PA.

7 Adjektivendungen durch Nachsprechen lernen
a) Im PL hören und gemeinsam nachsprechen. Mehrmaliges Wiederholen zur Festigung der Strukturen.

b) In leistungsstärkeren Gruppen können spontan Ketten gebildet und nachgesprochen werden. In leistungsschwächeren Gruppen können Sie Kärtchen mit Adjektiven und Nomen vorbereiten, die entsprechend ergänzt werden müssen.

8 Zwei Unfallmeldungen
a) Die KT bearbeiten die Aufgabe in EA und machen sich Stichworte zu den W-Fragen. In der PA übernimmt jeder KT die Aufgabe, von einem der beiden Unfälle zu berichten.

b) Kann bearbeitet werden, bevor die KT einander von den Unfällen berichten. Weisen Sie die KT dann darauf hin, in ihrem Bericht auch auf die Artikel-Adjektiv-Nomen-Verbindungen zu achten.

9 Ein Fall für die Berufsgenossenschaft
Die KT diskutieren in KG und fassen ihr Ergebnis im PL zusammen.

Die KT bekommen Rollen (z. B. indem Sie als KL Rollen wie „Markus", „Marta" und „Berufsgenossenschaft" auf Zettel schreiben und diese verteilen) und müssen für ihre Rollen argumentieren.

10 Einen Unfallbericht schreiben
Die KT schreiben einen Unfallbericht mit Hilfe der Vorgaben im Kasten. Diese Aufgabe eignet sich auch gut als HA.

Die KT beschreiben wie in Ü 20 einen verrückten/lustigen Unfall.

5 Schule und lernen

In dieser Einheit setzen sich die KT mit dem Thema Schule und lernen auseinander. Sie lernen den deutschen Schulalltag und das Angebot an Arbeitsgemeinschaften (AGs) in der Schule kennen. Weiterführend wird ihnen das deutsche Schulsystem mit Hilfe einer Grafik und eines Lesetextes vermittelt, an dem sie die Lesestrategie, Fragen an einen Text zu stellen, spielerisch einüben. Anschließend wird der deutsche Schulalltag anhand eines Radiointerviews persönlich und anschaulich dargestellt, bevor die KT mit einzuübenden Redemitteln von ihren eigenen Schulbiografien und ihren eigenen Lernvorlieben berichten. Grammatikalisch wird der Konjunktiv II im Präsens thematisiert, um Wünsche zu äußern und über etwas Irreales sprechen zu können. Phonetisch werden passend zum Konjunktiv II die Umlaute geübt. Des Weiteren werden durch das Definieren von Schulbegriffen die Relativsätze wiederholt.

Sprachhandlungen

über Schule und Schulberufe sprechen	S. 84 ff.
über die eigene Schulzeit berichten	S. 87, 90
über Wünsche oder etwas Irreales sprechen	S. 88 f.
über das Lernen sprechen	S. 91

Themen und Texte

Schule und Schulsystem in Deutschland	S. 84 ff.
Pinnwand *Schule*	S. 84 f.
Grafik *Viele Wege führen zum Ziel: Bildungswege in Deutschland*	S. 86
Berufe in der Schule	S. 87
Bildungswege	S. 87
Plakat *Schule 2025?*	S. 89
Lernorte	S. 91

Wortfelder

Schule und Bildung	S. 84 ff., 90 f.
Wünsche	S. 88 f.

Grammatik

Konjunktiv II (Präsens): *wäre, würde, wüsste, hätte, könnte*	S. 88 f.
Wdh.: Relativsätze	S. 90

Aussprache

Laute unterscheiden: a – ä, o – ö, u – ü	S. 89

1 Schulalltag in Deutschland

1 Schule

M A3-Blätter

Zum Einstieg in die Lektion bleiben die Bücher noch geschlossen und der KL verteilt an die KT A3-Blätter mit dem Wort „Schule" in der Mitte. Die KT bekommen nun drei Minuten Zeit in einer *Mindmap* bzw. einem *Wortigel* Assoziationen zum Thema Schule zu sammeln.

BD Bei schwächeren Gruppen kann die Zeit auch verlängert werden. Danach werden die Wortfelder im Kursraum aufgehängt und den KT Zeit gegeben sich alle Wortfelder der anderen KG anzusehen und zu vergleichen. Ziel ist es, Gemeinsamkeiten festzustellen, die abschließend im PL gesammelt werden.

AL BD Alternativ kann gerade in leistungsschwachen Gruppe mit einer *Placemat* bzw. einem *Platzdeckchen* (vgl. KV2 Einheit 1) gearbeitet werden. Jeder KT schreibt für 3–5 Minuten erst seine eigenen Assoziationen in das eigene Schreibfeld, bevor in der zweiten Phase die Assoziationen der anderen KT gelesen und mit den eigenen verglichen werden. Zum Schluss diskutieren und einigen sich die KT darauf, welche Begriff in die Mitte geschrieben werden sollen. Bei dieser Aufgabe des kooperativen Lernens sollte vorgegebenen werden, auf wie viele Hauptpunkte (max. fünf) sich die KT einigen sollen.

5 | Schule und lernen

2 Informationen am Schwarzen Brett

Der KL fragt die KT kurz, was sie auf den Fotos erkennen und wie eine Wand mit den wichtigsten Informationen in einer Schule heißt, um das Wort „Schwarzes Brett" zu erklären. Außerdem kann bereits an dieser Stelle danach gefragt werden, ob die KT in den Schulen in ihren Heimatländern auch ein Schwarzes Brett haben und was dort ausgehangen wird.

a) Die KT ordnen den Aushängen die verschiedenen Punkte zu.

BD Bei lernschwächeren Gruppen empfiehlt es sich, die Überschriften kurz zu besprechen, um Wortschatzfragen zu klären. Insbesondere die Abkürzung AG sollte vorab kurz erklärt werden.

b) Die KT hören die Dialoge und ordnen den einzelnen Personen die richtigen Aushänge zu. Je nach Gruppe können die Dialoge ein- bis zweimal gehört werden.

3 Viele Angebote – viele Möglichkeiten

a) *Globales Hörverstehen:* Die KT hören das Gespräch und benennen die besprochenen Aushänge. Erklären Sie den KT, dass es in dieser Aufgabe nur darum geht, zu erkennen über welche Aushänge gesprochen wird.

AL BD c) Vor Aufgabe b) sollten Sie gerade bei schwächeren KT den Hörtext entlasten, indem Sie Aufgabe 3c) vorziehen und die KT in KG kurz darüber sprechen lassen, was eine „Literatur-AG" und die „Lange Nacht der Mathematik" sein könnten, um den benötigten Wortschatz zu antizipieren.

b) *Selektives Hörverstehen:* Anschließend können Sie zu Aufgabe 3b) übergehen. Hier hören die KT das Gespräch ein zweites Mal, kreuzen die korrekten Aussagen an und korrigieren die falschen Aussagen. Betonen Sie noch einmal, dass nicht nur die richtigen Aussagen markiert, sondern auch die falschen Aussagen korrigiert werden müssen.

4 Ihre Schulzeit: Schulfächer, Arbeitsgemeinschaften, Wettbewerbe und Kantine

M KV1: Partnerinterview: Ihre Schulzeit

Die KT berichten im Kurs über ihre eigenen Schulerfahrungen.

AL Anstatt die KT im PL über ihre Schulzeit berichten zu lassen, bietet es sich an, ein Partnerinterview zu dem Thema durchzuführen. Dadurch können die KT in einem privateren Rahmen über ihre Schulerfahrung sprechen, was gerade bei negativen Schulerfahrungen die Bereitschaft zum Gespräch erhöhen sollte. Am Ende können die KT ihre Ergebnisse in KG präsentieren, um Gemeinsamkeiten und Unterschiede festzustellen.

2 Das Deutsche Schulsystem

1 Viele Wege zum Abschluss

Bevor Sie mit der Grafik und dem Text in Aufgabe 1 beginnen, empfiehlt es sich dem Vorwissen der KT Rechnung zu tragen, indem erst frei an der Tafel gesammelt wird, was die KT über das deutsche Schulsystem wissen. Insbesondere in DaZ-Kursen in Deutschland, wie bspw. Integrationskursen, kann mit einer gewissen Vertrautheit mit diesem Thema gerechnet werden. Anschließend sollte der KL die Namen der einzelnen Schulformen kurz besprechen und insbesondere den Begriff „eventuell" aus der Grafik erklären, bevor die KT die Grafik beschreiben und den Text lesen.

AL 1 b) und c) Die Lesestrategie „Fragen an einen Text zu stellen" kann alternativ in KG durchgeführt werden. Die KT setzen sich in KG zusammen und erarbeiten gemeinsam fünf Fragen an den Text. Die Fragen der einzelnen KG werden untereinander ausgetauscht und von den anderen Gruppen beantwortet. Dies kann einmal geschehen oder bei Interesse der KT auch solange wiederholt werden, bis alle KG alle Fragen der anderen einmal beantwortet haben.

AL 2 M Eine Alternative für Integrationskurse bzw. generell DaZ-Kurse könnte sein, die KT in KG ein Internetprojekt machen zu lassen. Das Ziel ist dabei, sich mit den Variationen des Schulsystems in Deutschland vertraut zu machen. Eine Option wäre die KT nach den Spezifika des Schulsystems in ihrem Bundesland suchen zu lassen. Der passende Link dazu: *https://www.tutoria.de/schule-ratgeber/schulsysteme*.

AL 3 BD Alternativ könnte bei leistungsstarken Gruppen auch ein größeres Internetprojekt durchgeführt werden, bei dem die KT alternative Schulsysteme wie die Freinet-Pädagogik, den Jenaplan, die Montessori- und Waldorfschulen recherchieren und am Ende im Kurs präsentieren. Unter dem Link *https://www.tutoria.de/schule-ratgeber/alternative-schulsysteme* können alle diese Schulsysteme recherchiert werden.

2 Schulbiografien

a) und b) Die KT hören das Interview, markieren den Bildungsweg in der Grafik und machen sich Notizen zu den Daten und Jahreszahlen.

BD Alternativ kann zur BD für leistungsschwache KT ein Arbeitsblatt für diese Hörübung erstellt werden, auf dem alle Jahreszahlen und Daten aus dem Hörtext bereits angegeben sind. Die KT müssen dadurch nur die Informationen ergänzen und erhalten des Weiteren Signale zum selektiven Hören.

AL c) Anstatt an dieser Stelle über die eigene Schulzeit zu berichten, bietet es sich in heterogenen Kursen an, dass sich die KT gegenseitig die Schulsysteme in ihren Heimatländern erklären. Die Redemittel finden auch bei dieser Alternative Anwendung. Am Ende können die fertigen Grafiken bzw. Plakate in einem *Klassenspaziergang* präsentiert und betrachtet werden. In homogenen Gruppen kann sich der KL als „unwissender Lehrer" das jeweilige Schulsystem des Landes von den KT erklären lassen, bevor die KT wie in Aufgabe 2c) über ihre eigene Schulzeit berichten.

3 Berufe an der Schule

Bei dieser Leseübung ist es von Vorteil, wenn Sie die Porträts kopieren und zerschneiden, damit jeder KT wirklich nur seinen Text liest. In der Unterrichtspraxis hat sich gezeigt, dass andernfalls einige KT einfach beide Texte lesen und somit der kommunikative Teil dieser Übung sein Ziel verfehlt.

a) und b) Die KT lesen einen der Texte und präsentieren ihre Person ihrem Partner.

BD Auch hier kann es hilfreich sein, wenn sich die KT erst nach Gruppen (sprich: Porträt) getrennt zusammensetzen, um ihre Texte und die damit verbundenen Fragen untereinander zu klären.

4 Wunsch und Realität

a) Die KT schreiben die Sätze in eine Tabelle. Auf der linke Seite werden die Sätze in ihrer Originalform als „Wunsch" eingetragen. Im nächsten Schritt werden diese Sätze als „Realität" umgeschrieben. Als Übergang lohnt es sich, die Sätze direkt im Text zu verdeutlichen, und die KT danach zu fragen, was damit gemeint ist, bevor Sie die Formen nach Wunsch und Realität umschreiben.

5 | Schule und lernen

  b) Anzumerken ist, dass die eigenen Wünsche sich hierbei auf das Themenfeld Schule bzw. Hochschule beschränken. Allerdings kann dieser Bereich auch gerne erweitert werden.

M Ball

AL Um das schnelle Sprechen zu fördern, kann ein Ball verwendet werden, den sich die KT gegenseitig zuwerfen. Ebenfalls kann nach jeder Aussage ein KT einen anderen KT beim Namen rufen, der dann einen Wunsch äußern muss.

5 Was würden Sie in Ihren Ferien tun?

a) Die KT markieren ihre Ferienwünsche.

AL b) Um Bewegung in den Kurs zu bringen, kann die Aufgabe mit dem Spiel „Sag mir, wo du stehst" aufgelöst werden. In diesem Spiel werden aus den vorgegebenen Satzteilen Ja/Nein-Fragen gebildet. Der KL stellt jeweils eine Ja/Nein-Frage, zum Beispiel: *Wärst du gern zu Hause?* Die KT, die diese Frage mit *Ja* beantworten, müssen sich in die eine Ecke des Kursraumes stellen, während die KT, die mit *Nein* antworten, sich in einer andere Ecke aufstellen müssen. Nach einigen Fragen des KL kann im Wechsel immer ein KT eine weitere Frage formulieren.

6 *Ich würde gern …* Konjunktiv II (Präsens)

Da der Konjunktiv II im Präsens in den Sprachhandlungen „höfliches Sprechen" (studio [21] A2 Einheit 9) und „Ratschläge geben" (studio [21] B1 Einheit 2) bereits eingeführt wurde, handelt es sich hier um eine Funktionserweiterung, die bei der Vermittlung zu beachten wäre.

a) Die KT lesen das Beispiel und vervollständigen die Regel zur Bildung des Konjuntiv II im Präsens.

c) Die KT füllen die Tabelle mit den Formen im Präteritum und Konjunktiv II (Präsens) aus und kontrollieren ihre Antworten mit dem Grammatikanhang.

7 Bei manchen Verben benutzt man *würde* nicht

a) und b) Die KT konjugieren die Verben im Konjunktiv II (Präsens) und ergänzen die Lücken in den Sätzen. Anschließend werden die Sätze von den KT laut und schnell vorgelesen.

8 Über Schule und Freizeit sprechen: Konjunktiv II (Präsens) hören

a) und b) Die KT hören die Mini-Dialoge und kreuzen die korrekte Verbform an, bevor sie die Sätze selbst laut lesen. Die Übung 13 auf S. 97 kann hier als Ergänzung dienen.

AL Allerdings bietet es sich eher an, die Lautunterscheidung von a – ä, o – ö und u – ü mit unbekanntem Wortschatz zu trainieren. Denn bei bekanntem Wortschatz müssen die KT gar nicht hören, um korrekt antworten zu können.
Weiterhin sollte der KL noch einmal auf die Artikulation hinweisen. Hinweis: Der Ü-Laut leitet sich vom I-Laut ab, lediglich die Lippen werden dabei gerundet wie beim O-Laut. Gleiches gilt für den Ö-Laut, der sich vom E-Laut ableitet. Der Ä-Laut leitet sich ebenfalls vom E-Laut ab. Allerdings wird der Mund dabei weiter geöffnet und der Unterkiefer locker gehalten. Dies sollte den KT zuerst vorgemacht und anschließend von ihnen nachgemacht werden. Es empfiehlt sich dabei Handspiegel parat zu haben, um den KT ihre eigene Lippenstellung zeigen zu können.

5 Schule und lernen

9 Schule 2025

HA a) Die KT kreieren Plakate mit ihren Wünschen und Vorstellungen wie Schule im Jahr 2025 aussehen könnte. Wenn die Aufgabe in EA gemacht werden soll, sollte sie als HA gemacht werden. Dadurch kann sich jeder KT in Ruhe Gedanken über die Erstellung und Visualisierung der Plakate machen.

b) Die KT stellen ihre Plakate im Rahmen eines *Klassenspaziergangs* vor, wobei sich alle KT frei im Raum bewegen und alle Plakate in Ruhe ansehen können. Allerdings ist bei dieser Form darauf zu achten, dass auch wirklich alle KT die Chance bekommen, ihre Plakate zu präsentieren.

AL Alternativ kann die Präsentation der Plakate auch als *Kugellager* bzw. *Doppelter Sitzkreis* durchgeführt werden. Hierzu werden zwei Stuhlkreise gebildet (einer innen und einer außen). Auf diese Weise sitzt ein KT im Innenkreis einem anderen KT aus dem äußeren Kreis gegenüber. Der KT im Innenkreis präsentiert nun dem gegenüber sitzenden KT sein Plakat. Danach hat der zuhörende KT Zeit, Fragen zu stellen oder das Gesagte zusammenzufassen. Anschließend rücken die KT im Innen- oder Außenkreis jeweils ein oder zwei Plätze weiter, um neue Paare zu bilden. Von Vorteil ist es, wenn der KL klare Zeitvorgaben formuliert und beispielsweise drei Minuten Präsentation und eine Minute für Nachfragen bzw. Zusammenfassung vorgibt. Mit dieser Methode kann sichergestellt werden, dass alle KT präsentieren bzw. alle Plakate betrachtet werden.

3 Meine Schulzeit

1 24 Wörter – 4 Kategorien

M Die 24 Wörter sollten vergrößert kopiert und zerschnitten werden, um die Zuordnung zu den vier Kategorien zu erleichtern.

Die KT sortieren die einzelnen Wörter in vier Kategorien und benennen diese.

AL Anschließend sollten die KT zusätzlich noch die Artikel vor die einzelnen Wörter schreiben, da die Genera zur Wiederholung der Relativsätze in der nächsten Aufgabe benötigt werden.

2 Begriffe rund um die Schule definieren

a) Die KT ordnen dem jeweiligen Begriff die korrekte Definition, d. h. den richtigen Relativsatz, zu. Anschließend kann diese Aufgabe in KG untereinander von den KT korrigiert werden.

b) Nach der korrekten Zuordnung der Relativsätze markieren die KT alle Relativpronomen und füllen die Tabelle im Buch mit diesen aus. Wichtig wäre hierbei, dass der KL noch einmal den Unterschied zwischen Relativpronomen und Definitivartikeln im Dativ Plural (sprich: *denen* vs. *den*) anspricht. Gegebenenfalls können Relativsätze mit Präpositionen kurz wiederholt werden, wobei auch auf studio [21] A2 Einheit 11 verwiesen werden kann, wo diese Grammatik bereits eingeführt wurde.

AL BD Sofern noch nicht bei Aufgabe 1 die Artikel der einzelnen Begriffe von den KT benannt wurden, sollte dies, gerade in leistungsschwächeren Lerngruppen, vor diesem Spiel passieren.

3 Erinnerungen an die Schule

HA Diese Aufgabe eignet sich hervorragend als Hausaufgabe. Zuvor sollten allerdings noch einmal die Redemittel „über die eigene Schulzeit berichten II" sowie „über die eigene Schulzeit berichten I" auf S. 87 kurz besprochen bzw. wiederholt werden.

5 Schule und lernen

4 Lernvorlieben

1 So lerne ich am besten!

M KV2: Autogrammjagd

Als Einstieg in das Thema Lerngewohnheiten gehen die KT durch den Kursraum und befragen die anderen KT nach ihren Lerngewohnheiten. Wenn sie zu den Aussagen auf dem Arbeitsblatt eine passende Person finden, fragen sie diese nach genaueren Details und machen sich dazu Notizen. Hiermit entsteht sowohl ein lockerer Einstieg ins Thema als auch Bewegung im Kurs. Weiterhin wird dadurch der Wortschatz für Aufgabe 1 vorentlastet. Zum Schluss können im PL einige interessante Kommentare präsentiert und diskutiert werden.

a) Die KT hören die verschiedenen Kommentare und ordnen sie den Fotos zu.

b) Der KL fragt die KT nach den einzelnen Fotos und bittet sie, Hypothesen zu diesen zu formulieren. Die dazugehörigen Redemittel können von den KT als Hilfsmittel verwendet werden, müssen allerdings nicht unbedingt benutzt werden. Während die Fotos beschrieben werden, kann zugleich Aufgabe 1a) gemeinsam korrigiert werden.

c) Die KT berichten entweder im PL oder in KG von ihren Lerngewohnheiten. Die Redemittel aus b) können dabei wiederum als Hilfsmittel fungieren. Bei der Entscheidung für die Arbeit in KG kann durch den KL der Arbeitsauftrag um weitere ergänzt werden, beispielsweise:
Finden Sie Gemeinsamkeiten bei Ihren Lerngewohnheiten? Halten Sie diese schriftlich fest.
Was sind Ihre Lerngewohnheiten? Berichten Sie davon und versuchen Sie zu erklären, warum oder wie lange Sie diese Gewohnheiten schon haben.
Besprechen Sie die Vor- und Nachteile der einzelnen Lerngewohnheiten.

2 Projekt: Sie haben einen Wunsch frei!

a) Die KT beantworten mit Hilfe der vorgegebenen Fragen, was sie gerne lernen würden, und präsentieren ihre Wünsche in KG. Abschließend werden die Wünsche einiger KT kurz im PL besprochen. Dabei kann der KL nach einzelnen Kategorien fragen, zum Beispiel:
Wer möchte noch eine weitere Fremdsprache lernen? Welche?
Wer hat Interesse daran, eine Sportart zu lernen? Welche?
Möchte jemand lernen, ein Musikinstrument zu spielen? Welches?

AL Die KT beantworten die vier Fragen schriftlich auf einem Stück Papier. Danach werden die Papiere eingesammelt, neu verteilt und laut vorgelesen. Die KT versuchen nun aufgrund der Informationen den KT zu benennen, der diesen Wunsch geäußert hat. Diese spielerische Variation fördert das Sozialverhalten der KT untereinander.

HA b) Diese Aufgabe kann als Hausaufgabe fungieren, wobei freigestellt ist, ob diese in Form eines Ich-Textes, eines Referats oder einer Präsentation gestaltet wird. Hierdurch wird sowohl der Individualität als auch der Kreativität der KT Rechenschaft getragen.

Station 1

Im ersten Teil lernen die KT grundlegende Tipps und Redemittel für eine kurze Produktpräsentation kennen und anwenden. Dies soll sie auf mögliche zukünftige berufliche Präsentationen vorbereiten.
Im zweiten Teil trainieren die KT ihren Wortschatz, sie spielen eine Talkrunde, machen ein Partnerdiktat, einen Test zum Thema Entspannungstyp oder spielen „Stadt, Land, Fluss …".
Der dritte Teil widmet sich der Grammatikwiederholung der vergangenen fünf Einheiten.
Zuletzt können die KT in diesem Teil bestimmte Lernziele aus den Einheiten 1–5 evaluieren.
In der Filmstation werden die Themen Jetlag und Probleme beim gemeinsamen Urlaub aufgegriffen.
Im Magazin erhalten die KT Angebote zum Thema Fußball, die sie frei bearbeiten können.

Sprachhandlungen

eine Präsentation vorbereiten und durchführen	S. 102 f.
an einer Talkrunde teilnehmen	S. 104
das Spiel *Stadt, Land, Fluss…* spielen	S. 105
eine Biografie schreiben	S. 106
einen perfekten Tag beschreiben	S. 107
Zukunftswünsche formulieren	S. 107

Themen und Texte

Präsentation	S. 102 f.
ehrliche Flirtanzeigen	S. 104
Test für Entspannungstypen	S. 105
Magazintext *Fußball*	S. 110 f.

Wortfelder

Tätigkeiten	S. 106
Adjektive	S. 107
Jetlag	S. 108
Urlaub	S. 109

Grammatik

Nebensätze mit *während*	S. 106
W-Fragen	S. 106
regelmäßige und unregelmäßige Verben	S. 106
Verbindungsadverbien: *darum, deshalb, deswegen*	S. 107
Adjektivdeklination	S. 107
Konjunktiv II	S. 107

1 Training für den Beruf: Eine Präsentation vorbereiten und durchführen

Führen Sie Ihre KT kurz in das Thema ein und sagen Sie ihnen zu Beginn, dass man in der Berufswelt oft ein Produkt oder eine Idee präsentieren muss und sie deshalb in diesem Teil eine kurze Produktpräsentation verstehen und selbst erarbeiten werden.
Auf diese Weise fördern Sie die Aufmerksamkeit und Spannung für dieses Thema, das auch eine gute Vorbereitung für die mündliche Prüfung, Teil 2 und 3 ist.

1 Eine Präsentation planen

a) Die KT ordnen die Angaben den Fotos zu.

b) Die Planung einer Präsentation beginnt mit den hier präsentierten Fragen: *Wer? – Wo? – Für wen? – Ziel*. Machen Sie dies den KT bewusst und lassen Sie sie mit verschiedenen Ideen üben.

siebenundfünfzig | **57**

Die KT tauschen ihre Ideen für andere Präsentationen aus. Am Ende können die Ideen aufgehängt werden, so dass die KT sich bei Gelegenheit die Ideen der anderen KT noch einmal anschauen können.

2 Ein Produkt präsentieren

a) *Globales Hörverstehen:* Im folgenden Hörtext hören die KT ein Beispiel für eine Präsentation. Sie sollen zunächst möglichst frei hören, ohne spezielle Aufgaben. Deshalb sollen Sie nur heraushören, um welchen Gegenstand es geht.

b) *Selektives Hörverstehen:* Beim zweiten Hören sollen sie gezielt auf die Redemittel achten. Dazu werden zuvor die Redemittel besprochen.

Die KT markieren, was sie verstehen. Unklares wird besprochen. (Zeigen Sie z. B. ein Bild von einem Staubsauger; köstlich = delikat, sehr lecker; wichtig = konstitutiv; Aufmerksamkeit = Konzentration, o. ä.) Dann hören die KT den Hörtext zweimal und markieren, welches Redemittel sie gehört haben. Anschließend in PA oder KG Ergebnissicherung.

c) Die KT überlegen sich weitere Ideen für Präsentationen und schreiben sie groß auf Karten. Dann stellt jeder einzelne seine Idee vor und hängt die Karte an die Tafel. So werden die Ideen bewusster von allen wahrgenommen.

3 Über Produkt-Präsentationen sprechen

a) Die KT sollen sich für die drei wichtigsten Tipps entscheiden. Dadurch müssen sie sich mit dem Inhalt der Punkte genauer beschäftigen und nicht nur oberflächlich lesen. Die Auswahl kann individuell unterschiedlich sein.

M A2-Blätter und dicke Stifte

b) Die KT ergänzen die Tipps und schreiben sie mit dicken Stiften auf Plakate, die im PL von jeweils einem Gruppenmitglied vorgestellt werden.

4 Eine Produkt-Präsentation in Gruppen vorbereiten

a) Die Gruppe wählt ein Produkt, dass sie gern präsentieren möchte. Greifen Sie hier auch auf die Ideen aus Aufgabe 2c) zurück, falls die KT diese Aufgabe schon gemacht haben.

b) Die KT erstellen mit Hilfe der Redemittel Notizen für die Präsentation.

c) Zum Üben kann jedes Gruppenmitglied einen Teil der Präsentation übernehmen und möglichst auswendig lernen.

d) Die Präsentation sollte möglichst ohne Text erfolgen, aber ein KT hat den Text oder die Notizen und kann jeweils soufflieren. Am Ende entscheiden die anderen, welches Produkt sie kaufen möchten. Die Gruppe mit den meisten Käufern hat gewonnen.

5 Projekt: Bereiten Sie eine kurze Präsentation vor und stellen Sie sie im Kurs vor

Die KT sollen eine kurze Präsentation vorbereiten. Es können die vorgeschlagenen Themen gewählt oder andere Themen gesucht werden, ggf. kann der KL andere Ideen einbringen. Pro UE sollten höchstens zwei oder drei KT ihre Präsentation vorstellen, erstellen Sie ggf. einen Zeitplan für alle. Die Präsentation soll nicht vorgelesen werden, aber die KT dürfen Notizen verwenden. Der KL kann soufflieren.

Nach dem Vortrag soll von den anderen KT ein kurzer Kommentar gegeben und Fragen gestellt werden, die der Vortragende beantwortet (in der mündlichen Prüfung Teil 3).

 Reflektieren Sie über die Präsentationen z. B. nach folgenden Kriterien im Kurs:
1. Hat Sie der Vortrag überzeugt?
2. Hat der Vortragende frei vorgetragen?
3. War eine Struktur erkennbar: Einleitung, Hauptteil und Schluss?
4. Welchen Vor- oder Nachteil des Produkts konnten Sie sich merken?
5. Wurden die Fragen gut beantwortet?

2 Wörter – Spiele – Training

1 **Eine Talkrunde: „Neue Medien im Unterricht – ja oder nein?"**

Die KT sollen eine Talkrunde zu dem oben genannten Thema durchführen. Je nach Größe der Gruppe können Sie die Anzahl der Rollenkarten variieren. Ggf. können die Rollen auch doppelt besetzt werden. Dann können sich die KT zusammen darauf vorbereiten und sich auch während der Talkrunde unterstützen.
Die Rolle des Moderators ist sehr schwer. Wählen Sie jemanden, der auch in seiner Muttersprache solche Rollen einnimmt oder auf Grund seines Charakters besonders geeignet ist und unterstützen Sie ihn während der Talkrunde. Ggf. können auch Sie als KL diese Rolle übernehmen.

Zwei KT entscheiden sich je nach Interesse für eine Rolle. Sie notieren sich Argumente und versuchen, sich in die Rolle hineinzuversetzen: Alter, Aussehen, Stimmung, o. ä.

Eine Gruppe könnte die Redemittel aus den anderen Kapiteln sammeln und die Tabelle ergänzen:

Seine Meinung ausdrücken	jemandem zustimmen	jemandem widersprechen	Wünsche äußern
Ich denke, dass …	Da bin ich ganz deiner/ Ihrer Meinung.	Ich bin nicht deiner/ Ihrer Meinung.	Ich wünschte, wir hätten mehr …
Ich finde, dass …	Da hast du / haben Sie Recht.	Da stimme ich dir/ Ihnen nicht zu.	Wenn ich … hätte,
Ich glaube, dass …	Ganz genau.	Das kann man so nicht sagen/sehen.	
Meiner Meinung nach haben …	Na klar!	Das ist nicht (ganz) richtig.	
	Finde ich auch.	Das finde ich nicht.	
	Das stimmt.	Das stimmt doch nicht.	
		Da bin ich mir nicht sicher.	
	Das sehe ich auch so / (ganz) genauso.	Das sehe ich anders.	

 Die Tabelle wird an die Tafel/Wand projiziert und die Redemittel werden im PL wiederholt. Sie sollen dann in der Talkrunde möglichst angewandt werden. Dafür könnten ein oder zwei KT als Beobachter eingesetzt werden und jeweils einen Punkt verteilen.

c) Sechs oder sieben KT und der KL als Moderator spielen die Talkshow. Die Lernpartnerinnen und Lernpartner unterstützen dabei. Sie stehen hinter ihrer Lernpartnerin oder ihrem Lernpartner in der Talkrunde und können ggf. selbst etwas sagen, wenn der oder dem anderen gerade nichts einfällt.

Die Moderatorin oder der Moderator
- leitet die Runde ein,
- nennt das Thema und erläutert kurz das Problem,
- erteilt immer das Wort an die Einzelnen,
- darf selbst nicht zu dem Thema Stellung nehmen und
- fasst zum Schluss noch einmal zusammen.

Sie oder er muss vor allem darauf achten, dass
- sich alle an das Thema halten,
- alle zu Wort kommen und ausreden dürfen und
- die einzelne Teilnehmerin oder der einzelne Teilnehmer der Runde nicht zu lange spricht.

2 Ehrliche Flirtanzeigen

Bei diesem Flüsterdiktat wird Verschiedenes geübt. Lesen, Aussprache, Hören, Schreiben und Orthographie. Achten Sie darauf, dass die Lautstärke in der Klasse nicht zu sehr ansteigt, damit sich die KT verstehen können.

3 Welcher Entspannungstyp sind Sie?

Dieser Psychotest ist typisch für Zeitschriften. Er erfreut sich großer Beliebtheit und ist eine gute Übung für das Leseverstehen.

Die KT schätzen sich zunächst selbst ein. Welcher Entspannungstyp sind sie: aktiv, Genießer, ruhig? Dann lesen sie den Test und entscheiden sich für eine Antwort. Bei Unklarheiten schauen sie ins Wörterbuch oder fragen den KL. Restliche Unklarheiten werden im PL geklärt.

M KV1: Texte schreiben

AL Die KT schreiben einen Text dazu, wie sie am besten entspannen. Üben Sie das Schreiben mit Hilfe bestimmter Schritte, die Sie auf der KV finden.

4 Spiel: Stadt, Land, Fluss

Dies ist in D-A-CH ein beliebtes Spiel, in dem die KT möglichst schnell zu bestimmten Begriffen und mit einem bestimmten Buchstaben Wörter finden müssen.

Alle erstellen eine Tabelle und ergänzen die aufgeführten Kategorien.
1. Dann sagt ein KT im Stillen das Alphabet auf bis ein anderer „Stopp" sagt. Der erste sagt, bis zu welchem Buchstaben er gekommen ist.
2. Das ist der Buchstabe zu dem jetzt Wörter zu den Kategorien gesucht werden müssen.
3. Wer zu allen Kategorien ein Wort geschrieben hat, sagt „Stopp" und alle hören auf zu schreiben.
4. Die Wörter werden besprochen und für jedes richtige Wort gibt es einen Punkt.
5. Wer die meisten Punkte hat, hat gewonnen.

AL Ein anderes schönes Spiel zur Wortschatzaktivierung geht wie folgt: Sie geben ein langes Wort aus den vorherigen Kapiteln vor, z. B. „Sprechstundenhilfe" und die KT versuchen, aus den einzelnen Buchstaben dieses Wortes so viele andere Wörter wie möglich zu bilden und schreiben sie auf, z. B. *echt, und, Stunde* etc. Wer die meisten richtigen Wörter gefunden hat, hat gewonnen.

3 Grammatik und Evaluation

1 Was man gleichzeitig tun kann

Folgen Sie den Anweisungen im Buch. Die KT sammeln Verben und kombinieren Tätigkeiten, die man gleichzeitig machen kann.

Besprechen Sie kurz die Redemittel und wiederholen Sie noch einmal die Position des Verbs im Nebensatz. Dazu eignet sich gut die Arbeit mit Zetteln, weil sich die Syntax dynamisch vermitteln oder wiederholen lässt:
- Schreiben Sie jedes Wort auf einen Zettel, zunächst für zwei Hauptsätze: *Ich/kann/duschen/./Ich/föne/mich/*. Die KT bilden aus den Zetteln die Hauptsätze.
- Dann fragen Sie die KT, wie man diese Hauptsätze miteinander verbinden kann, wenn man beide Tätigkeiten gleichzeitig tut. Die KT kennen schon den Subjunktor *während*. Geben Sie ihnen auf zwei Zetteln den Subjunktor und ein Komma.
- Dann ordnen die KT die Wörter neu und beachten die Position des konjugierten Verbs.
- Verfahren Sie auch so für den Fall, dass der Nebensatz am Anfang steht und analysieren Sie (Nebensatz in Position 1, Verb in Position 2).

Dann werden die Tätigkeiten diskutiert. Dabei können sich die KT an den Beispielen orientieren. Die Gruppe mit den meisten gültigen Kombinationen hat gewonnen.

2 Die erste Frau an der Universität in Zürich

Anhand der Biographie von Nadeschda Prokofjewna Suslowa werden W-Fragen und Verben im Präteritum wiederholt und eine Biografie geschrieben.

Die KT formulieren W-Fragen zu dem Landeskundetext und beantworten sie in PA.

Die KT markieren die Verben im Präteritum im Text und ordnen Sie in regelmäßige und unregelmäßige Verben. Vergleich in PA oder im PL.

Anschließend schreiben die KT eine Biografie. Eine Lernpartnerin oder ein Lernpartner korrigiert mit folgendem Fokus: Tempusform, Konjugation und Position der Verben.

Die KT recherchieren die Biografie anderer berühmter Frauen und stellen sie im Kurs vor.

3 Ein perfekter Tag: *darum, deshalb, deswegen*

Es geht um die Verbindung von Hauptsätzen mit den Verbindungsadverbien *darum, deshalb, deswegen*. Das Verschieben der Zettel macht die Position des Verbs anschaulicher.

4 Was für ein Tag!

Oft helfen gerade absurde Texte, bestimmte Grammatikthemen zu verstehen. Dazu ist die folgende Methode sehr hilfreich.

a) Die KT notieren zehn Adjektive auf Zettel.

b) Sie schreiben den Text in ihr Heft und ersetzen die Zahlen durch die Adjektive. Dabei entsteht kein sinnvoller Text. Die Aufmerksamkeit wird auf die richtige Deklination gelenkt. Wie ist die Endung? Wenn etwas Lustiges dabei entsteht, wird es womöglich besser behalten.

c) Wie vorgeschlagen.

Station 1

5 Zukunftswünsche

Malen Sie einen Baum an die Tafel oder kopieren Sie einen. Es ist ein Baum, an dem Wünsche wachsen. Besprechen Sie die Beispiele und achten Sie darauf, ob Wiederholungsbedarf besteht (vgl. Einheit 5).

Die KT formulieren Wünsche und schreiben sie mit dicken Stiften auf Karten.
Dann stellt jeder Einzelne seinen Wunsch vor und hängt ihn an den Baum. Ergebnissicherung im PL.

6 Systematisch wiederholen – Selbstreflektion

Für den Sprachlernprozess ist es wichtig, dass die KT lernen, sich selbst einzuschätzen.

Die KT schauen sich die vorgeschlagenen Aufgaben aus den Kapiteln noch einmal an und schätzen selbst ein, wie gut sie die Aufgabe können und ob sie sie wiederholen müssen.

HA Die KT wiederholen die Themen, die sie noch nicht so gut können. Ggf. verteilt der KL zusätzliches Material oder hilft in anderer Weise.

4 Filmstation

1 Fliegen. Was verbinden Sie mit dem Fliegen?

Um die KT auf das Thema einzustimmen, sollen sie sich zunächst zum Thema Fliegen frei äußern. Zeigen Sie das Bild und fragen Sie sie, was sie damit assoziieren. Vielleicht wird hier schon das Problem des Jetlag von den KT selbst angesprochen.

2 Jetlag

Die KT ordnen den Wortschatz zu, Fragen werden im PL geklärt.

Dann sehen Sie zweimal den Film bis 0:52 und die KT bearbeiten die Aufgabe. Vergleichen Sie im PL.

b) Die KT sehen den Film mehrmals bis zum Ende und ergänzen den Text. Sie vergleichen in PA und hören dann noch einmal. Ergebnissicherung im PL.

AL Bei KT, die viel Erfahrung und Interesse an dem Thema haben, könnten Sie weitere Tipps für das Fliegen recherchieren oder zusammentragen lassen.

3 Urlaubszeit

Je nach Erfahrung Ihrer KT können Sie damit einsteigen, dass die KT selbst überlegen, was ihnen im Urlaub wichtig ist (auf Plakaten sammeln) oder sie arbeiten mit der Liste im Buch. Die KT kreuzen an und ergänzen, wenn ihnen noch eine andere Tätigkeit wichtig ist.
Sehen Sie den Clip bis 1:27

Spielen Sie den Film ab und fragen Sie, welches Thema in dem Interview angesprochen wird.

Anschließend sehen sie noch einmal die Interviews und die KT kreuzen an.

Die KT vergleichen mit einer Lernpartnerin oder einem Lernpartner. Achten Sie darauf, ob die KT die Fragen schon beantworten konnten und entscheiden Sie entsprechend, ob sie den Film noch einmal sehen müssen.

5 Probleme im Urlaub

 Spielen Sie dann den Film zu Ende vor. Die KT ergänzen die Sätze. Lassen Sie die Sätze zur Kontrolle im Kurs laut vorlesen.

BD Stärkere KT können dem Film weitere Informationen entnehmen und ergänzen.

6 Welche Tipps würden Sie Paaren für einen erholsamen Urlaub geben?

 Die Sammlung der Ideen können die KT wie vorgeschlagen in KG auf Plakaten machen und anschließend im Kurs vorstellen.

AL Die KT könnten einen Konflikt in einer Urlaubssituation in einem Rollenspiel spielen. Sie schreiben selbst die Rollenkarten und spielen möglichst frei. Die anderen KT machen Vorschläge für die Lösung des Konflikts. Verschiedene Lösungen könnten spielerisch ausprobiert werden.

5 Magazin

Das Magazin ist vielfältig nutzbar und offen angelegt. Die KT sollen selber entscheiden, wie sie mit dem Angebot umgehen und erhalten Tipps unter „Was kann ich mit einer Fußballseite machen?!" Selbst die Option „nichts zu machen" ist eine Möglichkeit, wenn z. B. kein Interesse besteht.
Damit Sie diese selbstbestimmte Phase in Ihren Unterricht integrieren können, könnten Sie mit den KT eine zeitliche Vorgabe vereinbaren, in der den KT freigestellt ist, was sie zu dem Thema Fußball in dieser Zeit erarbeiten. Sie sollten am Ende kurz mündlich oder schriftlich darlegen, was sie gemacht haben und wie es ihnen gefallen hat.
Sammeln Sie zunächst Ideen der KT, wie sie die Zeit nutzen könnten. Schreiben Sie die Vorschläge auf Blätter, hängen Sie sie an die Wand. Achten Sie darauf, dass die Aufgaben dem Niveau entsprechen und zeitlich zu bewältigen sind. Die KT können sich dann je nach Interesse den Vorschlägen zuordnen und selbstständig arbeiten.

  Ein Vorschlag kann auch sein, den Film „Das Wunder von Bern" anzuschauen, der auch für diejenigen, die sich nicht für Fußball interessieren von Interesse sein kann. Er thematisiert Fußball, aber auch die deutsche Nachkriegsgeschichte und bietet insofern etwas für verschiedene KT.
Fußball ist zudem ein nationenübergreifendes Thema, das völkerverständigend wirken kann.

6 Klima und Umwelt

In dieser Einheit lernen die KT, über Wetter und Klima zu sprechen, Umweltprobleme zu erkennen, sie zu beschreiben und mit anderen zu diskutieren. Dabei trainieren sie globales und detailliertes Lesen und Hören, berichten über eigene Erfahrungen, lernen mit den Textgrafiken zu arbeiten und authentische Zeitungsartikel zusammenzufassen. Es geht immer wieder um Zukunftsfragen, sodass die Formulierung von Prognosen eine wichtige Rolle spielt. Das Grammatikthema Futur mit *werden* + Infinitiv ist damit verbunden. Im Zusammenhang mit argumentativem Sprechen müssen Gründe benannt werden. Zu den bereits bekannten Möglichkeiten mit *weil* und *denn* kommt hier *wegen* + Genitiv hinzu. Weitere Schwerpunkte sind die Doppelkonjunktionen *je ..., desto* und *nicht ..., sondern* sowie die Wiederholung und Erweiterung des Wortfeldes Wetter und Klimaschutz. Passend zum Thema Doppelkonjunktionen wird das Setzen von Kontrastakzenten im Satz geübt.

Sprachhandlungen	
über (Wetter-)Rekorde sprechen	S. 113
über Wetter und Klima sprechen	S. 114, 117
Gründe nennen	S. 114
Prognosen machen	S. 117
Umweltprobleme beschreiben	S. 118
Widersprüche im Satz ausdrücken	S. 118
Bedingungen und Konsequenzen ausdrücken	S. 119

Themen und Texte	
Zeitungs- und Onlineartikel	S. 112 ff.
Klimawandel und Umweltprobleme	S. 112 ff.
Der UN-Klimareport	S. 115
Textgrafik *Klimaprognosen für ...*	S. 116
Interviews *Fragen zur Umwelt*	S. 119

Wortfelder	
Wetter	S. 112 f.
Umwelt- und Klimaschutz	S. 116 f.

Grammatik	
wegen + Genitiv	S. 114
Futur: *werden* + Infinitiv	S. 117
Doppelkonjunktion *nicht ..., sondern ...*	S. 118
Doppelkonjunktion *je ..., desto ...*	S. 119

1 Wetter, Wetter, Wetter!

 A3-Blätter

 Als Einstieg in die Einheit sammeln die KT bei geschlossenen Büchern auf A3-Blättern Wörter zum Thema Klima und Umwelt. Teilen Sie die KT in vier Gruppen auf. Eine Gruppe sammelt alle Nomen zum Thema, die zweite Gruppe Verben, die dritte Gruppe Adjektive, die vierte Gruppe Umweltprobleme. Begrenzen Sie die Arbeitszeit. Danach können die KT andere Plakate anschauen und evtl. weitere Wörter ergänzen. Die Plakate bleiben hängen und können in den weiteren Unterrichtsverlauf einbezogen werden.

1 Wetterphänomene in Deutschland

a) *Globales Leseverstehen:* Teilen Sie die KT in vier Gruppen auf. Jeder liest die Zeitungsartikel und findet die passenden Ausdrücke. Ergebnissicherung in der KG.

64 vierundsechzig

Klima und Umwelt | 6

b) Die KT lesen wieder ihre Texte und suchen nach den Begriffen und ihren Bedeutungen. Danach tauschen sie sich in KG aus. Lassen Sie die KT zwei bis drei andere Wörter bzw. Aussagen in den Texten markieren und den anderen KT vorstellen.

M einsprachige Wörterbücher

c) Anschließend gehen alle KT zu den aufgehängten Plakaten und ergänzen neue Wörter.

HA Die KT können zu Hause Wetterwörter und Ausdrücke aus den Texten in einer Mindmap sammeln.

d) Die KT lesen jeweils einen Text noch einmal, machen sich Notizen zu den Fragen *Was? Wo? Wann? Warum?* und präsentieren ihren Text in der KG. Die anderen KT hören zu und formulieren eine Frage zu jeder Präsentation.

2 Wort-Bild-Leiste

Die KT suchen Wörter aus der Wort-Bild-Leiste in den Texten und führen Beispiele im PL an.

BD In leistungsstärkeren Gruppen können Sie als KL das Wort nennen und die KT führen ein Beispiel aus den Texten an. Die Bücher sollen geschlossen bleiben.

AL Die KT zeigen pantomimisch ein Wort, die anderen KT raten es.

3 Und bei Ihnen?

HA Die KT recherchieren zu Hause und im nächsten Unterricht werden die Ergebnisse in KG präsentiert und besprochen. Weisen Sie auf die Redemittel im Kursbuch S. 113 hin.

AL Die KT können das Klima nicht nur in ihren Ländern vergleichen, sondern auch in ihren Heimatstädten, falls alle aus einem Land kommen.

4 Textaussagen

Die KT markieren die falschen und richtigen Aussagen und überprüfen so ihr Leseverstehen. Kontrolle im PL. Danach korrigieren die KT die falschen Aussagen.

AL Die KT formulieren in KG drei bis vier falsche und richtige Aussagen und lassen sie von den anderen KG kommentieren.

5 Wegen des Sturms ...

a) Die KT lesen die Sätze und markieren den Grund und die Folge/n. Kontrolle im PL.

BD In lernschwächeren Gruppen können die verschiedenen Satzmodelle noch einmal an der Tafel visualisiert werden:
  1. HS+NS mit der Konjunktion *weil*
  2. HS mit Konjunktionen *deshalb/deswegen/darum*
  3. nominale Kausalangabe mit Präposition *wegen* + Genitiv

b) Die KT suchen nach weiteren Beispielen in den Texten auf Seite 112/113 und kontrollieren in KG.

6 Klima und Umwelt

AL Die KT schreiben ein Beispiel auf einen Zettel. Kontrollieren Sie, dass sich die Sätze nicht wiederholen. Danach werden die Zettel gemischt und verteilt. Jeder bekommt einen Satz, geht durch den Raum und lässt den Satz von einem anderen KT umformulieren. Zeigen Sie dazu Beispiele an der (interaktiven) Tafel und weisen Sie auf die Wortfolge hin:
Wegen des starken Regens treten viele Flüsse über die Ufer.
Viele Flüsse treten über die Ufer, weil es stark regnet.
Es regnet stark, deswegen treten viele Flüsse über die Ufer.

6 Wetter-Erfahrungen

Die KT berichten über eigene Erfahrungen. Weisen Sie auf die Redemittel im Kursbuch S. 114 hin. Zur Anregung können Sie Bildmaterial aus Zeitschriften mitbringen.

BD Leistungsstärkere KT können zu Hause im Internet recherchieren und nach weiteren Zeitungsartikeln zu diesem Thema suchen. Im nächsten Präsenzunterricht werden diese Artikel verteilt und die KT diskutieren über aktuelle Themen.

2 Der UN-Klimareport – Ursachen und Prognosen

1 Lange Zeitungsartikel verstehen

 a) Teilen Sie die KT in vier Gruppen auf. Kopieren Sie die Bilder auf die gewünschte Größe (z. B. A4) und ordnen Sie jeder Gruppe ein Bild zu. Danach sammeln die KT in KG Wörter auf Kärtchen zu den Kategorien:
Länder (In welchem Land wurde das Foto gemacht?)
Umweltprobleme (Welche Umweltprobleme sehen Sie?)
Prognosen (Was kann passieren?)

Nachdem alle Wörter gesammelt wurden, können die Kärtchen angepinnt und anhand dieser Wörter die Fotos im PL präsentiert werden. Die anderen Gruppen können auch während der Präsentationen ihre Ideen äußern.

b) Die KT diskutieren den Titel, nachdem sie den Einleitungstext gelesen haben.

BD In leistungsschwächeren Gruppen können die KT zuerst die wichtigen Wörter markieren und anhand dieser Wörter auf die Fragen antworten:
– Was versteht man unter dem Klimawandel?
– Was hat der 5. UN-Klimareport veröffentlicht?
– Wie verstehen Sie den Titel „Keine Zeit für Dornröschenschlaf"?

 c) Die KT lesen die Prognosen und diskutieren, welche Prognosen sie für wahrscheinlich halten. Weisen Sie auf die Redemittel zur Meinungsäußerung hin:

Ich denke (nicht), dass …	*Das stimmt.*	*Ich bin nicht deiner/Ihrer Meinung.*
Meiner Meinung nach …	*Das sehe ich auch so.*	*Das ist nicht ganz richtig.*
Ich glaube (nicht), …	*Ganz genau! / Na klar!*	*Da stimme ich dir/Ihnen nicht zu.*
Ich bin mir (nicht) sicher, …		*Das sehe ich nicht so (wie du/Sie).*

Anschließend lesen die KT den ersten Abschnitt des Artikels und vergleichen ihre Prognosen. Kontrolle im PL.

 d) Die KT lesen den letzten Abschnitt des Artikels und ergänzen die Informationen in PA. Machen Sie den KT bewusst, dass die Grafik den Aufbau und die wesentlichen Zusammenhänge des Textes verdeutlicht. Die Textgrafiken werden in KG verglichen.

6 Klima und Umwelt

AL Lassen Sie die KT über den Artikel diskutieren und eigene Meinungen äußern. Weisen Sie auf die Redemittel hin:
Ich finde den Artikel (nicht) interessant, weil ...
Mich wundert/überrascht, dass ...
Ich hätte nicht gedacht, dass ...
Es war klar, dass ...

M KV1: Hochwasser in Dresden

BD Leistungsstärkere KT können die Textgrafik ergänzen und anschließend eine Zusammenfassung schreiben.

2 Wortdefinitionen

a) Die KT werden in Paare aufgeteilt. Sie stehen Rücken an Rücken. Partner A liest die Definition aus dem Abschnitt 1, Partner B sucht nach dem Wort. Danach liest Partner B seine Definition aus dem Abschnitt 2 und Partner A nennt das Wort. Die Kontrolle erfolgt im PL. Sie zeigen an der (interaktiven) Tafel eine Definition nach der anderen und alle KT nennen die Begriffe.

b) Die KT definieren die markierten Wörter. Die schwierigen Begriffe können im PL geklärt werden.

M einsprachige Wörterbücher

AL Schreiben Sie kurze Definitionen auf Zettel und lassen Sie die KT die Zettel in KG ziehen und die Wörter raten.

AL Die KT wählen ein Lieblingswort aus dem Artikel und schreiben es auf ein Kärtchen. Die Kärtchen werden gesammelt, gemischt und neu an die KT verteilt. Die KT müssen die Wörter umschreiben bzw. definieren. Derjenige, der das Wort errät, bekommt das Kärtchen. Wer am Ende die meisten Kärtchen hat, gewinnt.

3 Wörter in Gegensatzpaaren lernen

Die KT suchen nach den Antonymen. Kontrolle erfolgt im PL. Weisen Sie die KT drauf hin, dass die Wörter in Paaren schneller gelernt werden. Geben Sie Beispiele vor.

BD Für leistungsschwächere Gruppen erstellen Sie Kärtchen mit Paaren und lassen Sie von Ihren KT zuordnen.

M Ball

AL Alle KT stehen im Kreis. Sie als KL beginnen und nennen ein Wort. Danach werfen Sie einem KT einen Ball zu, woraufhin er ein Antonym nennen soll. Achten Sie dabei auf das Tempo.

4 Aussagen und Prognosen: Zunahme oder Abnahme?

a) Die KT lesen den Zeitungsartikel auf Seite 115/116 noch einmal und notieren, was vermutlich zunehmen und was abnehmen wird. Danach tauschen sie sich mit ihrem Partner aus.

b) Die KT lesen die Aussagen und Prognosen und ordnen sie den Zeichnungen zu. Kontrolle im PL. Diskutieren Sie im PL, wie man eine Prognose formuliert. Weisen Sie auf eine der Funktionen des Futurs hin: Prognosen formulieren.

c) Die KT formulieren Prognosen anhand der Stichpunkte aus a). Führen Sie einige Beispiele an:
Die Temperaturen werden voraussichtlich zunehmen.

6 Klima und Umwelt

BD Leistungsstärkere KT können nicht nur Prognosen formulieren, sondern auch die gestellten Prognosen bewerten.
Das sehe ich auch so (nicht so).
Ich bin (nicht/auch) dieser Meinung.
Das ist (nicht) ganz richtig.
Da stimme ich (nicht) zu.

5 Über Zukunft sprechen – drei Möglichkeiten

Geben Sie den Hinweis, dass weitere Varianten möglich sind, um Prognosen auszudrücken, auch wenn „werden + Infinitiv" am häufigsten verwendet wird.

Die KT sprechen über ihre Pläne für das Wochenende in KG.

AL 1 Die KT schreiben ihre Pläne für den Sommer / für das nächste Jahr / für den nächsten Urlaub auf Zettel. Die Zettel werden gemischt und neu verteilt. Die KT lesen die Sätze vor und raten, wer was geschrieben hat.

AL 2 Die KT schreiben drei Pläne für die nächste Woche auf, wovon einer eine Lüge ist. Die Sätze werden in KG vorgelesen, die anderen KT raten, was wahr ist und wo die Lüge steckt.

6 Der Klimawandel und seine Folgen

Teilen Sie den Kurs in vier Gruppen auf. Die KT gestalten zusammen ihre Kurzpräsentationen (ca. 5 Min).

BD Jede Gruppe entscheidet sich für eine der Präsentationsformen: *ein Plakat / Kärtchen an der Pinnwand / Zeitungsartikel / Interview mit einem Experten.*

Die KG präsentieren ihre Ergebnisse, die anderen KT geben Rückmeldungen zu den Präsentationen.

HA Die KT werden im Präsenzunterricht in Gruppen aufgeteilt. Danach sammeln sie ihre Ideen und einigen sich auf eine Präsentationsform (z. B. *eine Power-Point-Präsentation / eine Collage aus Bildern / ein Zeitungsartikel*). Zu Hause gestalten die KG ihre Präsentation und stellen sie im nächsten Präsenzunterricht vor.

3 Umweltprobleme: Wissen Sie eigentlich, …?

1 Umweltprobleme

a) Zeigen Sie die Überschrift an der (interaktiven) Tafel und lassen Sie die KT Vermutungen anstellen, worum es in dem Artikel geht. Fragen Sie danach Ihre KT: *Was können wir für die Umwelt tun?* Sammeln Sie Vorschläge.

Die KT lesen den Artikel und suchen Informationen zu den Zahlen. Danach kontrollieren sie die Lösungen in KG.

BD In leistungsschwächeren Gruppen klären Sie vor dem Lesen den schwierigen Wortschatz: *schuld sein, belasten, Kohle, abschalten, Deckel, durchschnittlich, knapp sein, Wassermangel, Wasserhahn, Nahrungsmittel.*

BD Teilen Sie den Kurs in 3er-Gruppen auf. Jeder KT in der Gruppe beschäftigt sich mit einem der Abschnitte (Kohlendioxid / Wasser / Konsum und Müll). Die KT sollen dabei Probleme und Lösungen markieren. Anschließend tauschen sich die KT in ihren Gruppen aus und stellen ihre Abschnitte kurz vor.

AL Teilen Sie die KT in vier Gruppen (A-B-C-D) auf. Jede Gruppe bekommt arbeitsteilige Aufgaben und bearbeitet diese:
Gruppe A: sucht Informationen zu den Zahlen
Gruppe B: markiert den wichtigen Wortschatz
Gruppe C: sucht Informationen zu der Überschrift: Wie stark belasten Sie die Umwelt?
Gruppe D: markiert Umwelttipps

Danach werden neue Gruppen gebildet. Dazu werden die alten Gruppen gemischt. Die neuen Gruppen nennt man auch Expertengruppen, da jedes Mitglied für seinen Themenbereich Experte ist (Gruppe 1: A+B+C+D / Gruppe 2: A+B …). Die KT tauschen sich in den neuen Gruppen aus.

b) Die KT formulieren Fragen und präsentieren sie im Forum. Danach formulieren die KT in KG drei bis vier weitere Fragen, die in anderen Gruppen mündlich beantwortet werden.

AL Jeder KT formuliert eine Frage zum Text. Danach stehen die KT in einem Außen- und einem Innenkreis gegenüber. Die KT im Außenkreis formulieren Fragen, die KT im Innenkreis antworten darauf. Nach dem Signal (z. B. Stoppuhr an der interaktiven Tafel) bewegt sich der innere Kreis im Uhrzeigersinn eine Person weiter, stellt dem neuen Gegenüber wieder eine Frage und antwortet auf die Frage des anderen. Wiederholen Sie vier bis fünf Mal.

2 Widersprüche im Satz ausdrücken mit *nicht …, sondern …*

Die KT lesen die Beispiele und lösen nach diesem Muster die Aufgabe schriftlich. Weisen Sie die KT im PL darauf hin, dass mit *nicht …, sondern …* Widersprüche im Satz verkürzt ausgedrückt werden, dabei wird die erste Aussage durch die zweite Information erklärt.

3 Kontrastakzente

a) Achten Sie darauf, dass die beiden Akzente nicht gleich gesprochen werden: Während die Betonung / der Akzent auf *Wassermangel* leicht tiefer, steigend und in der Schwebe bleibend gesprochen wird, ist die Betonung / der Akzent auf *Wasserqualität* fallend und abschließend.

b) Die Beispiele können mit besonderer Beachtung der Betonung laut gelesen werden. Sie können diese Betonung auch genauso mit den *je …, desto*-Sätzen üben.

4 Bedingungen und Konsequenzen ausdrücken mit *je …, desto …*

a) Die KT suchen Textbeispiele, um sich ein Modell für die Struktur zu erarbeiten. Diskutieren Sie im PL die Wortfolge: Der Nebensatz steht an erster Stelle und beginnt mit *je* + Komparativ, es folgt der Hauptsatz mit *desto* + Komparativ.

b) Die KT lösen die Aufgabe in PA. Die KT bilden zwei Gruppen. Eine Gruppe beginnt einen Satz mit *je …*, ein KT der anderen Gruppe beendet den Satz mit *desto …*. Die Gruppen arbeiten im Wechsel.

BD Leistungsstärkere KT können ein Echo-Spiel spielen. Die KT sitzen oder stehen sich in zwei Gruppen jeweils paarweise gegenüber. Eine Seite beginnt einen Satz mit *je …*, die zweite Seite reagiert mit *desto …*. Nach einer bestimmten Zeit, zum Beispiel nach einer Minute, geben Sie ein Zeichen und die KT einer Reihe gehen einen Platz weiter nach rechts und sprechen mit ihrem neuen Gegenüber.

6 Klima und Umwelt

5 Fragen zur Umwelt

a) Sammeln Sie mit den KT Begriffe aus dem Alltag: *Wasserverbrauch, Straßenverkehr, Verpackung von Lebensmitteln, Müll/Abfall, Glühbirnen, elektrische Haushaltsgeräte, Heizung ...* Danach notieren die KT zwei positive oder zwei negative Folgen für die Umwelt. Anschließend gehen die KT durch den Raum und suchen sich einen Partner. Beide einigen sich gemeinsam auf die wichtigsten zwei positiven und zwei negativen Folgen (von ihren acht). Danach sucht sich das Paar ein weiteres Paar und man einigt sich wieder auf zwei positive und zwei negative Folgen (von den acht) etc.

b) Die KT notieren beim ersten Hören, was die Leute auf die Frage *Was haben Sie diese Woche schon für die Umwelt getan?* geantwortet haben. Die Bücher bleiben geschlossen. Danach tauschen sich die KT in KG aus.

Dann öffnen die KT das Buch, lesen die Aussagen und diskutieren in PA, wer das sagen könnte. Beim zweiten Hören lösen sie die Aufgabe.

M KV2: Unterschriften sammeln – ein Fragespiel

c) Die KT gehen durch den Raum, stellen einander Fragen und beantworten sie. Anschließend diskutieren sie die Ergebnisse in KG.

AL Die KT machen eine Umfrage zum Thema Umweltverhalten im Alltag: *Müll, Wohnen, Energieverbrauch, Fahren, Fliegen ....* Sie erarbeiten einen Fragebogen und werten die Ergebnisse in Form eines Diagramms aus.

6 Leserbrief

HA Die KT verfassen einen Leserbrief.

AL 1 KV3: Umweltspiel

AL 2 Die KT sammeln Informationen zu einem Umweltprojekt aus der eigenen Region oder aus dem Land, sie recherchieren im Internet, nutzen Zeitungsartikel und präsentieren ihre Ergebnisse auf einem Poster.

AL 3 Die KT sammeln am Ende der Lektion im PL Stichpunkte zu den Fragen:
Was habe ich in dieser Lektion gelernt?
Was möchte ich noch lernen?

7 Das ist mir aber peinlich!

In der Einheit beschäftigen sich die KT mit peinlichen Situationen, Verhaltensregeln und internationalen Sitten und Gebräuchen. Die KT lernen zunächst peinliche Situationen zu beschreiben und angemessen auf solche zu reagieren. Sie können über eigene Situationen berichten, die ihnen unangenehm waren. Die KT lernen den Knigge sowie typische Verhaltensregeln in Deutschland kennen und können über ihre Erfahrungen mit gutem und schlechtem Benehmen sprechen. Weiterhin werden die KT für internationale Sitten und Regeln der Kommunikation sensibilisiert und lernen, diese mit den Verhaltensweisen im eigenen Land zu vergleichen. Am Ende der Einheit können sich die KT auch für Missgeschicke bzw. peinliche Situationen entschuldigen und auf potentielle Konfliktsituationen, die aus interkulturellen Missverständnissen entstehen, angemessen reagieren.
Im Kontext der Verhaltensregeln lernen die KT unerwartete Folgen durch einen Nebensatz mit *obwohl* auszudrücken. Die KT können das Partizip I in Zeitungsartikeln verstehen und über Vergangenes berichten und dabei Plusquamperfekt und Präteritum korrekt anwenden.

Sprachhandlungen
eine Situation kommentieren	S. 130 f.
über Verhaltensregeln sprechen	S. 132 ff.
über Vergangenes berichten	S. 136
sich für Missgeschicke entschuldigen	S. 137

Themen und Texte
Zeitungsartikel zu peinlichen Situationen und Verhaltensregeln	S. 131 f.
Interview zu Verhaltensregeln international	S. 134
Zeitungsartikel zu internationalen Kommunikationsregeln	S. 135
E-Mails zu interkulturellen Konfliktsituationen	S. 137
Berichte zum Tagesablauf	S. 136

Wortfelder
Benehmen	S. 132 ff.
Sitten und Gebräuche (international)	S. 134 f.
Tagesablauf	S. 136

Grammatik
Nebensätze mit *obwohl*	S. 133
Partizip I	S. 135
Plusquamperfekt	S. 136
Wiederholung: Ratschläge mit *wenn* und *sollte*	S. 137

Aussprache
Konsonantenverbindungen	S. 134
Betonung bei Entschuldigungen	S. 137

1 Was ist Ihnen (nicht) peinlich?

1 Peinlich?

 a) Als Einstieg in die Einheit sehen sich die KT die Fotos auf S. 130 im KB an. Lassen Sie den KT etwas Zeit bei der Bildbetrachtung. Teilen Sie die KT dann in fünf KG, von denen sich jede Gruppe je ein Bild auswählt. In der KG beschreiben die KT zunächst die Situation und diskutieren anschließend darüber, ob diese Situation peinlich ist und warum bzw. warum nicht. Verweisen Sie ausdrücklich auf den Redemittelkasten!
Danach stellen die KG ihre Ergebnisse im PL vor und es wird abgestimmt, welches die peinlichste Situation ist.

einundsiebzig | 71

7 Das ist mir aber peinlich!

b) Die KT lesen den Zeitungsartikel bis Zeile sechs zunächst in EA, anschließend beantworten sie in PA die Fragen.

c) Bilden Sie KG mit je drei KT. Jeder aus der KG liest eine der Leser-Antworten, ordnet das passende Foto oben auf der Seite zu und arbeitet die Unterschiede heraus, die die KG zuvor bei den Bildbeschreibungen genannt haben. Anschließend besprechen die KT ihre Ergebnisse in der jeweiligen KG.

2 Warum sagt denn da niemand etwas?

a) *Gobales Hörverstehen:* Die KT sollen beim ersten Hören nur heraushören, über welche Situation die Freundinnen sprechen und die Lösung ankreuzen.

b) *Selektives Hörverstehen:* Beim zweiten Hören kreuzen die KT an, zu welcher Freundin welche Aussage passt. Lassen Sie die KT im PL oder in PA darüber sprechen, wie sich die Freundin in der Situation wohl gefühlt hat.

3 Das ist mir mal passiert!

Die KT sprechen in KG über eigene peinliche Situationen. Sie berichten/beschreiben, was passiert ist und wie sie sich in der jeweiligen Situation gefühlt haben. Anschließend verfassen die KT einen Ich-Text zu ihrer Situation. Ermuntern Sie die KT dazu, die Textbausteine aus dem Kasten zu benutzen. Vor dem Ich-Text kann auch Übung 5a) und b) (Seite 139) vorgeschaltet werden.

HA Der Ich-Text eignet sich auch als HA.

2 Was sagt der Knigge?

1 Ist das noch gutes Benehmen?

Lassen Sie die KT in KG diskutieren, ob die abgebildeten Verhaltensweisen noch gutes Benehmen sind oder nicht und warum (nicht). Sammeln Sie dann an der Tafel weitere Verhaltensweisen für gutes und schlechtes Benehmen und fertigen Sie eine Tabelle an.

BD In lernstärkeren Gruppen diskutieren die KT, welche Verhaltensweisen früher als schlechtes Benehmen galten und heute vielleicht schon allgemein akzeptiert sind und woran das liegen könnte.

2 Das geht doch nicht in Deutschland, oder?!

a) Die KT diskutieren in KG, welche der drei Verhaltensweisen in Deutschland erlaubt bzw. nicht erlaubt sind und vergleichen ihre Hypothesen mit der Situation in ihrem Heimatland. Halten Sie die Hypothesen an der Tafel fest.

b) Lernstärkere Gruppen lesen den Artikel bis Zeile vier und beantworten die Frage, wer solche Bücher liest und warum in KG oder im PL.

M KV1: Wer liest den Knigge?

KV Lernschwächere Gruppen nutzen nach dem Lesen bis Zeile vier die KV1.

c) Bilden Sie 3er-Gruppen. Jede KG liest einen Absatz des Textes, notiert die wichtigsten Informationen und vergleicht mit den Hypothesen an der Tafel. Anschließend werden neue 3er-Gruppen so gebildet, dass jeder aus der Gruppe einen anderen Absatz gelesen hat. Die KT stellen sich nun die wichtigsten Informationen anhand ihrer Notizen gegenseitig vor.

7 Das ist mir aber peinlich!

3 Obwohl es viele Leute anders sehen, ...

a) Die KT suchen im Text auf Seite 132 die passende Frage zum Bild und notieren sie.

Zeigen Sie an der Tafel oder am IWB folgendes Schema und lassen Sie es von den KT ergänzen:

Situation:	Erwartete Folge:
Sie kennen den Nachbarn nicht.	Sie wecken ihn nicht.
→ Sie wecken den Nachbarn nicht, **weil** Sie ihn nicht **kennen**.	
Situation:	Unerwartete Folge:
Sie kennen den Nachbarn nicht.	Sie wecken ihn.
→ Sie wecken den Nachbarn, _____ Sie ihn nicht _____.	

b) Die KT suchen im Text auf Seite 132 weitere Sätze mit *obwohl* und tragen sie in folgendes Schema ein:

Hauptsatz	Nebensatz
Es werden immer andere bedient,	obwohl Sie schon lange warten.
Nebensatz	**Hauptsatz**
Obwohl der Film im Kino angefangen hat,	suchen Sie nach Ihrem Platz.

4 Satzstruktur

a) Die KT vergleichen die Sätze im Schema und im Buch und ergänzen die Regel.

 b) Zum Vertiefen der Struktur sollte die KT die Aufgabe schriftlich machen. Achten Sie darauf, dass Sie den KT dabei die Wortstellung visuell verdeutlichen, damit sich die KT vor allem über die Position des Verbs bewusst werden.

5 Leute, Leute!

Lernstärkere KT beschreiben sich in PA mündlich abwechselnd Handlungen, die auf dem Bild zu sehen sind. Dabei benutzen Sie Konzessivsätze mit *obwohl*.

Lernschwächere KT beschreiben das Bild in EA zunächst schriftlich und achten auch hier besonders auf die korrekte Wortstellung.

6 Knigge weltweit

 Die KT überlegen sich Knigge-Situationen, die für ihr Heimatland relevant sind.
Lernstärkere KT schreiben einen Knigge-Eintrag für ihr Land als freien Text.

M KV2: Reiseknigge
Lernschwächere KT können die KV2 nutzen und gegebenenfalls später anhand der Vorlage einen freien Text formulieren.

3 Knigge international

1 Eva Berger unterwegs

a) Die KT lesen jeder für sich die Informationen zu Frau Berger von der Firmenwebseite, notieren sich die wichtigsten Informationen und finden heraus, was ihre Aufgabe ist. Die KT sollten darauf kommen, dass Frau Berger beruflich viel in anderen Ländern unterwegs ist.

b) *Vorentlastung des Hörverstehens:* Geben Sie den KT die Ländernamen aus b) und lassen Sie sie in KG überlegen, in welchen Ländern Sitten und Gebräuche sich wahrscheinlich stark von denen im Heimatland unterscheiden und welche das sein könnten.

Globales Hörverstehen: Die KT identifizieren beim ersten Hören nur die Länder, über die Frau Berger spricht und kreuzen sie im Buch an.

c) *Selektives Hörverstehen:* Die KT ordnen den Ländern die Aussagen zu.

d) *Detailliertes Hörverstehen:* Die KT verstehen den Hörtext auf Satz- und Wortebene und notieren weitere Informationen zu den Ländern. Lassen Sie die Ergebnisse anschließend in KG vergleichen und gegebenenfalls ergänzen. Auf eine Evaluation im PL kann an dieser Stelle bewusst verzichtet werden, da die Ergebnisse in 3) wieder aufgenommen werden können.

2 Konsonantenverbindungen – nur keine Hektik!

Lassen Sie die KT zuerst nur die einzelnen Wörter (bis einschließlich *Entwicklungen*) hören und zunächst langsam, anschließend immer etwas schneller mehrmals nachsprechen.

Erst danach sollten die Wortgruppen hinzugenommen und entsprechend trainiert werden.

3 Arm-Zonen

a) *Vorentlastung:* Lassen Sie die KT in KG Vermutungen anstellen, welche Bedeutung die Begriffe „Ellenbogen-Länder", „Handgelenk-Kulturen" und „Fingerspitzen-Staaten" im Kontext von Kommunikation unter Menschen wohl haben könnten. Halten Sie die Vermutungen an der Tafel fest.

Globales Leseverstehen: Die KT lesen den Text zunächst global, d.h. sie überfliegen ihn und sollen ihre Hypothesen mit dem Text vergleichen. Wichtig ist, dass Sie den KT hier eine relativ kurze Zeitvorgabe zum Lesen geben, um die Strategie des überfliegenden/globalen Lesens zu trainieren. Zwei Minuten reichen vollkommen aus. An dieser Stelle sollen die KT den Text noch nicht detaillierter verstehen. Ergebnissicherung in KG.

b) *Selektives Leseverstehen:* Beim zweiten Lesen ergänzen die KT weitere Informationen zu den drei Begriffen. Unbekannter Wortschatz kann in PA erarbeitet werden.

c) Bilden Sie KG möglichst mit KT aus unterschiedlichen Ländern/Regionen. Die KT überlegen, ob die Aussagen aus dem Zeitungsartikel stimmen und ob ihnen noch weitere Beispiele einfallen. Halten Sie die interessantesten Resultate an der Tafel fest (können in Aufgabe 5 aufgegriffen werden).

4 Partizip I verstehen

Die KT lesen den Text ein drittes Mal und markieren alle Partizip-I-Formen gemeinsam mit ihrem Lernpartner. Anschließend ergänzen sie die Regel in PA und finden eventuell noch weitere Beispiele. Es geht hier nicht darum, dass die KT das Partizip I selbst aktiv benutzen, sie sollen lediglich die Bedeutung der Struktur verstehen.

7 Das ist mir aber peinlich!

5 Projekt: „Meine Armzone"

Diese Aufgabe bietet sich als Schreibübung an. Die KT können die verschiedenen Ergebnisse der vorherigen Aufgaben nutzen und einen Text zum Kommunikationsverhalten in ihrem Land / in ihrer Kultur verfassen.

AL HA Alternativ können in Hausarbeit Referate vorbereitet werden, die die KT in der nächsten Stunde präsentieren. Dabei können auch Bilder oder andere visuelle Unterstützungen zum Einsatz kommen.

4 Was tun, wenn …?

1 Ein richtig nerviger Tag

a) Verteilen Sie an die KT die Bilder, möglichst ohne Sprechblasen. Die KT schauen sich zu zweit die Bilder an und beschreiben die Situationen. Halten Sie an der Tafel zu jedem Bild zwei Sätze in Stichworten fest („Altglas einwerfen – Frau regt sich auf"), die beschreiben, was in der jeweiligen Situation passiert ist. Die KT lesen anschließend die Sprechblasen und beschreiben, was Karsten Kramer falsch gemacht hat.

b) Die KT berichten im PL, ob sie ähnliche Situationen, eventuell sogar in Deutschland, schon einmal erlebt haben.

2 Über Vergangenes berichten – Plusquamperfekt und Präteritum

a) Die KT notieren in den Sätzen, was zuerst und was danach passiert.

b) Die KT lesen die Sätze möglichst schnell zur Automatisierung.

c) Nehmen Sie die eigenen Ideen der KT aus der Tabelle aus 1a) auf und lassen Sie sie Sätze mit *nachdem* formulieren. Ignorieren Sie an dieser Stelle noch eventuelle Fehler bei der Verbform und schreiben Sie die Sätze ohne Verben an die Tafel:

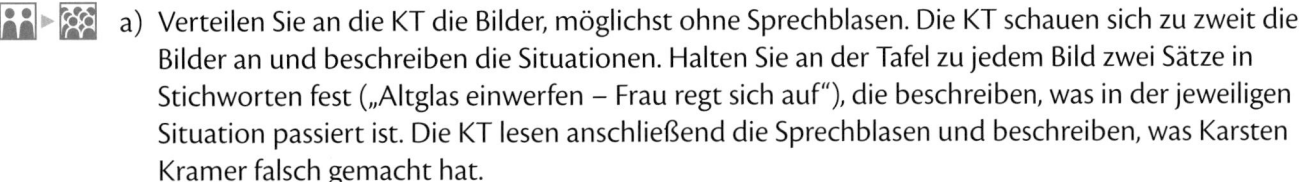

* Nachdem er das Altglas _____ _____,
  _____ sich die Frau auf.
*

Anschließend markieren die KT in den Sätzen in 2a) Plusquamperfekt und Präteritum, vervollständigen die Regel und ergänzen in den Sätzen an der Tafel (s.o.) die passende Verbform.

3 Wie endet der Tag von Karsten Kramer?

a) Um die Struktur mit Plusquamperfekt und Präteritum zu automatisieren, lesen die KT die Sätze möglichst schnell und verändern dabei immer wieder nur den 2. Satz (im Präteritum).

BD M KV3: Mein Tagesablauf

b) Zusätzlich zu dieser Aufgabe kann folgendes Spiel gespielt werden. Jeder KT erhält ein Blatt Papier mit dem Satz:
Nachdem _____ *(hier schreibt jeder KT seinen Namen auf)* gestern aufgestanden war, …
…

7 Das ist mir aber peinlich!

Bitten Sie die KT, in der zweiten Zeile den Satz mit einer entsprechenden Aktivität zu ergänzen (z. B. *... putzte er sich die Zähne / trank er einen Kaffee / frühstückte er ...*). Anschließend knicken sie den Satz mit *nachdem* nach hinten um, so dass man ihn nicht mehr sehen kann und geben das Blatt an den nächsten KT weiter. Dieser sieht nun nur noch den Satz im Präteritum und formuliert damit einen neuen Satz mit *nachdem* wobei der Satz im Plusquamperfekt und der im Präteritum in verschiedenen Zeilen stehen, knickt den Satz mit *nachdem* um und gibt das Blatt an den nächsten KT weiter usw.

AL Zur Wiederholung (Ratschläge mit *sollte*) lassen Sie die KT zu jedem Bild in 1a) einen Ratschlag an Karsten Kramer formulieren.

4 In Konfliktsituationen richtig reagieren

a) Die KT ordnen den Bildern in 1a) passende Redemittel aus dem Redemittelkasten zu.

Erarbeiten Sie anschließend an der Tafel mit den KT einen Dialog zum ersten Bild mit Beschwerde – Entschuldigung – Ratschlag für künftiges Verhalten.

Beispiel:
KK: „Ein Altglascontainer! Hier kann ich meine Flaschen einwerfen."
Frau: „Da steht Montag bis Freitag von 9 bis 18 Uhr. Haben Sie keine Augen im Kopf?"
KK: „Oh Verzeihung, das tut mir leid. Das wusste ich nicht."
Frau: „Sie sollten Ihr Altglas nur in der erlaubten Zeit einwerfen. Sonst stören Sie die Anwohner."

Für die Bilder 2–4 schreiben die KT in PA eigene Dialoge und spielen einige danach vor.

5 Konflikte verstehen

a) Die KT lesen zunächst in EA die E-Mail. Danach stellen sie in PA Vermutungen an, was das Problem sein könnte. Lernschwächere Gruppen lesen gleich die drei Erklärungen und diskutieren, welche am besten passt.

b) Erarbeiten Sie mit den KT mögliche Redemittel zu Anrede, Einleitung, Hauptteil und Grußformel für eine Antwortmail. Mit Hilfe dieser Redemittel schreiben die KT eine Antwort an Yu.

6 Projekt: Kritische Situationen

HA Geben Sie das Projekt am Ende der Lektion als Hausaufgabe auf. In der nächsten Unterrichtseinheit können die E-Mails samt möglichen Erklärungen getauscht werden.

AL Wenn alle KT zu Hause die Möglichkeit haben, E-Mails zu schreiben, bilden Sie im Unterricht Paare. Die Paare bearbeiten Aufgabe 6 zu Hause autonom und schicken ihrem Lernpartner eine reale E-Mail inklusive drei möglicher Erklärungen. Der Lernpartner versucht, die richtige Erklärung zu erraten und schreibt eine Antwortmail.

8 Generationen

In dieser Einheit sprechen die KT über Lebensabschnitte und Generationen.
Im ersten Teil wird das Thema Jung und alt eingeführt und erste Vermutungen zu dem Roman „Die blauen und die grauen Tage" gemacht.
Im zweiten Teil lesen die KT zum ersten Mal Auszüge aus einem literarischen Text, diskutieren über Familienbeziehungen und Probleme, sprechen über Wünsche, Ängste und Träume. Sie lernen verschiedene Arten der Textarbeit kennen und werden mit den Possessivartikeln im Genitiv vertraut gemacht.
Im dritten Teil beschäftigen sie sich weiter mit dem Roman, lernen Vermutungen auszudrücken und erarbeiten sich die Nebensätze mit *seit*. Auch die verschiedenen Aussprachen von *ch* sind Thema des Abschnitts.
Im vierten Teil lernen die KT, ein Problem zu diskutieren, Argumente zu sammeln und sich für oder gegen etwas auszusprechen.
Im letzten Teil der Einheit beschäftigen sich die KT mit Kindheitswünschen und den Doppelkonjunktionen *nicht nur ..., sondern auch* und *weder ... noch*.

Sprachhandlungen	
über Lebensabschnitte sprechen	S. 148
eine Geschichte schreiben	S. 149
über einen literarischen Text sprechen	S. 150 ff.
sich für oder gegen etwas aussprechen	S. 154
über Wünsche, Ängste und Träume sprechen	S. 155

Themen und Texte	
Kindheit, Jugend und Alter	S. 148 f.
Wohnformen im Alter	S. 154
Kinderträume	S. 155
Romanauszug *Die blauen und die grauen Tage*	S. 150, 152
Buchempfehlung *Was siehst du, wenn du aus dem Fenster schaust?*	S. 155

Wortfelder	
Lebensabschnitte (und Assoziationen dazu)	S. 148
Familienbeziehungen	S. 150 f.

Grammatik	
Possessivartikel im Genitiv	S. 150 f.
Vermutungen mit *könnte*	S. 152
Nebensätze mit *seit*	S. 153
Doppelkonjunktionen: *nicht nur ..., sondern auch ... / weder ... noch ...*	S. 155

Aussprache	
das *ch*	S. 153
Pausen beim Lesen machen	S. 153

1 Jung und alt

1 Lebensabschnitte

a) und b) Fragen Sie im Kurs (bei geschlossenen Büchern), welche Lebensabschnitte es gibt und schreiben Sie sie an die Tafel (Kindheit, Jugend, mittleres Alter, hohes Alter). Die KT lesen die Wörter im Kasten und erstellen im Heft ein Assoziogramm, in das sie weitere Wörter schreiben. Danach präsentieren sie ihr Assoziogramm in PA oder im PL.

8 | Generationen

M A3-Blätter

AL Schreiben Sie die vier Lebensabschnitte (Kindheit, Jugend, mittleres Alter, hohes Alter) an die Tafel. Bilden Sie vier Gruppen und verteilen Sie vier A3-Blätter mit jeweils einem Lebensabschnitt. Jede KG hat ein paar Minuten Zeit, um Wörter, die sie mit dem jeweiligen Lebensabschnitt assoziiert, auf das Blatt zu schreiben. Dabei können sie den Kasten im Buch benutzen/ergänzen. Dann gibt jede Gruppe ihr Blatt an die nächste Gruppe weiter. Am Ende haben alle Gruppen etwas zu allen Lebensabschnitten geschrieben. Die Blätter werden an die Wand gehängt, die KT gehen herum, lesen die Assoziogramme und machen Notizen (neue/interessante Wörter oder Wörter, die sie nicht verstehen, die dann im PL geklärt werden).

2 Eine Geschichte in zehn Sätzen erzählen

a) Die KT sehen sich die Fotos im Buch an und formulieren eigene Vermutungen. Dann sprechen sie in PA darüber. Anschließend diskutieren sie im PL über ihre Vermutungen.

BD In leistungsschwächeren Gruppen können die KT ihre Vermutungen zuerst schriftlich formulieren. Gehen Sie herum und helfen Sie Ihren KT dabei.

b) Die KT schreiben eine Geschichte zu den Fotos mit maximal zehn Sätzen. Gehen Sie herum und helfen Sie bei den Formulierungen. Dann kann jeder KT einem Partner seine Geschichte vorlesen oder den Text vom Partner lesen. Im PL können KT berichten, was sie interessant/lustig/schön in der Geschichte des Partners fanden. Die von den KT geschriebenen Texte können eingesammelt und von Ihnen korrigiert werden bzw. Sie können die KT auf Fehler hinweisen, damit sie ihre Texte selber korrigieren.

BD Schnellere KT können mit mehreren Partnern arbeiten.

3 „Die blauen und die grauen Tage"

a) Die KT überlegen sich, was sie mit der Farbe Grau und was sie mit der Farbe Blau assoziieren (sie können evtl. mit dem Wörterbuch arbeiten) und sprechen dann in PA darüber. Anschließend werden Assoziationen im PL gesammelt. Jeder KT kann aufstehen und seine Assoziation zu jeder Farbe an die Tafel schreiben.

b) Sagen Sie den KT, dass „Die blauen und die grauen Tage" der Titel eines Romans von Monika Feth ist. Zuerst können die KT Vermutungen äußern, warum das Buch wohl so heißt, dann lesen sie die Inhaltsangabe und beantworten die Frage im Buch. Sie vergleichen zuerst in PA, dann im PL.

4 Lust zum Lesen?

BD Wenn Zeit und Interesse da ist, kann die Diskussion erweitert werden: Die KT sagen, was sie gern lesen, wann und wie oft sie lesen, ob sie schon mal ein Buch mit einem ähnlichen Thema wie „Die blauen und die grauen Tage" gelesen haben usw. Schreiben bzw. projizieren Sie die Fragen an die Tafel. Vorschläge: 1. Was lesen Sie gern? 2. Wie oft lesen Sie? 3. Wann/Wo lesen Sie? 4. Was ist Ihr Lieblingsbuch? (Warum?) 5. Haben Sie schon mal ein Buch mit einem ähnlichen Thema gelesen? Wenn ja, wie heißt es? 6. Wer ist Ihr(e) Lieblingsautor(in)? usw.

2 In einen Roman einsteigen …

1 Von blauen und grauen Tagen

 a) Die KT lesen den Romanauszug und kreuzen die Personen an, die am Gespräch teilnehmen. Weisen Sie die KT darauf hin, dass sie nicht alle Wörter verstehen müssen. Die KT machen die Aufgabe, vergleichen in PA, dann im PL.

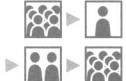 b) Lesen Sie mit den KT die Aufgabenstellung und die Sätze und klären Sie evtl. Fragen. Die KT machen die Aufgabe und vergleichen in PA. Auswertung im PL.

c) Die KT berichten einem Partner über eine Person ihrer Wahl.

BD In leistungsschwächeren Gruppen können die Sätze zuerst geschrieben werden.

AL Die KT berichten dem Partner über eine Person, ohne zu sagen, wer es ist, und der Partner rät. Z. B. KT 1 sagt: „Sie hat Oma in der Bahnhofshalle gefunden". KT 2 sagt: „Das ist Evi."
Dann sagt KT 2: „Er sieht Vera auf Kinderfotos sehr ähnlich". KT 1 sagt: „Das ist der Vater" usw.

2 Familienbeziehungen

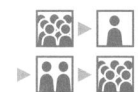 a) Lesen Sie mit den KT das Beispiel. Die KT machen die Aufgabe allein, dann Vergleich in PA und im PL.

b) Die KT markieren die Possessivartikel. Vergleich in PA und im PL.

AL Diese Aufgabe kann nach Aufgabe 3 gemacht werden, so können alle Possessivartikel in beiden Aufgaben markiert werden und es kann über die Regel gesprochen werden.

3 Welche Aussagen stehen im Romanauszug?

 Die KT machen die Aufgabe, vergleichen in PA, dann im PL. Im Anschluss kann direkt Aufgabe 5 gemacht werden.

4 Mit dem Körper sprechen

 a) und b) Weisen Sie die KT darauf hin, dass es im Text viele Ausdrücke mit Körperteilen gibt. Um Zeit zu sparen, können Sie Gruppen bilden und jede KG recherchiert die Bedeutung von zwei oder drei Ausdrücken. Um den anderen Gruppen zu erklären, was die Ausdrücke bedeuten, können die KG Bilder an die Tafel malen oder die Ausdrücke pantomimisch darstellen. Dabei notieren die KT die Bedeutung der Ausdrücke auf Deutsch oder in ihrer Muttersprache.

 c) Die KT suchen die Ausdrücke im Romanauszug und vergleichen in PA. Wenn nötig, werden Fragen im PL geklärt.

5 Hast du die Haare deiner Mutter?

 a) Bevor die KT die Tabelle ergänzen, weisen Sie sie auf die Possessivartikel und ihre Endungen in den Aufgaben 2 und 3 hin. Fragen Sie die KT, was der Unterschied ist und wiederholen Sie mit ihnen (bei geschlossenen Büchern) die Possessivartikel im Nominativ, die Bedeutung vom Genitiv und die bestimmten und unbestimmten Artikel im Genitiv. Die KT können das zuerst in PA oder in KG machen, dann wird das Thema im PL systematisiert bzw. wiederholt. Erst dann ergänzen die KT die Tabelle im Buch. Vergleich im PL. Es ist wichtig, dass die KT die Regel für sich selbst notieren (auf Deutsch oder in der Muttersprache). Diese Aufgabe kann auch direkt nach Aufgaben 2 und 3 gemacht werden (also vor Aufgabe 4).

8 Generationen

 b) Automatisierungsübung. Sie kann in PA oder in KG gemacht werden. Achten Sie auf ein zügiges Tempo.

 c) Die KT schreiben die Antworten auf die Fragen oder machen sich Notizen bzw. schreiben Stichwörter auf, dann sprechen sie in PA darüber. Gehen Sie herum und helfen bzw. korrigieren Sie. Wer möchte, kann kurz im PL darüber sprechen.

3 Interessen und Konflikte

1 Interessen sammeln

 a) Lesen Sie mit den KT die Aufgabenstellung. Die KT lesen die Romanauszüge und sammeln die Interessen und Wünsche, indem sie Notizen machen oder die Stellen in den Texten markieren. Dann Vergleich in PA und im PL.

 b) Klären Sie die Bedeutung der Redemittel im Kasten und formulieren Sie mit den KT Beispiele, indem Sie einige Redemittel aus dem Kasten benutzen. Die KT können zuerst ein paar Sätze über die Personen schreiben, bevor sie in PA darüber sprechen. Anschließend können einige Sätze im PL verglichen werden.

2 Einen Text nacherzählen

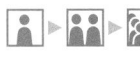 Die KT ergänzen die Satzanfänge und vergleichen dann in PA. Sie können danach ihren Text mit einer Musterlösung vergleichen. Fragen werden im PL geklärt.

BD In leistungsschwächeren Gruppen oder, wenn es viele Fragen gibt, kann die Auswertung im PL stattfinden.

3 Zeitpunkte nennen: Nebensätze mit *seit*

 a) Als Überleitung können Sie die KT fragen, was die Familie von Evi in ihrer Freizeit wohl gern macht. Dann sagen Sie, dass es im Buch einige Hobbys und Freizeitaktivitäten gibt und formulieren mit den KT ein Beispiel. Klären Sie mit ihnen die Bedeutung (nicht die Struktur!) von *seit*, wenn nötig. Die KT sollen die Sätze in PA oder in KG üben. Achten Sie auf ein zügiges Tempo.

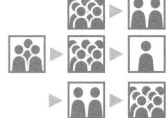 b) Projizieren bzw. schreiben Sie bei geschlossenen Büchern die zwei Beispiele an die Tafel und lassen Sie die KT in PA oder in KG die Position der Verben analysieren. Vergleich im PL. Dann sehen sie sich die Beispiele mit den Markierungen im Buch an und lösen die Aufgabe. Vergleich in PA, dann im PL.

 c) Die KT unterstreichen die Nebensätze und markieren die Verben. Auswertung an der Tafel, wenn nötig.

 KV1: Seit wann?

 Damit die KT über sich selbst schreiben bzw. sprechen können und dabei Nebensätze mit *seit* benutzen, können sie die Aufgabe in der KV machen. Verteilen Sie das Arbeitsblatt und erklären Sie den KT die Aufgabe. Weisen Sie sie auf das Minimemo hin. Zuerst schreiben die KT Fragen und Antworten über sich selbst. Gehen Sie herum und helfen bzw. korrigieren Sie. Dann können die Blätter eingesammelt und neu verteilt werden. Die KT lesen die Fragen und Antworten auf dem Blatt, das sie bekommen haben, und suchen den KT, der sie geschrieben hat, indem sie den anderen Fragen stellen, die auf dem Blatt stehen (zuerst Ja/Nein-Fragen, wie z. B. „Spielen Sie Tennis?"). Wenn die Person *ja* antwortet, fragen sie weiter, um sicher zu sein, dass sie den richtigen KT gefunden haben – es kann ja sein, dass mehrere Leute im Kurs Tennis spielen. Danach können sie

im PL etwas über die Person sagen, deren Blatt sie hatten (z. B. *Maria spielt jeden Samstag Tennis seit sie hier wohnt*).

 Anwendung: Die KT schreiben auf einen Zettel einen Satz über sich selbst z. B. *Ich spiele Klavier*. KT 1 steht auf und zeigt einem Partner (KT 2) seinen Satz. KT 2 formuliert eine Frage mit *seit wann*, z. B. *Seit wann spielst du Klavier?* und KT 1 antwortet (z. B. *Seit ich neun bin*). Dann zeigt KT 2 KT 1 seinen Satz (z. B. *Ich wohne in Berlin*) und KT 1 fragt: *Seit wann wohnst du in Berlin?* KT 2 antwortet *seit 2014* oder *seit zwei Jahren*. Damit die KT mehr sprechen, können sie weiterfragen bzw. das Gespräch weiterführen (z. B. *Und wie oft spielst du Klavier? In welchem Stadtteil von Berlin wohnst du?* usw.). Bestimmen Sie die Zeit, dann sollen die KT mit einem anderen Partner sprechen.

4 Aussprache von *ch*: *versprechen – versprochen*

 Lassen Sie die KT einige Wörter aus den letzten Aufgaben, die *ch* enthalten, nachsprechen (*Wochenende, ich, München, sich*). Fragen Sie die KT, wie *ch* auf Deutsch ausgesprochen werden kann. Dann hören sie die Audiodatei und sprechen nach. Die KT überlegen, wie die Regel heißt, und diskutieren in PA oder in der KG darüber. Abschließend wird im PL über die Regel gesprochen und sie wird im Buch ergänzt. Die Wörter sollen noch einmal nachgesprochen werden.

5 Eine Geschichte vorlesen – Pausen machen

 a) und b) Die KT hören den Ausschnitt, markieren die Pausen, vergleichen in PA und dann im PL. Dann lesen sie einem Partner den Ausschnitt vor.

4 Probleme diskutieren

1 Für und Wider: Argumente sammeln und austauschen

M KV2: Probleme diskutieren

 a) Lesen Sie mit den KT die Aufgabenstellung und die Vorschläge. Die KT notieren zu jedem Vorschlag einen Vor- und einen Nachteil.

 Schnellere KT können mehr Vor- und Nachteile notieren und weitere Vorschläge machen.

 b) Lesen Sie mit den KT den Redemittelkasten und klären Sie Fragen. In KG sprechen die KT über die Vor- und Nachteile, die sie notiert haben, wobei sie die Redemittel benutzen. Wer möchte, kann dann im PL die gesammelten Argumente präsentieren und auf die der anderen reagieren.

2 Eine Rolle vorbereiten

 a) Lesen Sie mit den KT die Rollenkarten. Die KT entscheiden, wer sie sein wollen oder Sie bestimmen, wer mit welcher Rollenkarte arbeitet. Die KT notieren Argumente.

b) Sagen Sie den KT, dass sie ihre Argumente nach Wichtigkeit ordnen sollen. Dazu können die KT die Argumente nummerieren (1 ist das wichtigste usw.).

3 Wo bleibt Oma Lotte – WG, Altersheim oder zu Hause?

 Die KT diskutieren in der KG, indem sie ihre Argumente und die Redemittel im Kasten benutzen (weisen Sie sie darauf hin). Dann präsentieren sie im PL, zu welchem Ergebnis die Gruppe gekommen ist.

8 Generationen

4 Die Lösung

 a) Die KT lesen die Alternativen, hören das Gespräch, markieren die Lösung. Ergebnissicherung in PA und abschließend im PL.

 b) Die KT sprechen darüber, ob sie die Lösung gut finden oder nicht. Das können sie zuerst in PA oder in der KG machen, anschließend im PL.

5 Was siehst du, wenn …

1 Wünsche, Ängste, Träume

 a) Die KT sagen oder schreiben, was sie sehen, wenn sie aus dem Fenster schauen. Geben Sie den KT Zeit, um evtl. Wörter im Wörterbuch nachzuschlagen oder Sie danach zu fragen. Die KT können zuerst einem Partner darüber berichten, dann im PL.

 b) Die KT lesen die Buchempfehlung, beantworten die Frage, vergleichen in PA und dann im PL.

2 Stimmen zum Buch

 Lesen Sie mit den KT die Aussagen und klären Sie evtl. Fragen. Die KT hören das Interview zweimal, markieren „richtig" oder „falsch", vergleichen ihre Lösungen in PA und dann im PL.

3 Doppelkonjunktionen: *nicht nur …, sondern auch* und *weder … noch*

 a) Weisen Sie die KT auf die Wörter im Text hin, die schon markiert sind (*nicht nur …, sondern auch …*). Klären Sie mit ihnen zuerst ihre Bedeutung. Erläutern Sie, dass es sich um Doppelkonjunktionen handelt, da sie immer zusammen vorkommen. Lassen Sie die KT weitere Doppelkonjunktionen finden (*weder … noch*) oder weisen Sie sie selbst darauf hin und klären Sie mit ihnen die Bedeutung. Dann markieren die KT alle Beispiele von Doppelkonjunktionen, die sie im Text finden, vergleichen in PA und dann im PL.

 b) Die KT verbinden die Sätze aus Aufgabe 2a) mit Doppelkonjunktionen, vergleichen in PA, dann im PL.

 c) Die KT schreiben Sätze über sich selbst. Gehen Sie herum und helfen Sie ihnen. Die KT lesen einem Partner ihre Sätze vor und der Partner notiert. Z. B. KT 1, der Pedro heißt, liest *Ich mag weder Fisch noch Fleisch* und der Partner schreibt *Pedro mag weder Fisch noch Fleisch*. Dabei können die KT über ihre Sätze sprechen bzw. das Gespräch weiterführen (KT 2 fragt dann: *Bist du Vegetarier?* usw.). Dann berichten die KT über ihren Partner im PL.

4 Meine Kindheitswünsche

 Lesen Sie mit den KT die Redemittel. Die KT schreiben einen Text. Gehen Sie herum und helfen Sie ihnen. Die Texte werden am Ende abgegeben.

BD Schnellere KT können einem Partner den eigenen Text vorlesen oder den Text eines anderen Partners lesen (und evtl. Fehler markieren).

9 Migration

Im Mittelpunkt der Einheit steht das Thema Migration.
Im ersten Teil der Einheit wird der Begriff Migration anhand einer Definition und Beispielen erläutert. Vertieft wird das Thema durch Texte mit Informationen über Einwanderungswellen in Europa.
Im zweiten Teil lesen die KT einen Text über den Film *Solino*, in dem es um eine italienische Familie geht, die in den 60er Jahren nach Deutschland einwandert.
Die Aktivitäten zum Film und der Text über den Regisseur Fatih Akin im dritten Teil der Einheit eignen sich auch zur Wiederholung und Vertiefung des Wortschatzes zum Thema Filme.
Im vierten Teil lernen die KT, warum Deutsche ihr Land verlassen. Darüber hinaus hören die KT die Geschichten von zwei Personen, denen die Auswanderung gut gelungen ist.
Unter dem Motto *nicht nur Menschen wandern aus* bietet sich im fünften Teil die Möglichkeit an, über Gegenstände, Wörter und natürlich auch Gerichte zu sprechen, die in andere Länder ausgewandert sind.
Im Grammatikfokus der Einheit stehen die Bedeutungen und Funktionen des Verbs *lassen* im Deutschen. Das zweite grammatische Thema der Einheit ist das unpersönliche Pronomen *man* und wie es benutzt wird, um Passivsätze zu umschreiben. In dieser Einheit wird das Thema *Relativsätze* mit der Einführung der Relativpronomen im Genitiv erweitert.
Die Ausspracheübungen der Einheit bieten den KT ein gezieltes Training der Laute *l* und *r* an.

Sprachhandlungen

über Migration und Migrationsgründe sprechen	S. 166 f., 172
über Probleme, Ängste und Hoffnungen sprechen	S. 169, 171 f.
eine Geschichte schreiben und präsentieren	S. 169
über Filme sprechen	S. 170
über Fremdheit berichten	S. 171

Themen und Texte

Definition *Migration*	S. 166
Wissenstest über *Migration*	S. 166
Magazin-Beiträge	S. 167
Filmbeschreibung *Solino*	S. 168
Artikel über den Regisseur Fatih Akin	S. 170
Internetartikel und Grafik über die Gründe, warum Deutsche auswandern	S. 172
Internetartikel und Hörtext über die Geschichte der Kartoffel	S. 173
Kochrezept *Kartoffelsalat*	S. 173

Wortfelder

Migration	S. 166 f.
Geschichte Europas	S. 166 f.
Film	S. 168 f.

Grammatik

lassen + Infinitiv	S. 169
Relativpronomen im Genitiv	S. 171
Passivsatzform mit dem Pronomen *man*	S. 173

Aussprache

Die Laute *l* und *r*	S. 169

9 Migration

1 Migration geht uns alle an!

M A2-Blätter

Um in das Thema einzusteigen, können Sie KG mit vier oder fünf KT bilden und jeder KG ein A2-Blatt geben, auf dem das Wort *Migration* steht. Jede Gruppe gestaltet dann ein Assoziogramm mit Wörtern, die den KT zu diesem Thema einfallen.

AL Bei kleinen Kursen kann das Assoziogramm gemeinsam an der Tafel gemacht werden.

Schreiben Sie das Thema des Abschnitts an die Tafel und vergewissern Sie sich, dass die Bedeutung des Verbs *angehen* allen KT klar ist. Danach besprechen die KT die Bedeutung dieser Äußerung in PA. Anschließend äußern die KT ihre Meinungen und Interpretationen im PL.

1 Was ist Migration?

Die KT lösen die Aufgabe und vergleichen ihre Antworten in PA oder KG. Bei der Auswertung sollten die KT ihre Antworten begründen, indem sie erklären, warum es nur bei 1 und 4 um Migration geht.

2 Ein- und Auswanderung in Deutschland

Die KT lösen die Aufgaben a) (Wissenstest), b) und c) in EA.

Weisen Sie Ihre KT auf Lesestrategien hin: sich Fotos anschauen, bekannte bzw. verständliche Wörter markieren, Bedeutung von unbekannten Wörtern aus dem Kontext erschließen usw.

AL c) Bilden Sie KG. Jede Gruppe beschäftigt sich mit nur einer Auswanderergruppe. Anschließend fasst jede Gruppe die Informationen im PL zusammen, die sie im Text gefunden hat.

3 Texteinhalte wiedergeben

M kleine Kärtchen mit den Jahreszahlen aus dem Zeitstrahl

a) Verteilen Sie die Kärtchen. Auf jedem Kärtchen steht ein Jahr. Die KT schreiben stichpunktartig auf die Rückseite eine Information mit Zahlen, die sich auf das angegebene Jahr bezieht. Sammeln Sie alle Kärtchen ein und verteilen Sie sie erneut, damit jeder KT ein neues Kärtchen bekommt. Die KT stehen auf und arbeiten zu zweit. Jeder zeigt einem Partner sein Kärtchen, damit er eine Information zu diesem Jahr sagt. Der andere KT vergleicht sie mit der auf der Rückseite stehenden Information. Falls etwas nicht stimmt, liest er die Stichworte vor. Danach macht der andere das gleiche mit seinem Kärtchen. Am Ende tauschen sie die Kärtchen aus und suchen dann neue Partner.

HA b) Diese Aufgabe ist gut als HA geeignet, damit die KT mehr Zeit haben, im Internet zu dem Thema zu recherchieren.

4 Gründe für Migration

Damit alle Sätze berücksichtig werden, können Sie die KT darum bitten, die Sätze im Kasten zu nummerieren und in PA die Sätze nacheinander zu vervollständigen. Dabei bestimmen Sie, wie viel Zeit die KT für jeden Satz haben. Ein Vorteil dieses Vorgehens ist die Tatsache, dass alle Paare gleichzeitig beginnen und fertig sind.

2 Eine Migrationsgeschichte

1 Solino – großes Kino

 a) Fragen Sie Ihre KT, wie oft sie ins Kino gehen und für welche Filmgenres sie sich interessieren. Dabei schreiben Sie die genannten an die Tafel. Anschließend sehen sich die KT die Filmfotos auf S. 168 an und äußern ihre Vermutungen zum Genre und Inhalt des Filmes. Wenn möglich können Bilder bei geschlossenen Büchern projiziert werden, damit die KT den Text nicht überfliegen können. Es ist wichtig, dass die KT vollständige Sätze bilden, um ihre Vermutungen zu äußern.

 b) *Globales Leseverstehen:* Für die Auswertung können die KT ihre Ergebnisse in PA oder KG vergleichen. Erinnern Sie die KT an Redemittel, die sie beim Vergleichen verwenden sollen.

  c) Bevor die KT mit der Übung anfangen, sollten Sie sich vergewissern, dass die sich im Kasten befindenden Informationen verständlich sind. An dieser Stelle können alle KT alle Informationen den Personen im Film zuordnen oder Sie können bestimmen, wer sich mit welcher Figur beschäftigt und dann KG bilden, damit jeder etwas über nur eine Person erzählt.

2 Angekommen?

Zeigen Sie den KT das Foto und lassen Sie es beschreiben. Anschließend beantworten die KT, welche Probleme Familie Amato vermutlich hat. Da es hier wiederum um Vermutungen geht, sollten Sie darauf achten, dass passende Wörter und Redemittel verwendet werden.

Als Übergang zur nächsten Aktivität können Sie den KT erklären, dass eins der Probleme ist, dass die Familie zu viel Arbeit im Restaurant hat. Dann fragen Sie die KT, was man in einem Restaurant alles machen muss. Die KT antworten auf die Frage und Sie sammeln die Antworten an der Tafel.

3 Romano ist der Chef. Er lässt die anderen arbeiten

 a) Die KT üben Fragen und Antworten mündlich. Dabei geht es vor allem um Schnelligkeit und die Wiederholung der Form *lassen* + Infinitiv.

 b) Schreiben Sie einen Beispielsatz aus 3a) an die Tafel, fragen Sie die KT nach seiner Bedeutung und lassen Sie die KT den Satz umschreiben: *Romano lässt Gigi die Tische decken.*
(*Er macht das nicht selbst. / Gigi deckt den Tisch, nicht Romano. / Romano fordert Gigi auf, den Tisch zu decken. / Romano sagt Gigi, er soll die Tische decken. o. Ä.*)

Da das Verb *lassen* verschiedene Bedeutungen hat, ist es wichtig, dass die KT seine Bedeutung in diesem Zusammenhang gut verstehen können. Anschließend lesen die KT die zwei Beispiele im Buch und formulieren die Regel: *lassen* + Infinitiv am Ende.
Anhand des zweiten Beispiels kann man auf eine andere Bedeutung des Verbs *lassen* hinweisen, und zwar: *erlauben*.

4 Und Sie?

 KT formulieren Sätze und fragen den Partner:
- *Ich lasse das Auto reparieren. Und Sie/du?*
- *Ich lasse das Auto auch reparieren. / Das Auto repariere ich selbst.*

M KV1: Klassenspaziergang

AL KT bekommen je ein Kärtchen mit einer Aktivität und fragen sich gegenseitig in einem Klassenspaziergang. Nachdem zwei Personen sich die Fragen gestellt und beantwortet haben, tauschen sie die Kärtchen und suchen andere Personen, denen sie die neuen Fragen stellen.

9 | Migration

5 Das *l* und das *r*

a) Bei dieser Übung geht es um die Aussprache des deutschen *l*. Je nach Muttersprache können die KT mehr oder weniger Schwierigkeiten mit diesem Laut haben. Es ist aber vor allem wichtig, die KT für diesen Laut zu sensibilisieren, denn man kann nicht davon ausgehen, dass alle Laute einer Fremdsprache von allen Lernenden wahrgenommen werden. Die Position des *l*-Lautes in der Silbe kann seine Produktion erschweren. Im Anlaut, d. h. vor einem Vokal am Anfang einer Silbe (*lieber, lassen*), bereitet dieser Laut den Lernenden normalerweise weniger Schwierigkeiten als im Auslaut (*mal, Alltag*), in dem kein Vokal dem *l* folgt. Minimalpaare können eine Hilfe sein, wenn es den KT schwerfällt, das *l* adäquat auszusprechen oder sogar wahrzunehmen:
Lehre – Ehre, loben – oben, leisen – Eisen, Enge – Engel, Gabe – Gabel

b) Die Aussprache des deutschen *r* wird anhand dieser Beispiele trainiert. Bis auf das zweite *r* im Wort *reservieren* findet man hier nur Beispiele, in denen das *r* vor einem Vokal steht, was seine Produktion von der des vokalisierten *r* unterscheidet. In den Verben mit der Endung *-ren* kann der *r*-Laut auch vokalisiert werden, falls die letzte Silbe reduziert ausgesprochen wird: *reklamieren*.
Das deutsche *r* hat mehrere (regionale) Varianten, wie z. B. das Zäpfchen-r und das Zungenspitzen-r. Wenn Deutschlernende Muttersprachen sprechen, in denen keine dieser Varianten vorkommen, müssen sie dafür sensibilisiert werden. Wie beim *l*-Laut kann man auch hier Minimalpaare zu Hilfe nehmen: *Haus – raus, Hund – rund, Hitze – Ritze, heiß – Reis*

6 Eine Geschichte schreiben und präsentieren

 a) Das Bild wird an die Tafel projiziert. Die KT beschreiben zuerst das Bild und äußern dann ihre Vermutungen. Wenn die Projektion nicht möglich ist, arbeiten die KT in KG und machen sich Notizen über die auf dem Foto dargestellte Situation. Anschließend werden die Ergebnisse im PL verglichen. Dabei ist es wichtig, Beschreibung von Interpretation zu unterscheiden. Die KT sollten die Redemittel zur Bildbeschreibung parat haben. Wenn nötig kann man diese Redemittel im PL mit den KT wiederholen, bevor sie mit der Aufgabe beginnen.

 b) Gut als HA geeignet, muss in jedem Fall in EA erledigt werden.

3 Solino: Ein Film über das Weggehen und Heimkehren

1 Das ist die Generation meiner Eltern

 a) Die KT lesen den Text und lösen die Aufgabe. Anschließend vergleichen die KT ihre Ergebnisse, indem jeder über einen Punkt spricht und die anderen zuhören und vergleichen.

b) Die KT sollen sich zuerst mit den Wörtern beschäftigen, die sie schon verstehen und erst dann Wörterbücher benutzen.

AL Um die Relativsätze und Pronomen zu wiederholen, die auf der folgenden Seite im Genitiv eingeführt werden, können Sie die KT auffordern, einige Begriffe mit Hilfe von Relativsätzen zu erklären, indem Sie z. B. Folgendes an die Tafel schreiben:
Ein Gastarbeiter ist jemand, … / Ein/e Regisseur/in ist eine Person, … / Ein/e Schauspieler/in ist jemand,
Nach der Auswertung sollen die KT die Relativpronomen und die Verben in den Relativsätzen markieren und die Regel verbalisieren (Wo steht das Pronomen? Worauf bezieht es sich? Wo steht das Verb?).

c) Die KT lösen die Aufgabe und vergleichen die Ergebnisse. Fordern Sie Ihre KT auf, vollständige Sätze zu bilden: *Ursula Betge würde der Aussage 1 nicht zustimmen, weil/da/denn ...*

AL Übung c) vor b) machen

M KV2: Deutschsprachige Filme

HA Die KT erarbeiten mit Hilfe der KV einen Bericht über einen deutschsprachigen Film, der im Kurs vorgestellt werden kann.

2 Relativpronomen im Genitiv

 a) Die KT lösen die Aufgabe in EA. Nach der Auswertung im PL vergewissern Sie sich, dass nicht nur die Form, sondern auch die Funktion bzw. die Bedeutung dieser Struktur verstanden wurde.

BD b) Bei leistungsstärkeren Gruppen kann diese Übung ausgelassen werden.

 c) Die KT verbinden die Sätze mit den entsprechenden Relativpronomen. Zur Auswertung werden die Sätze (evtl. von den KT) an die Tafel geschrieben und dann im PL besprochen.

3 Die Heimat verlassen

 a) Zur Vorentlastung erstellen Sie im PL ein Assoziogramm mit dem Titel *die Heimat verlassen* an der Tafel und fragen Ihre KT, welche Schwierigkeiten ihnen dabei spontan einfallen. Danach lesen die KT die Wörter und lösen die Aufgabe. Zur Auswertung spricht jeder KT über ein angekreuztes Wort und erklärt, inwiefern dieses Migranten Schwierigkeiten bereiten kann.

AL Wenn Sie das Assoziogramm mit Ihren KT gemacht haben, werden die Wörter in a) nur gelesen und erst während des Hörtextes angekreuzt.

b) Die KT hören die Interviews einmal und markieren die Schwierigkeiten der DaF-Studentinnen. Beim 2. Hören notieren sich die KT, die die in a) angegebenen Schwierigkeiten schon angekreuzt haben, weitere Informationen.

    c) Schreiben Sie *sich fremd fühlen* an die Tafel und fragen Sie die KT, was das bedeuten kann. Lassen Sie Ihre KT Beispiele nennen. Anschließend lassen Sie Ihren KT etwas Zeit, damit sie sich an Situationen erinnern, in denen sie sich schon mal fremd gefühlt haben, und um sich Notizen zu machen. Mit Hilfe der Notizen berichten die KT in KG oder PA.

5 ... und deshalb wandern wir aus Deutschland aus

1 Auf der Suche nach dem Glück

a) Um die vier gestellten Fragen zu beantworten, brauchen die KT nur die Informationen, die sich in der Einleitung und in der Grafik befinden. Weisen Sie Ihre KT darauf hin. Die vier Aussagen sollen noch nicht gelesen werden, denn sie enthalten auch falsche Informationen und gehören zur Übung b).

   b) Die KT lösen die Aufgabe und vergleichen ihre Korrekturen im PL. Anschließend fragen Sie Ihre KT, welche Information ihnen nicht bekannt waren und was sie überrascht hat. Die KT können sich im PL oder in KG äußern.

2 Bernd Reichelt und Mandy Haschke haben es geschafft

a) Die KT lösen die Übung in PA und versuchen, die Berufe der beiden Personen zu erraten.

b) Weisen Sie Ihre KT auf die Punkte hin, zu denen sie sich Notizen machen sollen und vergewissern Sie sich, dass die vier Punkte verstanden wurden. Es ist wichtig, zu betonen, dass die KT die Informationen nur in ein paar Stichworten festhalten und keine vollständigen Sätze schreiben sollen.

c) Bilden Sie Paare und bestimmen Sie, wer über Bernd und wer über Mandy berichtet. Während die KT den Bericht des Partners hören, sollen sie die Informationen mit ihren eigenen vergleichen.

5 Nicht nur Menschen wandern aus …

1 Kommt die Kartoffel eigentlich aus Deutschland?

a) Die KT sammeln zu zweit Ideen und tragen sie im PL vor.

b) Die KT lesen den Artikel und hören den Beitrag, um die Fragen zu beantworten. Bei der Auswertung können die KT auch berichten, welche (anderen) Informationen für sie neu waren.

c) In monokulturellen Gruppen kann die Frage ersetzt werden durch: *Ist die Kartoffel in Ihren Familien beliebt? Wie und wie oft essen Sie Kartoffeln?*

2 Kartoffelsalat nach Originalrezept

Die KT lesen das Rezept und sagen im PL, ob sie den Kartoffelsalat genau so oder anders bzw. mit anderen Zutaten am liebsten essen.

3 Passiversatzform *man*

a) Die KT markieren den Nominativ und den Akkusativ in den Beispielen, vergleichen in PA oder KG und formulieren die Regel. Anschließend können einige KT die von ihnen formulierten Regeln vorlesen und alle vergleichen sie mit den eigenen.

b) Die KT schreiben Sätze aus dem Rezept mit *man*.

BD Bei leistungsstärkeren Gruppen können die KT die Übung mündlich machen. Ein KT liest eine Wortgruppe aus dem Rezept vor und ein anderer KT sagt den Satz mit *man*:
  – *Kartoffeln schälen und kochen*
  – *Man schält und kocht die Kartoffeln.*

HA Die KT schreiben ein Rezept mit Kartoffeln, das sie schon mal ausprobiert haben oder gerne ausprobieren würden und verwenden dabei die Passiversatzform *man*. Die Rezepte werden abgegeben, und Sie unterstreichen Fehler, die dann von den KT selbst verbessert werden sollen. Wenn die Texte keine Fehler mehr enthalten, können alle Rezepte im Kursraum ausgehängt werden, damit sie von allen KT gelesen werden können.

4 Projekt: Ich bin ausgewandert …

Diese Aufgabe eignet sich gut als HA. Je nach Herkunftsland werden die KT verschiedene ausgewanderte Wörter kennen. Der Steckbrief kann als Plakat gestaltet werden und nach der Präsentation im Kursraum ausgehängt werden.

10 Europa

In Einheit 10 setzen sich die KT mit den Themen Politik und Europa bzw. der Europäischen Union auseinander. Anhand von Beiträgen und Interviews erfahren die KT, wie junge Menschen die Europäische Union betrachten und welche Chancen und Herausforderungen sie damit verbinden. Weiterführend lernen sie die Europäischen Institutionen kennen. Das Wortschatzfeld Politik wird hier um Wörter zu Europa und Europäischen Institutionen erweitert, bevor die KT am Beispiel eines Radiogesprächs lernen, über Politik zu sprechen. Grammatikalisch werden hier nicht nur Verben mit Präpositionen wiederholt, sondern auch um die Fragewörter bzw. Pronominaladverbien: *wofür, woran, wovon, worüber* usw. ergänzt.

Des Weiteren wird den KT am Beispiel zweier Leserbriefe vermittelt, wie man über Vor- und Nachteile sprechen kann. In Bezug auf die Leserbriefe beschäftigen sich die KT mit der Wortbildung durch den Gebrauch der Suffixe *-heit* und *-keit*, um Adjektive zu nominalisieren. Dem schließt sich grammatikalisch der Gebrauch von *brauchen + zu + Infinitiv* an. Darüber hinaus wird mit einem Blogeintrag der Frage nachgegangen, warum Europa das Reiseziel Nummer 1 ist. Grammatikalisch wird hier das Ausdrücken von Gegensätzen thematisiert. Dabei erlernen die KT den Gebrauch des Adverbs *trotzdem*. Ferner wird ihnen das Ausdrücken von Alternativen mit der Doppelkonjunktion *entweder ... oder ...* vermittelt.

Sprachhandlungen

über Europa und Politik sprechen	S. 184 f.
Europäische Institutionen kennenlernen und beschreiben	S. 187 f.
über Politik sprechen, etwas fordern und etwas kommentieren	S. 188
über Vor- und Nachteile sprechen	S. 189
einen Kurzvortrag halten	S. 190
Alternativen und Gegensätze im Satz ausdrücken	S. 191

Themen und Texte

Wir sind Europa!	S. 184 f.
Grafik, Wort-Wolke *Europa*	S. 184
Beitrag *Was bedeutet Europa für junge Menschen?*	S. 185
Die Europäische Union	S. 186 ff.
Website *Die EU im Überblick*	S. 186
Europa-Quiz	S. 187
Radiointerview *Über Politik sprechen*	S. 188
Euro-Krise	S. 189 f.
Europa – Reiseziel Nummer 1	S. 191
Blog *Magnus' Reiseempfehlung*	S. 191

Wortfelder

Europa	S. 184 ff.
EU Institutionen	S. 186 f.

Grammatik

Fragewörter: *wovon, worüber, wofür*	S. 187 f.
Wdh. Verben mit Präpositionen	S. 187 f.
Nomen mit *-heit* und *-keit*	S. 190
brauchen + zu + Infinitiv	S. 190
Gegensätze: *trotzdem*	S. 191
Doppelkonjunktion: *entweder ... oder ...*	S. 191

10 Europa

1 Wir sind Europa!

1 Woran denken Sie beim Thema Europa?

 Zum Einstieg in die Lektion bleiben die Bücher noch geschlossen und der KL gibt den KT Arbeitsauftrag 1 wie im Buch angegeben, d. h. drei Assoziationen zum Begriff „Europa" aufzuschreiben. Anschließend werden die Kursbücher geöffnet und die Begriffe der KT mit denen in der Wortwolke verglichen. Hierbei sollten unbekannte Wörter, wie zum Beispiel „EU-Freizügigkeit" direkt im PL durch den KL erklärt werden. Ziel ist es hierbei, das Vorwissen der KT zu aktivieren und das Thema der Einheit zu antizipieren.

2 EU-Mitgliedstaaten

 Die KT erstellen anhand der Europa-Karte im Buch, durch kurze Internetrecherchen oder ihr Vorwissen, eine Liste der EU-Mitgliedstaaten.

BD Die Aufgabe kann dadurch ergänzt werden, dass leistungsstärkere KT nicht nur die Namen der EU-Mitgliedstaaten, sondern auch die dazugehörigen Hauptstädte benennen. Die Aufgabe eignet sich besonders für DaF-Kurse außerhalb des europäischen Kulturraums, um die KT mit diesem vertrauter zu machen. Beispielsweise bietet es sich hierfür an, ein Memoryspiel mit den EU-Mitgliedstaaten und deren Hauptstädten zu erstellen.

3 Europa heute – Chancen und Herausforderungen

a) Die KT wählen ein Porträt aus und markieren beim Lesen, über welche Punkte die Person spricht. Danach werden drei passende Begriffe aus der Wortwolke auf S. 184 zu dieser Person notiert.

b) Anschließend wird der Beitrag noch einmal von den KT gelesen, um Informationen zu den vier Punkten (Name, Heimatland, Tätigkeit, Europa?) zu sammeln.

AL  Bei dieser Leseübung ist es von Vorteil, wenn Sie die Beiträge vergrößert kopieren und zerschneiden, damit jeder KT wirklich nur seinen Text liest. In der Unterrichtspraxis hat sich gezeigt, dass andernfalls einige KT einfach alle drei Texte lesen, wodurch das kommunikative Potenzial dieser Aufgabe nicht vollkommen ausgeschöpft wird.

Der KL verteilt die vergrößerten und zerschnittenen Beiträge an die KT. Diese lesen einen der Beiträge und bearbeiten die Aufgabe wie in den Arbeitsaufträgen 3a) und 3b) beschrieben. Anschließend werden die KT in 3er-Gruppen zusammengesetzt, so dass in jeder Gruppe ein KT sitzt, der einen anderen Beitrag gelesen hat. Die Aufgabe ist es, den anderen Gruppenmitgliedern den gelesen Beitrag zu präsentieren, wobei diese wiederum Notizen zum Gehörten machen. Dabei können die vier Punkte aus Arbeitsschritt 3b) wieder aufgegriffen und ergänzt werden. Auf diese Weise wird das kommunikative und kooperative Potenzial dieser Aufgabe vollkommen genutzt.

BD Bei leistungsschwächeren Lerngruppen kann es hilfreich sein, eine Zwischenphase einzuschieben, in der sich die KT mit dem gleichen Beitrag kurz zusammensetzen und Unklarheiten klären bzw. offene Fragen untereinander beantworten.

4 Auf der Straße nachgefragt: „Wie sehen Sie die Europäische Union?"

a) *Globales Hörverstehen:* Die KT hören die Interviews und markieren die Einstellungen der einzelnen Personen gegenüber der Europäischen Union als „positiv (+)", „negativ (–)" oder „neutral (~)".

b) *Selektives Hörverstehen:* Die KT hören die Interviews ein zweites Mal und notieren pro Person zwei Begriffe aus der Wortwolke auf S. 184 oder aus der Wort-Bild-Leiste. Vorab sollten allerdings die Begriffe aus der Wort-Bild-Leiste von dem KL kurz besprochen werden, um Unklarheiten zu klären.

c) Die KT äußern in KG ihre Meinung zur Europäischen Union und kommentieren dabei die Beiträge aus dem Interview, indem sie den Meinungen der Personen zustimmen bzw. diese ablehnen. Zu diesem Zweck sollte der KL vorher mit den KT gemeinsam Redemittel wiederholen, indem Redemittel zum Äußern der eigenen Meinung sowie zur Zustimmung und Ablehnung einer anderen Meinung an der Tafel gesammelt werden.

2 Das politische Europa

1 Die Institutionen – ein Überblick

a) Die KT lesen den Internetbeitrag und ordnen die Fotos dem passenden Absatz zu. Anschließend korrigieren die KT ihre Antworten in PA.

Die KT lesen die Aussagen und ordnen diese den passenden EU-Institutionen zu.

M KV1: Institutionen der Europäischen Union (Zuordnungsspiel)

Um das Textverständnis weiter zu sichern, erhalten die KT in KG mehrere Informationen aus dem Lesetext und ordnen diese in Form eines Zuordnungsspiels den passenden europäischen Institutionen zu.

AL HA a) und b) eigenen sich gerade für leistungsschwächere KT besonders gut zur Vorbereitung zu Hause, da das schwierige Vokabular andernfalls demotivierend wirken kann. In der nächsten Sitzung können dann die Ergebnisse verglichen und der Wortschatz vertieft werden. Sofern a) und b) als HA aufgegeben wurden, eignet sich das Zuordnungsspiel (KV1) gut zum Einstieg in die nächste Sitzung.

2 Wörter aus der Politik

a) Die KT erstellen Mindmaps bzw. Wortigel zu den Themenfeldern Personen und Institutionen der Europäischen Union, indem sie die Begriffe aus dem Schüttelkasten korrekt zuordnen und durch weitere ergänzen

b) Anschließend werden die Mindmaps aus a) mit den Verben aus dem Schüttelkasten in b) ergänzt. An dieser Stelle sollte der KL noch einmal darauf hinweisen, dass bei Unsicherheiten im Internetbeitrag auf S. 186 nachgelesen werden kann.

3 So funktioniert Europa

Der KL verteilt kleine Zettel an die KT, auf welche sie jeweils eine Aussage pro Zettel schreiben. Auf der Rückseite markieren die KT jeweils (R) für richtig und (F) für falsch. Während die KT ihre Aussagen aufschreiben, sollte der KL herumgehen und Fehler korrigieren. Dabei empfiehlt es sich, bei den bereits korrigierten Aussagen ein Häkchen in die obere rechte Ecke zu setzen, um nicht den Überblick zu verlieren und nicht einige Aussagen doppelt und dreifach zu lesen. Danach werden diese Zettel vom KL eingesammelt und an eine andere KG weitergegeben. Diese KG liest nun eine Aussage vor und diskutiert, ob diese richtig oder falsch ist. Anschließend wird der Zettel umgedreht und die KT kontrollieren, ob ihre Antwort korrekt war oder nicht.

10 | Europa

4 Wer ist wofür zuständig?

Die KT lesen das Beispiel und fragen einander wer in der Europäischen Union wofür zuständig ist, indem sie die richtige Institution mit der richtigen Aufgabe verbinden.

M KV2: Partnerinterview (Europäische Union)

Die KT machen nach Aufgabe 4 ein Partnerinterview über Politik, in dem alle Fragen mit dem Pronominaladverb *wofür* beginnen. Das Ziel dieser Übung ist es, die Frageform mit dem Pronominaladverb *wofür* zu automatisieren und Präpositionalergänzungen zu wiederholen. Aus diesem Grund werden in der Übung nur Verben bzw. Adjektive mit der Präposition *für* verwendet, beispielsweise *zuständig sein + für, nötig sein + für, wichtig sein + für, verantwortlich sein + für, sich entscheiden + für* usw.

5 Über Politik sprechen: Im Gespräch mit Lena Kühne und Christian Höfl

a) In Vorbereitung des Gesprächs ordnen die KT den Fragen die richtigen Antworten zu, wodurch der Hörtext bereits vorentlastet wird.

b) Im nächsten Schritt werden die Präpositionalergänzungen der Verben in den Fragen und Antworten markiert, d. h. als Bestandteil der Pronominaladverbien wie wo<u>an</u>, wo<u>über</u>, wo<u>mit</u>, wo<u>von</u> und als Bestandteil der Verben mit Präpositionen in den Antworten.

M KV3: Partnerinterview (Politik und ich)

An dieser Stelle ist es sinnvoll in einem Exkurs die Pronominaladverbien zu vertiefen. Zu diesem erhalten die KT ein Arbeitsblatt mit einem Partnerinterview. Hierbei müssen zuerst die korrekten Präpositionen für das Verb mit Präposition eingetragen werden, bevor die korrekte Frage mit einem Pronominaladverb gebildet wird. Anschließend können die Fragen dem Partner gestellt und dessen Antwort notiert werden.

c) Die KT hören das Interview einmal und ordnen die einzelnen Antworten der richtigen Person zu, indem sie vor die Antworten in a) ein (K) für Lena Kühne oder ein (H) für Christian Höfl eintragen. Ergebnissicherung im PL.

d) Das Interview wird ein zweites Mal gehört. Dieses Mal machen sich die KT Notizen zu den Antworten auf folgende drei Fragen:
1. Interessieren Sie sich für Politik?
2. Sind Sie in einer politischen Partei?
3. Für welche Zwecke engagieren Sie sich?

Anschließend vergleichen die KT ihre Notizen in KG miteinander.

6 Interessieren Sie sich für Politik?

a) Die KT schreiben alleine Stichwörter zu den Fragen: *Wovon träume ich? Worüber ärgere ich mich? Worüber freue ich mich?* und *Was regt mich auf?* auf, wie es die Beispiele auf S. 188 zeigen.

b) Im Anschluss lesen die KT ihre Stichwörter in KG oder im PL laut vor, während die anderen KT durch das Hochhalten roter und grüner Karten kommentieren, ob sie der gleichen Meinung sind oder nicht.

AL Alternativ bietet es sich an, mit den KT einen Klassenspaziergang durchzuführen. Dazu werden vier Plakate mit den folgenden Überschriften im Kursraum aufgehängt: *Wovon träume ich? Worüber ärgere ich mich? Worüber freue ich mich?* und *Was regt mich auf?* Der Kurs wird anschließend in vier gleichgroße Gruppen aufgeteilt. Jede Gruppe startet vor einem der Plakate und bekommt nun fünf Minuten Zeit Stichwörter unter die Fragen zu schreiben. Nach fünf Minuten gehen die KG im

Uhrzeigersinn weiter zum nächsten Plakat. Vor dem nächsten Plakat erhalten die KT wieder fünf Minuten Zeit, um zuerst die Stichwörter der vorigen Gruppe zu lesen und anschließend diese mit weiteren Stichwörtern zu ergänzen. Nachdem die KT unter alle vier Plakate etwas geschrieben haben und wieder vor ihrem Ausgangsplakat stehen, müssen die Gruppen lesen, was die anderen auf ihr Plakat geschrieben haben. Zu diesem Zweck sollen die KT die einzelnen Stichwörter kommentieren, indem sie darüber diskutieren, ob sie den einzelnen Aussagen zustimmen oder diese ablehnen. Dabei bietet es sich an, dass die KT mit einem roten (Ablehnung) und einem grünen Stift (Zustimmung) markieren, welchen Aussagen sie zustimmen bzw. welche sie ablehnen. Dadurch wird die Übung nicht nur kommunikativer gestaltet, sondern gleichzeitig auch die Redemittel zur Zustimmung bzw. Ablehnung einer anderen Meinung weiter geübt.

7 Politische Forderungen

Die KT wählen sechs Ideen von Aussagen aus Aufgabe 6 und diskutieren diese in KG. Zu diesem Zweck äußern sie zuerst ihre Meinung, bevor sie ableitend dazu politische Forderungen formulieren. Die Redemittel auf S. 188 dienen als Hilfe. Der KL sollte hierbei allerdings anhand von Beispielen kurz den Unterschied zwischen einem Kommentar und einer Forderung verdeutlichen.

AL 1 Eine interessante Abwandlung dieser Übung ist es, von den KT in KG eine Liste mit zehn politischen Forderungen erstellen zu lassen. Diese Listen werden anschließend entweder untereinander ausgetauscht oder in Form eines Klassenspaziergangs (siehe Alternative zu Aufgabe 6 „Interessieren Sie sich für Politik?") aufgehängt und von den KT kommentiert.

AL 2 Gerade in Kursen, in denen die KT wenig bzw. kein Interesse an Politik zeigen, bietet es sich an, dass der KL auf Kärtchen mehrere politische Forderungen vorgibt, die die KT kommentieren.

3 Meinungen zu Europa

1 Zwei Personen – zwei Meinungen

Bei dieser Leseübung ist es von Vorteil, wenn Sie die Leserbriefe vergrößert kopieren und zerschneiden, damit jeder KT wirklich nur seinen Text liest.

a) Jeder KT erhält einen der vergrößerten und zerschnittenen Leserbriefe, liest diesen und sammelt Informationen zu den folgenden Punkten: *Frieden/Stabilität, Wirtschaft, Arbeitslosigkeit, Reisefreiheit, Jugend, Mehrsprachigkeit.*

BD Zur Kontrolle können die KT mit dem gleichen Leserbrief in KG zusammengesetzt werden, um Verständnisfragen untereinander zu klären und die Ergebnisse zu vergleichen. Gerade bei leistungsschwächeren Lerngruppen sollte diese Kontrollphase eingeplant werden.

AL b) Anstatt die Ergebnisse nun der Gruppe zu präsentieren, präsentieren die KT sich in PA den jeweils anderen Leserbrief. Hierbei helfen die gesammelten Informationen zu den einzelnen Punkten (*Frieden/Stabilität, Wirtschaft, Arbeitslosigkeit, Reisefreiheit, Jugend, Mehrsprachigkeit*) sowie die Redemittel unten auf Seite 189.

2 Reisefreiheit, Mehrsprachigkeit, Arbeitslosigkeit – all das ist die EU

a) Die Paare aus der vorigen Aufgaben können anschließend gemeinsam die Aussagen lesen und entscheiden, welchen Aussagen in den Leserbriefen von Frau Wolff (W) und Herrn Thal (T) zugestimmt wird und zu welchen nichts in den Texten gesagt wird. Erinnern Sie die KT ggf. daran, bei Unsicherheiten noch einmal in ihren Texten nachzulesen.

10 Europa

AL 👥 Alternativ sollte diese Aufgabe einfach als Partnerinterview gemacht werden, da die Erstellung eine Lernplakats sehr zeitaufwendig ist. Weiterhin ist gerade bei homogenen Kursen mit demselben Heimatland eine Vorstellung weniger interessant, da der Aspekt des interkulturellen Lernens entfällt.

👤 b) Die KT markieren alle Nomen mit der Endung -*keit* und -*heit* in a) und notieren die Adjektive, von denen sie sich ableiten. Falls die KT nach einer Regel für die Nominalisierung von Adjektiven fragen sollten, sollte anstatt eine allgemeingültigen Regel zu formulieren, lieber darauf verwiesen werden, dass Adjektive mit den folgenden Endungen: -*bar*, -*ig*, -*isch*, -*lich* und -*sam* immer mit dem Suffix -*keit* nominalisiert werden.

HA 👤▶👥 c) Die KT beantworten fünf Fragen zu ihrem Heimatland und präsentieren die Antworten in Form eines Plakats im Kurs. Diese Aufgabe ist besonders gut als HA geeignet, um den KT Zeit zu geben, einzelne Informationen zu recherchieren und sich über die Gestaltung des Plakats Gedanken zu machen.

3 Ich brauche keinen Pass zu zeigen!

👤▶👥 a) und b) Die KT lesen die Leserbriefe auf Seite 189 ein weiteres Mal und markieren alle Sätze mit *brauchen + zu + Infinitiv*. Abschließend werden diese gemeinsam im PL vom KL gesammelt. Um deren Funktion zu verdeutlichen, können diese Sätze verbal zu Sätzen mit dem Modalverb *müssen* umformuliert werden. Auf diese Weise kann zu b), wenn die KT schriftlich Sätze mit *brauchen + zu + Infinitiv* zu Sätzen mit dem Modalverb *müssen* umformulieren, übergeleitet werden.

AL 👥 b) Die KT schreiben gemeinsam in KG ca. zehn Sätze mit *brauchen + zu + Infinitiv* auf kleine Zettel. Während die KT diese Sätze formulieren, geht der KL durch den Raum und korrigiert die bereits fertigen Sätze. Die korrigierten Sätze sollten wieder mit einem Häkchen in der oberen rechten Ecke versehen werden, um den Überblick nicht zu verlieren. Wenn alle Sätze fertig sind, werden die Sätze der jeweiligen KG untereinander ausgetauscht. Jede Gruppe muss nun die Sätze einer anderen KG lesen und anschließend mit dem Modalverb *müssen* umformulieren, wobei dies mündlich oder auch schriftlich passieren kann.

AL 👥 c) Anstatt wie im Arbeitsauftrag beschrieben, lediglich Sätze mit *brauchen + zu + Infinitiv* zum Thema *In einer perfekten Welt* zu schreiben, erscheint es an dieser Stelle sinnvoll, von den KT in KG ein Lernplakat erstellen zu lassen, auf dem sie nicht nur ihre Sätze festhalten, sondern ihre perfekte Welt auch visualisieren. Hierbei kann der Kreativität freier Lauf gelassen werden, indem man A3-Papiere und farbige Stifte bereitstellt, wodurch sie in besonderem Maße gefördert wird.

4 Einen Kursvortrag halten

HA 👤 Die KT bereiten zu Hause einen Vortrag über die Europäische Union vor. Auf diese Weise erhalten die KT ausreichend Zeit, sich über die Struktur ihres Vortrags Gedanken zu machen und Stichworte zu den Informationen in der Einheit zu notieren.

4 Europa entdecken

1 Europa – Reiseziel Nummer 1

👤▶👥 a) Die KT lesen den Blogeintrag und formulieren gemeinsam in KG vier Fragen zu dem Text. Die Fragen der einzelnen KG werden untereinander ausgetauscht und von den anderen Gruppen beantwortet. Dies kann einmal geschehen oder bei Interesse der KT auch solange wiederholt werden, bis alle KG alle Fragen der anderen einmal beantwortet haben.

 b) Die KT lesen den Blog ein weiteres Mal und markieren alle Sätze mit *trotzdem* sowie die Bezugssätze davor im Text. Danach verbinden die KT die Sätze 1–4 mit dem Adverb *trotzdem*.

BD Bei der Vermittlung des Adverbs *trotzdem* bietet es sich an, dieses in Opposition zum Konnektor bzw. der Konjunktion *obwohl* zu setzen, indem gerade für leistungsstärkere KT Umformulierungsaufgaben gestellt werden. Dies kann direkt an den Beispielsätzen in b) geschehen:
In der EU gibt es oft politischen Streit. Viele Länder wollen in die EU.
In der EU gibt es oft politischen Streit. Trotzdem wollen viele Länder in die EU.
Obwohl es in der EU oft politischen Streit gibt, wollen viele Länder in die EU.

Dadurch wird sowohl der Konnektor bzw. die Konjunktion *obwohl* wiederholt, als auch der Unterschied im Satzgefüge verdeutlicht, wie er den KT bereits vom Konnektor bzw. der Konjunktion *weil* und dem Adverb *deshalb* bekannt sein sollte.

  c) Die KT recherchieren im Internet (entweder mit iPads oder ihrem Handy) lustige und kuriose Fakten zu ihrem Heimatland und präsentieren diese anschließend im Kurs. Ggf. kann c) vorgezogen werden, um eine Sprechphase nach dem Lesen des Textes zu haben.

HA Eine mögliche HA wäre anhand der lustigen und kuriosen Fakten aus Aufgabe 1c) einen eigenen Blogeintrag schreiben zu lassen. Auf diese Weise erhalten die KT mehr Zeit zur weiteren Recherche und trainieren zugleich die Fertigkeit Schreiben.

2 Alternativen: Was machst du im September?

a) Die KT lesen das Beispiel in der Sprechblase und fragen sich gegenseitig, was sie im September machen. Anhand der Begriffe im Schüttelkasten formulieren sie ihre Antworten mit der Doppelkonjunktion *entweder … oder …*, bevor sie anschließend freie Antworten bilden. Wichtig ist an dieser Stelle, dass der KL bei der Vermittlung der Doppelkonjunktion *entweder … oder …* darauf hinweist, dass es sich lediglich um eine Emphase (sprich: Betonung) handelt.

BD In leistungsstärkeren Kursen könnte an dieser Stelle eine kurze Wiederholung der in B1 gelernten Doppelkonjunktionen, d. h. *nicht …, sondern … / nicht nur …, sondern auch … / weder … noch …* und *je …, desto …* angeschlossen werden.

b) Die KT erzählen sich in PA oder KG, was sie tun würden, wenn sie Urlaub in Europa machen würden. Unter Umständen kann es hilfreich sein, wenn der KL als Hilfestellung mehrere Fragen an die Tafel schreibt. Dabei kann es sich beispielsweise um folgende Fragen handeln:
Wohin möchten Sie?
Welche Städte und Sehenswürdigkeiten wollen Sie sehen?
Was möchten Sie dort machen?

HA Eine mögliche HA wäre, einen Lerneraufsatz schreiben zu lassen, in dem die KT ihre Wünsche und Pläne bei einer Europareise verfassen. Als Hilfestellung könnte dazu ein Arbeitsblatt erstellt werden, auf dem beispielsweise folgender Arbeitsauftrag zu finden ist:
Sie haben die Chance einen Monat lang Urlaub in Europa zu machen. Schreiben Sie einen Text, in dem Sie Ihre Wünsche und Pläne beschreiben. Folgende Punkte können Ihnen helfen:
Wohin in Europa möchten Sie reisen?
Welche Orte und Sehenswürdigkeiten möchten Sie sehen?
Warum möchte Sie an diese Orte reisen und diese Sehenswürdigkeiten sehen?

Station 2

Im ersten Teil der Station liegt der Schwerpunkt auf dem Training für den Beruf. Die KT lernen, wie man im beruflichen Leben Smalltalks halten kann, welche Themen angemessen sind und wie man ein Gespräch in Gang hält.
Im zweiten Teil werden verschiedene Themen aus den vorherigen Kapiteln wiederholt, wie z. B. Präsentationen, gute Vorsätze, Zukunftspläne und Wetter.
Die Wiederholung von Grammatikthemen wie das Partizip I, Doppelkonjunktionen, Sätze mit *lassen*, Nebensätze mit *nachdem* und Grammatikbegriffe sowie die Selbstevaluation des Lernfortschritts steht im Mittelpunkt des dritten Teils.
In der Filmstation wird der Film *Solino* und die Probleme der italienischen Gastarbeiterfamilie Amato aus Einheit 9 aufgegriffen und vertieft.
Weiterhin beschäftigen sich die KT mit der Frage, was im Zusammenhang mit Handys gute Etikette ist und was sie als höflich oder unhöflich empfinden.
Im abschließenden Magazinteil lesen die KT Berichte verschiedener Personen über ihren ersten Tag im Ausland und bearbeiten sie autonom.

Sprachhandlungen

Smalltalk-Gespräche	S. 202
Smalltalk-Dialoge ergänzen und variieren	S. 203
eine Rede in fünf Sätze schreiben und halten	S. 204
gute Vorsätze formulieren	S. 204
ein Gedicht vortragen	S. 204
sich über Zukunftspläne austauschen	S. 205
eine Phantasiegeschichte schreiben	S. 205
Probleme einer Gastarbeiterfamilie verstehen	S. 208
die Handy-Etikette kommentieren	S. 209
autonomer Umgang mit Zeitschriftenartikeln	S. 210 f.

Themen und Texte

Smalltalk	S. 202
Rollenspiel	S. 203
eine Rede in fünf Sätzen	S. 204
Artikel über Verkehrsprobleme	S. 206
Lerneraufsatz *Deutsch lernen*	S. 206
Film über eine Gastarbeiterfamilie	S. 208
Filminterview über Handy-Etikette	S. 209
Zeitschriftenartikel	S. 210 f.

Wortfelder

Wetter	S. 204

Grammatik

Partizip I	S. 206
Doppelkonjunktionen	S. 206
Sätze mit *lassen*	S. 207
Nebensätze mit *nachdem*	S. 207

Aussprache

ein Gedicht richtig betonen	S. 204

1 Training für den Beruf: Smalltalk

1 Smalltalk-Situationen

a) Die KT tauschen sich kurz darüber aus, welche Situationen sie auf den Fotos sehen. Bei Bedarf Wortschatz klären.

b) Die KT hören die Dialoge und ordnen sie den Fotos zu. Dann vergleichen sie in PA. Bei Unterschieden lassen Sie die KT noch einmal hören und ein zweites Mal im PL vergleichen.

c) Hören Sie noch mindestens zweimal abschnittweise. Die KT notieren die Smalltalk-Themen und vergleichen sie in PA. Ergebnissicherung im PL.

Station 2

2 Smalltalk-Themen in D-A-CH

 a) Die KT lösen die Aufgabe in EA und vergleichen in PA. Gibt es Unterschiede zwischen den Herkunftsländern der KT im Vergleich zu D-A-CH? Ggf. im PL interessante Unterschiede besprechen. Weiterhin ist auch interessant, wie man ein Gespräch in Gang hält. Dazu finden Sie Tipps im Text. Zwei KT können den Text laut vorlesen: Ein KT liest den normalen Text (senkrechte Schrift), ein anderer liest die Beispiele (kursiv geschrieben). Reflektieren Sie kurz mit Ihrer Gruppe, ob dies gute Ratschläge sind und lassen Sie begründen.

 b) Hören Sie den Dialog und besprechen Sie, ob das ein gutes Smalltalk-Gespräch war und warum bzw. warum nicht. Hören Sie dann noch einmal abschnittweise. Die KT notieren, was der Gesprächspartner falsch gemacht hat und vergleichen die Ergebnisse im PL.

AL  Besonders in heterogenen, internationalen Gruppen könnte das Thema interessant sein. Unterteilen Sie Ihren Kurs möglichst nach kulturellen Gruppen. Schreiben Sie die Themen auf Zettel und lassen Sie die KG die Themen bezogen auf ihren Kulturkreis in zwei Gruppen sortieren: *Welche Themen sind in Ihrem Kulturkreis „Meistens ok!" oder „Vorsicht Fettnapf!"*

Anschließend hängen die KG ihre Ergebnisse an die Tafel und stellen sie vor. Gibt es Gemeinsamkeiten oder Unterschiede zwischen den Kulturkreisen?

3 Ein Gespräch in Gang halten

a) Die KT ordnen die Sätze den Minidialogen zu. Die KT vergleichen zuerst in der KG. Dann spielen Sie zur Kontrolle den Hörtext ab.

AL b) Um diese Aufgabe lebendiger zu gestalten, können sich die KT eine konkrete Person vorstellen, die sie darstellen möchten. Geben Sie folgende Aspekte vor: *Alter, Beruf, Stimmung*.

BD Lernstärkere KT können auch versuchen, eigene Minidialoge zu schreiben, die dann im Kurs auswendig vorgespielt werden. Ein KT oder der KL souffliert.

4 Rollenspiel

In dieser Transferaufgabe sollen die KT möglichst frei ein Smalltalk-Gespräch simulieren. Arbeiten Sie hier binnendifferenzierend.

 BD Die KT können selbst entscheiden, wie spontan sie diese Situation bewältigen wollen oder ob sie das Gespräch stärker vorbereiten. Dazu stehen ihnen die Redemittel zur Verfügung. Geben Sie eine Zeit vor und achten Sie darauf, dass die KT möglichst keinen Leerlauf haben:
– Wenn Sie KT haben, die gerne spontan spielen möchten, können sie das Rollenspiel mehrfach üben, die Rollen tauschen oder ggf. auch andere Situationen spielen, die Sie vorbereitet haben oder die die KT sich auch selbst überlegen können.
– Für andere können Sie die Redemittel auf Zetteln vorbereiten, die die KT anwenden müssen. Wenn sie eins angewendet haben, können sie den entsprechenden Zettel nehmen. So haben sie eine gewisse Kontrolle darüber, dass die Redemittel angewendet wurden.
– Wenn Sie noch sehr unsichere KT im Kurs haben, können diese den Dialog schreiben, auswendig lernen und erst anschließend vorspielen.

siebenundneunzig 97

Station 2

2 Wörter – Spiele -Training

1 Eine Rede in fünf Sätzen halten

Diese Übung führt sehr gut zu der mündlichen Prüfung Goethe-Zertifikat B1, Teil 2. Mit diesen fünf Sätzen kann die Essenz einer Präsentation vorbereitet werden.

a) Die KT ordnen die Sätze dem Schema zu.

b) Die KT schreiben nun eigene fünf Sätze zu den vorgegebenen oder anderen Themen auf. Sie korrigieren sich gegenseitig, ggfls. korrigiert der KL.

BD Dann tragen die KT ihre Rede in fünf Sätzen vor. Lernschwächere KT können sich die fünf Sätze auch untereinander aufteilen und nur ihren Teil vortragen.

Wiederholen Sie ggf. an dieser Stelle auch noch einmal die Redemittel für die Präsentation in der mündlichen Prüfung.

2 Silvester

Hier sollen die KT in einem Brief an sich selbst gute Vorsätze, wie an Silvester üblich, formulieren und sich diese dann nach einem Jahr noch einmal durchlesen. Was haben sie gemacht, was hat nicht funktioniert und warum? Vor allem in Gruppen, mit denen Sie langfristig arbeiten, ist es sicher interessant, diese Briefe nach einem Jahr noch einmal anzuschauen. Ansonsten können Sie auch Vorsätze für einen kürzeren Zeitraum formulieren lassen und z. B. am Ende des Kurses noch einmal anschauen.

Verweisen Sie noch einmal darauf, dass bestimmte Verben den Infinitiv mit *zu* brauchen. Jeder KT soll seine Sätze daraufhin noch einmal durchsehen. Die Vorsätze können sehr persönlich sein und sollten deshalb nicht vorgelesen oder von anderen gelesen werden, auch nicht vom KL, außer wenn die KT dies ausdrücklich wünschen.

3 Ein Grammatik-Gedicht

Mit diesen Vorgaben kann vermutlich jeder KT kreativ ein Gedicht gestalten und hat somit ein sicheres Erfolgserlebnis.

a) Für den Vortrag können die KT sich auch eine bestimmte Stimmungslage vorstellen – *freudig, verärgert, traurig, o. ä.* – und auch die Schnelligkeit und Lautstärke variieren – *schnell, langsam, normal, leise, laut, wieder leise o. ä.* Dies hilft den KT bei der Gestaltung und der Betonung. Der Vortrag wird lebendiger und gibt auch kreativeren KT mehr Raum.

b) Die KT tragen das Gedicht vor, wenn sie möchten auch zu zweit. Oder einer trägt vor und der andere soufflalliert.

4 Gruppenbeschreibung – Zwei von uns, drei von uns …

Führen Sie die Gruppenbeschreibung mit einer Frage ein: *Wir möchten uns noch besser kennenlernen. Welche Pläne haben wir?*

Die KT formulieren Aussagen über ihre Gruppe wie im Beispiel vorgeschlagen. Hier können die KT sich über ihre Zukunftspläne austauschen und noch einmal das Futur 1 wiederholen. Die Gruppen lesen anschließend ihre Ergebnisse vor und die anderen KT raten, auf wen die Aussage zutrifft.

5 Bilder und Wörter im Kopf

Diese Übung zu dem Wortschatzfeld Wetter kann zu interessanten interkulturellen Vergleichen führen. Einführend können Sie über das Wetter sprechen.

M A2-Blätter mit vorgezeichneten Kreisen wie im KB

a) Geben Sie den KT die Blätter und dicke Stifte. Dann tragen die KT entsprechend der Anweisung den Wortschatz ein.

b) Machen Sie eine „Vernissage" (Ausstellung). Die Bilder werden aufgehängt und die KT gehen herum und schauen sie sich an. Dabei sollen sie ins Gespräch kommen und sich über Gemeinsamkeiten und Unterschiede austauschen.

6 Würmer im Urlaub. Eine Bildergeschichte selber machen

Die KT lernen eine anregende Form des Geschichtenerzählens kennen. Die Ideen werden anschaulicher und lustiger. Die „Landschaft" regt die Phantasie an.

HA a) Lassen Sie die Würmer möglichst schon als Hausaufgabe erstellen. Bereiten Sie die KT darauf vor, was sie später damit machen sollen. Sie sollen auch eine Kamera für die Fotos mitbringen. (Handys aufladen, u. ä.)

b) Nehmen Sie alle Materialien, die Sie zur Verfügung haben. Vielleicht haben Sie auch die Möglichkeit, nach draußen zu gehen und dort die Geschichte zu spielen. Für KT, die keine Kamera haben, sollten Sie ggf. eine zur Verfügung stellen. Oder diese KT bitten die KT aus einer anderen Gruppe, die Fotos zu schießen.

c) Die Geschichte kann gemeinsam geschrieben werden. Geben Sie dabei folgende Arbeitsschritte vor:
1. Notieren Sie Ideen in einem Wortnetz.
2. Schreiben Sie schnell einen Text und korrigieren Sie ihn noch nicht. Wichtig sind Ihre Ideen. Unterbrechen Sie nicht den Schreibfluss. Wenn Sie das Wort nicht auf Deutsch wissen, schreiben Sie es in einer anderen Sprache.
3. Jetzt korrigieren Sie Ihren Text in der Gruppe. Achten Sie auf folgende Punkte:
   – Überarbeiten Sie Ihre Ideen.
   – Ist der Text logisch aufgebaut?
   – Sind die Sätze gut miteinander verbunden?
   – Konjugation der Verben
   – Verbposition
   – anderes
4. Arbeiten Sie erst jetzt mit dem Wörterbuch.
5. Der KL korrigiert.

Überlegen Sie auch, was mit diesem Text gemacht werden könnte, z. B. Ablage im Sprachportfolio, wenn Sie eins im Kurs führen, im PL vorlesen oder eine Sammlung für alle erstellen.

3 Grammatik und Evaluation

1 Verkehrsprobleme

a) Führen Sie das Thema mit dem Foto und der Überschrift des Artikels ein und lassen Sie die KT dazu assoziieren. Fragen Sie, welche Textsorte das vermutlich ist.

Dann lesen die KT den Text und prüfen, ob ihre Hypothese bzgl. Textsorte richtig war und begründen ihre Vermutung.

b) Anschließend sollen die KT die Partizipien I identifizieren und umformen, was bei manchen Partizipien I nicht so leicht ist. Beginnen Sie deshalb mit dem Beispiel *hupende und wütende Fahrer = Fahrer, die hupen und wütend sind; Musik hörende Fußgänger = Fußgänger, die Musik hören*. Die anderen Partizipien sind leichter umzuformen. Vergleichen Sie im PL.

2 Lerneraufsatz: Mein Deutschunterricht

a) Die KT lesen den Aufsatz und beantworten zur Verständniskontrolle zunächst folgende Fragen:
1. Welche Sprachen spricht Grazyna? 2. Warum mag sie ihren Deutschunterricht?
3. Wie lernt sie Deutsch? 4. Was möchte sie später werden?

Die KT vergleichen in der KG. Die Lösung wird an die Tafel projiziert. Dann markieren die KT die Doppelkonjunktionen im Text und vergleichen sie im PL.

M KV1: Lerneraufsatz

AL Arbeiten Sie mit der KV1. Die KT ergänzen die Doppelkonjunktionen.

b) Anschließend schreiben die KT selbst Beispiele mit den Vorgaben. Wenn sie unsicher in Bezug auf die Verbposition sind, können sie ihre Sätze mit den Sätzen im Lerner-Aufsatz vergleichen und entsprechend wiederholen. Dann kontrolliert der KL.

BD Lernstärkere KT können auch selbst Ideen mit Doppelkonjunktionen formulieren.

3 Was machen Sie selbst, was lassen sie machen?

M KV2: Was lassen Sie machen?

Schneiden Sie die Zettel auseinander. Die KT schreiben auf die Rückseite als kompletten Satz, was sie machen lassen, z. B. *Ich lasse meine Haare schneiden*. Dann arbeiten die KT im Klassenspaziergang. Sie zeigen einem anderen KT ihren Zettel mit der Wortgruppe. Dieser bildet den kompletten Satz mit *lassen*. Der erste KT kontrolliert und hilft/korrigiert bei Bedarf. Das wird mit dem Zettel des zweiten KT wiederholt und im Anschluss werden die Zettel getauscht und neue Partner gesucht.

Beginnen Sie mit einem Beispiel zunächst in der Aktivform, z. B. *Der Frisör schneidet meine Haare*. Erarbeiten Sie an diesem Beispiel die Umformung mit *lassen*.

4 Ein Nachmittag im Leben von Norbert Nachos

Beginnen Sie mit den Zeichnungen und führen Sie mit folgenden Fragen zum Thema: *Was sehen Sie auf den Zeichnungen? Was macht Norbert Nachos? Wie können wir diese Ideen verbinden?*

Die KT schreiben die Kettengeschichte mit dem *nachdem*-Nebensatz.

HA Die KT beschreiben ihren Tagesablauf und verwenden dabei in drei bis fünf Sätzen auch *nachdem*-Nebensätze.

5 Grammatikbegriffe

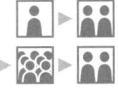

a) Die KT ordnen die Sätze den Begriffen zu und vergleichen in PA. Dann kann der KL zur Kontrolle die Lösung an die Tafel projizieren. Falls die KT Fragen haben, können Themen wiederholt werden. Anschließend formulieren die KT Beispiele, die sie nach rechts an eine Lernpartnerin oder einen Lernpartner weitergeben und kontrollieren lassen. Danach geben sie die Beispiele wieder zurück und die ersten prüfen die Verbesserungsvorschläge. Dann erst kontrolliert der KL.

6 Systematisch wiederholen – Selbstevaluation

Hier können die KT noch einmal darüber nachdenken, wie gut sie die Inhalte aus den Kapiteln 6–10 können. Diese Evaluation ist für die KT rein persönlich und sollte nicht abgefragt werden, aber der KL kann fragen, ob bestimmte Lerninhalte noch einmal wiederholt werden sollen.

4 Filmstation

1 Solino

Beginnen Sie als Vorentlastung mit einem Assoziogramm zum Thema „Im Ausland leben und arbeiten. Welche Vor- und Nachteile bringt das mit sich?" Die KT haben das Thema ausführlich in Einheit 9 besprochen und sollten sich noch gut erinnern können.

a) Die KT sprechen darüber, was sie global verstanden haben.

b) Die KT sehen den Film ohne Ton und ordnen die Sätze den Personen zu. Auf diese Weise fördern Sie die Empathie der KT für die Situation der Familie. Zur Kontrolle spielen Sie den Film mit Ton ab. Vergleichen Sie im PL.

c) Die KT markieren, welcher Aussage Rosa zustimmt. Dann sehen sie den Filmabschnitt noch einmal zur Kontrolle.

d) Sehen Sie den Rest des Films. Die KT schreiben Kommentare in die Sprech- oder Denkblase. Vergleich im PL.

AL Spielen Sie den Film noch einmal abschnittsweise ohne Ton ab und lassen Sie die KT die Filmszenen kommentieren.

e) Lassen Sie die Filmszene in 3er-Gruppen nachspielen. Die KT schreiben eine Rollenkarte mit wichtigen Aussagen der Figur, die sie im Rollenspiel verwenden können. Stärkere KT können frei sprechen. Soufflieren Sie bei Problemen.

BD Je nach Interesse könnten die KT weiter an diesem Thema arbeiten. Hier ein paar Ideen, die Sie zur Auswahl geben könnten:
- einen Kommentar zu der Situation der Familie Amato schreiben
- in einem Brief an den KL über die Probleme der Familie Amato schreiben
- die Geschichte aus einer Perspektive der Beteiligten weiterentwickeln, z. B. sprechen die Kinder untereinander oder mit Freunden über die Situation der Familie, o. ä.
- Arbeiten Sie noch einmal mit dem Assoziogramm. Die KT könnten eine neue Geschichte mit anderen Problemen schreiben und spielen und als Video aufnehmen.
- Die KT vergleichen die Situation der Familie Amato mit Arbeitsmigranten in ihrem Land. Gibt es Ähnlichkeiten oder Unterschiede?

Station 2

2 Der Handy-Knigge

In dem folgenden Film geht es um einen relativ neuen und aktuellen Problemfall, nämlich um den Umgang mit Handys.

a) Klären Sie mit den KT, in welcher Situation sich die Menschen befinden und überlegen sie gemeinsam, ob es in dieser Situation höflich oder unhöflich ist, mit dem Handy zu telefonieren. Verweisen Sie darauf, dass die Regeln international sehr unterschiedlich sein können und sie uns u.a. Auskunft über Regeln für das Zusammenleben in Gesellschaften geben.

b), c) und d) Folgen Sie den Anweisungen. Die KT vergleichen in PA. Projizieren/Schreiben Sie das korrekte Ergebnis an die Tafel.

e) Die KT lesen in einem Chat die Kommentare von anderen Personen und schreiben eigene Kommentare.

f) Überlegen Sie zusammen im PL, in welchen Situationen das Handy vielleicht problematisch sein könnte und lassen Sie abstimmen.

4 Magazin: Ankunft

Die Aufgaben im Magazin sind offen gestaltet. Die KT können selbstbestimmt darüber entscheiden, was sie mit den Texten machen möchten. Besprechen Sie mit den KT die Aufgaben und einen Zeitrahmen, in dem sie diese erfüllen können, z. B. 1–2 UE. Dabei steht den KT frei, ob sie alleine oder mit anderen zusammen arbeiten möchten, wie sie den Wortschatz erschließen, ob sie die vorgeschlagenen Aufgaben erfüllen oder eine andere Idee dazu haben, wie sie mit den Texten arbeiten möchten. Am Ende sollen sie ein Produkt, das sie alleine oder mit anderen erstellt haben, vorstellen. Sie könnten folgende Zielaufgabe formulieren:

Sie lesen in Ihrem Deutschbuch Studio [21] B1, S. 210 f. vier Berichte aus einer Zeitschrift über den ersten Tag von Leuten in einem anderen Land. Sie erinnern sich sehr gut an diesen Tag und berichten darüber. Dies haben Sie womöglich selbst schon erlebt oder Sie werden es vielleicht selbst noch erleben. Überlegen Sie, wie sie gerne mit diesen Artikeln arbeiten möchten, und erstellen Sie etwas zu diesem Thema, was Sie Ihrer Kursgruppe vorstellen werden. Wie Sie das machen, ist Ihre Entscheidung. Im Magazin werden verschiedene Vorschläge zur Bearbeitung gemacht, denen Sie folgen können, wenn Sie möchten. Überlegen Sie auch, ob Sie alleine oder mit anderen arbeiten möchten. Sie haben 1,5 Stunden Zeit.

Willkommen in B1

Aphorismen

> **Wer fremde Sprachen nicht kennt, weiß nichts von seiner eigenen.**
>
> **Johann Wolfgang von Goethe**
> (1749–1832), deutscher Dichter der Klassik, Naturwissenschaftler und Staatsmann

> **Der Geist einer Sprache offenbart sich am deutlichsten in ihren unübersetzbaren Worten.**
>
> **Marie Freifrau von Ebner-Eschenbach**
> (1830–1916), österreichische Erzählerin, Novellistin und Aphoristikerin

> **Die ganze Kunst der Sprache besteht darin, verstanden zu werden.**
>
> **Konfuzius**
> (551–479 v. Chr.), latinisierter Name für Kongfuzi, K'ung-fu-tzu, »Meister Kong«, eigentlich Kong Qiu, K'ung Ch'iu, chinesischer Philosoph

Aufgaben

1. Lesen Sie die Aphorismen und markieren Sie, was Sie verstehen.
2. Schlagen Sie unbekannte Wörter in einem Wörterbuch nach.
3. Suchen Sie sich einen Aphorismus aus (ggf. auch ein Zitat aus dem Kursbuch) und schreiben Sie einen Text dazu. Wählen Sie eine dieser Aufgaben:
   - Schreiben Sie über eine persönliche Erfahrung im Zusammenhang mit dem Aphorismus,
   - schreiben Sie einen Kommentar zu dem Aphorismus,
   - schreiben Sie einen Brief an eine Freundin oder einen Freund, in dem sie etwas zu diesem Aphorismus schreiben.

Willkommen in B1

Kopiervorlage 2 studio [21] B1

Wünsche und Ziele und wie ich sie erreichen werde

In diesem Kurs wünsche ich mir, dass ....
....
....
....

Ich möchte folgende Ziele erreichen: ....
....
....
....

Was ich dazu beitrage, dass ich meine Ziele erreiche:

- regelmäßig zum Unterricht kommen ☐
- im Kursbuch wiederholen ☐
- regelmäßig mit der CD arbeiten ☐
- regelmäßig Hausaufgaben machen ☐
- mit Zusatzmaterialien arbeiten ☐
- ins Selbstlernzentrum gehen ☐
- mit Webseiten lernen ☐
- Bücher lesen ☐
- Lieder hören ☐
- den Kursleiter fragen ☐

- anderes ....
....
....

Ich plane für Deutsch folgende Zeiten ein: ....
....
....

Autor: Gertrud Pelzer

1 Zeitpunkte

Umfrage

1 Wie viel Zeit verbringen Sie in einer Woche mit diesen Aktivitäten? Notieren Sie. Tauschen Sie sich im Kurs aus.

Stunden pro Woche	Ich	Partner(in) A	Partner(in) B	Partner(in) C
Schlafen				
Kochen				
Essen				
Arbeiten				
Autofahren				
Mit Kindern spielen				
Sport machen				
Mit Freunden treffen				
Wohnung putzen				

Beispiele:
– *Wie viel Zeit verbringst du jede Woche mit Schlafen?*
+ *Ich schlafe jede Woche 50 Stunden.*
– *Wie lange spielst du jede Woche mit Kindern?*
+ *Ich spiele jede Woche 5 Stunden / gar nicht / mit Kindern.*

2 Vergleichen Sie im Kurs und machen Sie eine Kursstatistik. Womit verbringen Sie die meiste/wenigste Zeit? Nennen Sie jeweils drei Aktivitäten.

Autor: Elena Shcherbinina

1 Zeitpunkte

Einheit 1: Kopiervorlage 2 **studio [21] B1**

Platzdeckchen

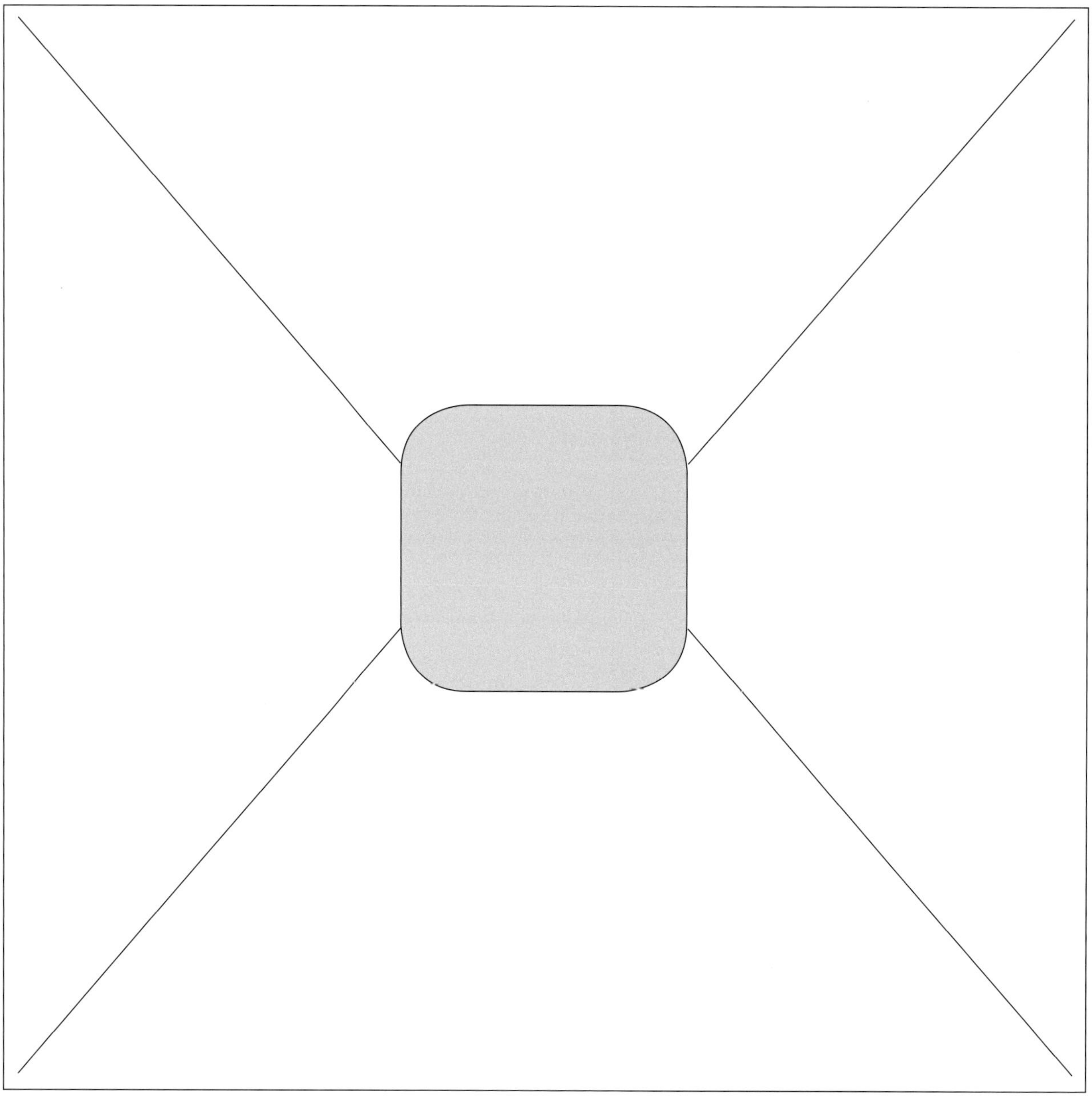

2 Alltag

Nomen-Verb-Verbindungen: Ich habe ein Problem!

1 Lesen Sie die Dialoge im Kursbuch auf Seite 30–32 noch einmal. Notieren Sie zu den Nomen in der linken Spalte ein passendes Verb in der rechten Spalte. Achtung: Manchmal gibt es mehrere Möglichkeiten!

ein Problem	
eine EC-Karte/Bankkarte/Kreditkarte	
ein Formular	
100 Euro	
Anzeige	
das Protokoll	
eine Kopie	
Geld	
eine Rechnung	
ein neues Konto	
Geld am Geldautomaten	
die (falsche) Geheimzahl/PIN	
einen Strafzettel	
einen Schlüssel	
im Parkverbot	
den Anschlusszug	

2 Notieren Sie zwölf Nomen-Verb-Verbindungen in die Tabelle. Gehen Sie dann im Kursraum herum und stellen Sie den anderen Kursteilnehmern Fragen! Finden Sie mindestens fünf Personen, die Ihre Fragen mit JA beantworten!

die Bankkarte verlieren			

Beispiele: – Hast du schon mal deine Bankkarte verloren?
+ Nein, noch nie. / Ja, ich habe meine Bankkarte letztes Jahr in Deutschland verloren.

2 Alltag

Rollenspiele

Arbeiten Sie zu zweit. Wählen Sie mit Ihrer Partnerin / Ihrem Partner eine Situation aus und schreiben Sie gemeinsam einen Dialog.

1A	1B
Sie wollen von München nach Köln fahren und müssen in Mannheim umsteigen. Ihr Zug hat schon 40 Minuten Verspätung. Sie wissen nicht, ob Sie den Anschlusszug in Mannheim verpassen. Sie müssen um 15 Uhr in Köln sein. Sie fragen den Zugbegleiter, ob der Anschlusszug wartet oder ob Sie einen anderen Zug nehmen können.	Sie sind Zugbegleiter im ICE von München nach Dortmund. Ihr Zug hat 40 Minuten Verspätung. Ein Kunde fragt nach seinem Anschlusszug in Mannheim. Sie entschuldigen sich für die Verspätung und geben ihm Abfahrtszeiten von anderen Zügen nach Köln: 13:05 Uhr und 13:50 Uhr.

2A	2B
Sie sind in der U-Bahn. Ein Kontrolleur hält Sie an und möchte Ihr Ticket sehen. Sie haben kein Ticket, weil der Automat kaputt war. Erklären Sie dem Kontrolleur die Situation und sagen Sie ihm, dass Sie keine Strafe bezahlen möchten, weil es nicht Ihre Schuld ist.	Sie sind Kontrolleur in der U-Bahn und kontrollieren einen Fahrgast. Fragen Sie nach dem Fahrschein und erklären Sie dem Kunden höflich, dass jeder Fahrgast einen gültigen Fahrschein braucht. Deshalb können Sie keine Ausnahme machen.

3A	3B
Sie haben ein Problem. Sie wollten Geld am Geldautomaten abheben und haben dreimal die falsche PIN eingegeben. Deswegen hat der Automat Ihre Karte eingezogen. Erklären Sie Ihr Problem am Bankschalter und beantragen Sie eine neue Karte.	Sie arbeiten am Bankschalter. Ein Kunde hat dreimal die falsche PIN eingeben und darum hat der Geldautomat seine Karte eingezogen. Sie benötigen seinen Namen, Adresse usw., weil er eine neue Bankkarte beantragt.

4A	4B
Sie haben im Parkverbot geparkt und einen Strafzettel bekommen. Sie wollten nur kurz Geld am Automaten abheben und haben höchstens zwei Minuten dort geparkt. Erklären Sie dem Polizisten die Situation. Sagen Sie, dass Sie keine Strafe bezahlen möchten.	Sie sind Polizist. Ein Autofahrer hat im Parkverbot geparkt und Sie haben ihm einen Strafzettel gegeben. Er möchte die Strafe nicht bezahlen. Erklären Sie ihm, dass man hier nicht parken darf und die Regeln für alle gelten.

2 Alltag

Wimmelkarten

Sie haben in zwei Tagen Prüfung und noch fast nichts gelernt.	Sie sind unterwegs und merken, dass Sie Ihren Wohnungsschlüssel zu Hause vergessen haben.
Sie sind in einer fremden Stadt und wissen nicht mehr, wo Sie Ihr Auto geparkt haben.	Sie sind auf dem Lande und haben den letzten Bus nach Hause verpasst.
Sie wollen im Geschäft bezahlen und merken, dass Sie Ihr Portemonnaie nicht dabei haben.	Sie haben Kopfschmerzen, es ist Sonntag, Sie sind auf dem Land und Sie haben keine Tablette.
Sie sind am Strand, die Sonne brennt und Sie haben keinen Sonnenschirm.	Sie sitzen im Bus, der Fahrkartenkontrolleur kommt und Sie haben vergessen, den Fahrschein zu stempeln.
Sie sind unterwegs, es hat geregnet und Sie haben nasse Füße.	Sie sind mit Ihrem kleinen Kind im Bus, es schreit und Sie wollen es beruhigen.
Ihr Chef sollte heute auf Dienstreise sein. Sie haben es sich im Büro gemütlich gemacht (essen, trinken, Füße hoch). Da kommt er plötzlich rein.	Ihre Schwiegermutter will zu Besuch kommen, aber in Ihrer Wohnung ist es total unordentlich und Sie wollen nicht, dass sie kommt.
Sie kommen nach Hause und Ihr Wohnungsschlüssel passt nicht ins Schloss.	Ihr Hund hat in der U-Bahn sein Geschäft gemacht.

Autor: Ralf Weißer

3 Männer – Frauen – Paare

Einheit 3: Kopiervorlage 1 und 2 **studio [21] B1**

Schnipsel

Ich habe keine Lust,
Ich habe keine Zeit,
Ich habe oft Lust,
Ich vergesse nie,
Ich vergesse oft,
Ich finde es interessant,
Ich finde es schön,
Ich finde es schwer,
Ich finde es langweilig,
Ich finde es wichtig,
Ich habe vor,
Ich möchte anfangen,
Ich versuche immer,
Es macht mir Spaß,
Ich hoffe,
Ich habe vergessen,

Lea, die Nudeln sind zu weich

Autor: Priscilia Nascimento
Illustration: Andreas Terglane

4 Arbeit im Wandel

Einheit 4: Kopiervorlage 1 **studio [21] B1**

Einigungfragen – Wortverbindungen üben

**Arbeiten Sie zusammen mit einer Partnerin / einem Partner. Ergänzen Sie die Satzanfänge gemeinsam.
Sie müssen dafür zunächst die Wortverbindungen ergänzen. Diskutieren Sie dann eine gemeinsame Lösung. Achten Sie auf die Verbstellung im Nebensatz!**

arbeiten – sein – gehen – gewinnen – ziehen – haben

1. Wir möchten folgenden Wettbewerb .... : ....

2. Wir möchten halbtags ...., weil man dann ....

3. Wir möchten beide (nicht) in ein Haus ...., weil man dann ....

4. Wir mögen Städte, die viele Einwohner ...., weil ....

5. Wir glauben, dass es gut (schlecht) ist, in Frührente zu ...., weil man dann ....

6. Wir .... treue Fans von: ....

5 Schule und lernen

Partnerinterview: Ihre Schulzeit

1. Welche Schulfächer hatten Sie? Welche haben Ihnen gefallen und welche nicht?

2. Gab es in Ihrer Schule auch AGs? Wenn ja, welche?

3. Haben Sie ein Pausenbrot mitgenommen oder in der Schulkantine gegessen?

4. Wer war Ihre Lieblingslehrerin / Ihr Lieblingslehrer und warum? Welches Fach hat sie/er unterrichtet?

5. Sind Sie gerne in die Schule gegangen? Warum?

6. Um wie viel Uhr mussten Sie morgens in der Schule sein?

7. Wer war Ihre beste Schulfreundin / Ihr bester Schulfreund? Haben Sie heute noch Kontakt?

8. Waren Sie in der Schule eher fleißig oder faul?

9. Gab es in Ihrer Schule Schuluniformen oder konnten alle tragen, was sie wollten?

10. Was war die lustigste Situation in Ihrer Schulzeit? Erzählen Sie.

Autor: Andreas Fechner

5 Schule und lernen

Autogrammjagd – So lerne ich am besten!

Fragen Sie die anderen Kursteilnehmer, wie sie lernen. Wenn Sie eine Person finden, zu der eine Aussage passt, schreiben Sie den Namen dieser Person auf. Fragen Sie diese Person auch nach weiteren Informationen (Warum? Wo? Wann? Wie lange? Etc.). Machen Sie sich Notizen.

Finden Sie jemanden, der …	Name /Informationen
… am liebsten in der Bibliothek lernt.	
… oft mit Freunden zusammen lernt.	
… gar nicht mit anderen Personen zusammen lernen kann.	
… Apps zum Deutschlernen benutzt.	
… sich beim Lernen leicht ablenken lässt.	
… beim Lernen immer Musik hören muss.	
… in der Bahn oder im Bus lernt.	
… sich Karteikarten zum Lernen schreibt.	
… beim Lernen immer naschen muss.	
… nur nachts lernen kann.	

Autor: Andreas Fechner

Station 1

Texte schreiben

**Schreiben Sie einen Text, wie sie am besten entspannen.
Gehen Sie wie folgt vor:**

1. Sammeln Sie Ideen und machen Sie kurze Notizen (Wortnetz).
2. Schreiben Sie schnell einen Text und korrigieren Sie ihn noch nicht. Wichtig sind Ihre Ideen. Wenn Sie das Wort nicht auf Deutsch wissen, schreiben Sie es in einer anderen Sprache.
3. Geben Sie den Text einer Partnerin oder einem Partner. Sie/Er markiert, was sie/er versteht mit + und was sie/er nicht versteht mit einem Fragezeichen (?).
4. Jetzt korrigieren Sie Ihren Text. Achten Sie auf folgende Punkte:
   - Überarbeiten Sie Ihre Ideen mit einem Fragezeichen.
   - Ist der Text logisch aufgebaut?
   - Sind die Sätze gut miteinander verbunden?
   - Konjugation der Verben
   - Position der Verben
   - Andere Kommentare Ihrer Partnerin / Ihres Partners.
5. Arbeiten Sie mit Ihrer Partnerin / Ihrem Partner und auch mit dem Wörterbuch und korrigieren Sie Ihre zwei Texte.
6. Geben Sie Ihren Text dem Kursleiter zur Kontrolle.

Autor: Gertrud Pelzer

6 Klima und Umwelt

Hochwasser in Dresden

Elbe-Hochwasser im August 2002

Im August 2002 erlebte Dresden gleich zwei Hochwasserkatastrophen: Der Fluss Weißeritz überflutete mehrere Stadtteile. Sogar der Hauptbahnhof und die bekannte Fußgängerzone Prager Straße standen unter Wasser.

Nur einige Tage später erreichte die Elbe den höchsten Wasserstand seit über 150 Jahren: 9,40 m! Bis 2002 galt das Hochwasser von 1845 mit 8,77 m als der höchste Wasserstand. Im gesamten Stadtzentrum standen Straßen und Plätze, Wohn- und Geschäftshäuser, Restaurants und Läden unter Wasser. Die Aufräumungsarbeiten dauerten bis zum September. Viele historische Gebäude und Sehenswürdigkeiten wie der Zwinger, die Semperoper und die Gemäldegalerie wurden durch das Hochwasser beschädigt. Das Wasser bedrohte auch wertvolle Stücke aus den Dresdner Kunstsammlungen.

Doch durch großzügige Geldspenden aus ganz Deutschland und dem Ausland konnten die Folgen des Hochwassers in kurzer Zeit fast vollständig beseitigt werden. Das war ein großer Erfolg.

Nach der Flut haben sich Wissenschaftler der TU Dresden mit der Frage beschäftigt, wie man den Hochwasserschutz verbessern kann. Sie stellten eine Verbindung zwischen der Zunahme von Unwettern und der globalen Erwärmung fest. Außerdem forderten sie eine Verbesserung des Informations- und Kommunikationssystems und eine genauere Prognose von Unwettern. Bisher konnten Unwetter nur ungenau vorhergesagt werden.

Ergänzen Sie die Textgrafik:

6 Klima und Umwelt

Unterschriften sammeln – ein Fragespiel

1 Gehen Sie im Kurs herum und fragen Sie, was die Leute diese Woche schon für die Umwelt getan haben. Sammeln Sie Unterschriften für die Ja-Antworten.

Beispiel: Bist du diese Woche mit dem Fahrrad zur Arbeit gefahren?

Ja / Unterschrift

1. Fahrrad fahren
2. öffentliche Verkehrsmittel nutzen
3. Strom sparen
4. Wasser sparen
5. Müll trennen
6. Energiesparlampen verwenden
7. umweltverträgliche Putzmittel benutzen
8. regionale Produkte kaufen
9. kein Fleisch essen
10. nur das einkaufen, was man wirklich braucht
11. kaputte Sachen reparieren und nicht wegwerfen

2 Sehen Sie bitte die Ergebnisse noch einmal an und tauschen Sie sich in Kleingruppen aus:

- Was haben die meisten Leute diese Woche für die Umwelt getan? Was nicht?
- Warum? Warum nicht?
- Was würden Sie gerne für die Umwelt tun?

Autor: Elena Shcherbinina

6 Klima und Umwelt

Umweltspiel

Spielanleitung: Kopieren Sie das Spielfeld auf der nächsten Seite auf die gewünschte Größe (z. B. DIN A3). 2–4 Mitspieler brauchen Spielfiguren und einen Würfel.
Wenn Sie ein Aufgabenfeld **A** erreichen, müssen Sie eine Aktivitätskarte ziehen und die Aufgabe lösen. Wenn Sie das nicht können, müssen sie zurück zum letzten Aufgabenfeld (bzw. zum Start beim ersten Aufgabenfeld) gehen. **P** für Pause bedeutet einmal aussetzen und auf **1 vor** oder **2 vor** darf man vorrücken. **2 zurück** bedeutet 2 Felder zurückgehen.
Sie können auch eigene Aktivitätskarten schreiben.

Energiesparen im Alltag – aber wie? Geben Sie einen Tipp.	Nennen Sie die 3 Gegensätze: *schwächer – tiefer – seltener*	Kyrill ist über Deutschland gefegt. Nennen Sie 3 Folgen.
Klimawandel – was passiert? *die Temperaturen … die Gletscher … das Wasser …*	Mülltrennung. Was wird getrennt? (mind. 2 Antworten)	Nennen Sie 3 extreme Wettersituationen.
Schauen Sie aus dem Fenster und geben Sie eine Wetterprognose. *Es wird …*	Nennen Sie 3 zusammengesetzte Wörter mit *Klima-*	Sprechen Sie mit Ihrem Partner / Ihrer Partnerin über das Wetter. (40 Sekunden)
Warum ist die Kuh ein Klimakiller?	Beenden Sie den Satz: *Je mehr Geld die Menschen haben, …*	Nennen Sie einen Grund, warum man Produkte aus der Region kaufen sollte.

Autor: Britta Winzer-Kiontke

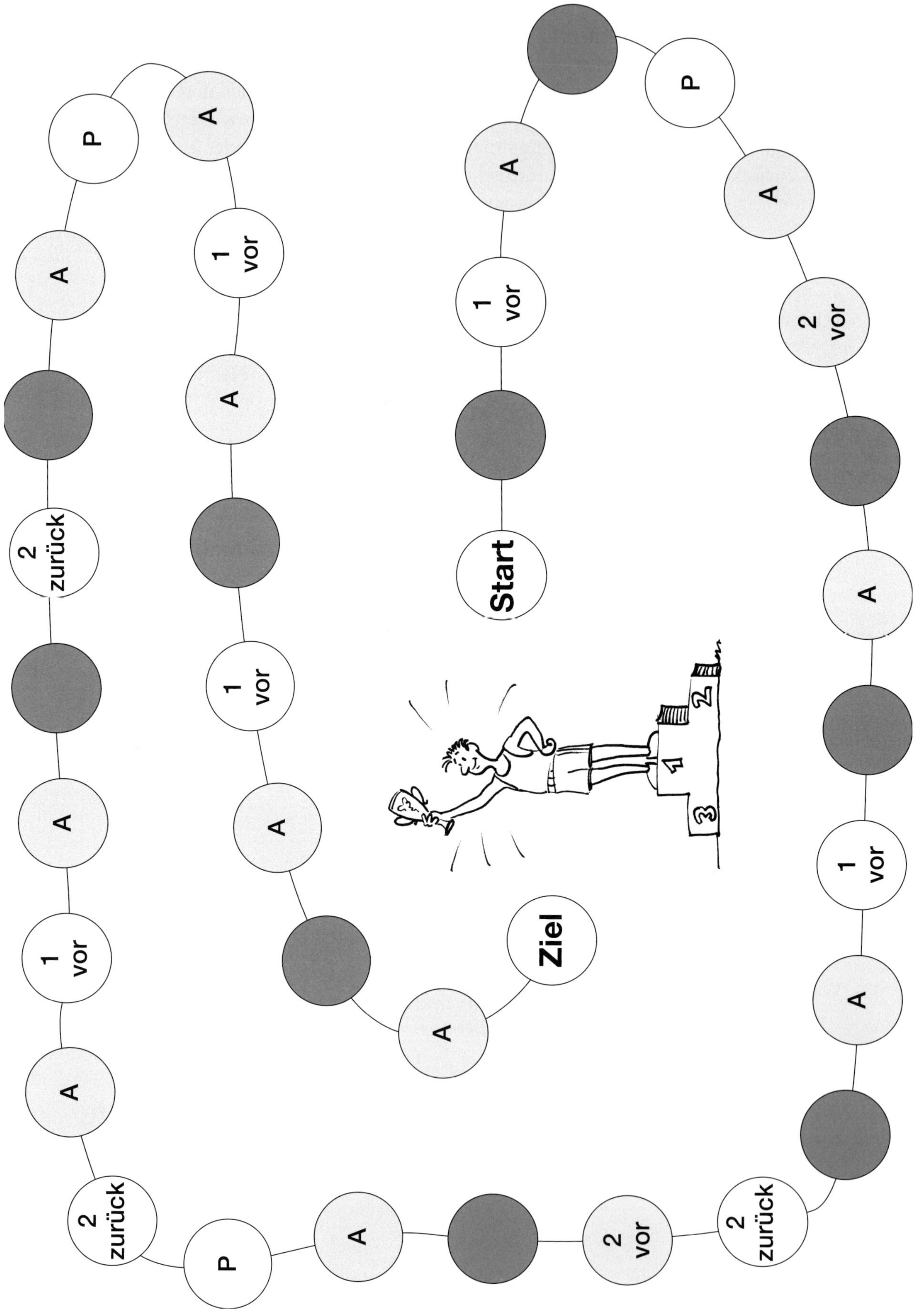

Start
1 vor
A
P
A
2 vor
A
1 vor
A
2 zurück
2 vor
A
P
2 zurück
A
1 vor
A
2 zurück
A
P
A
1 vor
A
1 vor
A
A
Ziel

7 Das ist mir aber peinlich!

Einheit 7: Kopiervorlage 1 und 2 **studio [21] B1**

Wer liest den Knigge?

Was passt zusammen? Verbinden Sie!

Das Buch beschreibt,	1	a	erfährt, wie man sich in der Öffentlichkeit benehmen soll.
Wer das Buch liest,	2	b	möchte wissen, was man in der Öffentlichkeit besser (nicht) tut.
Wer den Knigge kauft,	3	c	obwohl es schon über 200 Jahre alt ist.
Das Buch ist für alle,	4	d	wie man sich in der Öffentlichkeit verhalten sollte und was man besser (nicht) tut.
Das Buch ist aktuell,	5	e	die etwas über gutes Benehmen erfahren möchten.

Reiseknigge für ....

Wenn Sie das erste Mal nach .... reisen, beachten Sie bitte folgende Hinweise:

1. Achten Sie darauf, dass ....
   ....

2. Machen Sie nie/immer ....
   ....

3. Die Menschen in meinem Land mögen es gar nicht, wenn ....
   ....

4. Sie sollten besser nicht / auf jeden Fall ....
   ....

5. Vergessen Sie nicht, ...
   ....

6. ....
   ....

Autor: Ralf Weißer

7 Das ist mir aber peinlich!

Einheit 7: Kopiervorlage 3   studio [21] B1

Mein Tagesablauf gestern

Schreiben Sie Ihren Namen in den ersten Satz und ergänzen Sie den Satz um eine neue Aktivität. Achtung: benutzen Sie das Präteritum! Geben Sie das Blatt dann Ihrem Nachbarn rechts.

Nachdem .... gestern um 07:00 Uhr aufgestanden war,

....

Bilden Sie aus dem zweiten Satzteil oben (der Satz im Präteritum) einen neuen Satz mit nachdem und ergänzen eine Aktivität im Präteritum. Knicken Sie das Blatt danach an der gestrichelten Linie nach hinten und geben es Ihrem Nachbarn rechts.

Nachdem ....,

....

Bilden Sie aus dem zweiten Satzteil oben (der Satz im Präteritum) einen neuen Satz mit nachdem und ergänzen eine Aktivität im Präteritum. Knicken Sie das Blatt danach an der gestrichelten Linie nach hinten und geben es Ihrem Nachbarn rechts.

Nachdem ....,

....

Bilden Sie aus dem zweiten Satzteil oben (der Satz im Präteritum) einen neuen Satz mit nachdem und ergänzen eine Aktivität im Präteritum. Knicken Sie das Blatt danach an der gestrichelten Linie nach hinten und geben es Ihrem Nachbarn rechts.

Nachdem ....,

....

Bilden Sie aus dem zweiten Satzteil oben (der Satz im Präteritum) einen neuen Satz mit nachdem und ergänzen eine Aktivität im Präteritum. Knicken Sie das Blatt danach an der gestrichelten Linie nach hinten und geben es Ihrem Nachbarn rechts.

Nachdem ....,

....

Bilden Sie aus dem zweiten Satzteil oben (der Satz im Präteritum) einen neuen Satz mit nachdem. Öffnen Sie anschließend das Blatt und lesen Sie den kompletten Tagesablauf Ihres Lernpartners vor.

Nachdem ....,

....

Autor: Ralf Weißer

8 Generationen

Seit wann …?

Seit wann machen Sie was? Schreiben Sie Fragen und Antworten wie in den Beispielen. Im Kasten finden Sie mögliche Themen, über die Sie schreiben können.

> **Minimemo**
>
> *seit* + Verb am Ende   oder
> *seit* + Zeitangabe (im Dativ)
>
> (seit einem Jahr, seit zwei Jahren, seit einem Monat, seit drei Monaten, seit einer Woche, seit sechs Wochen, seit Montag, seit Dezember, seit 2010)

Beispiele:
+ *Seit wann spielen Sie Gitarre?* — *Seit ich acht bin.*
+ *Seit wann wohnen Sie in Ihrer Wohnung?* — *Seit 2010.*
+ *Seit wann lernen Sie Deutsch?* — *Seit drei Jahren.*
+ *Seit wann fahren Sie mit dem Bus zur Arbeit?* — *Seit ich in Berlin wohne.*

> Familie – Arbeit – Studium – Verkehrsmittel – Hobbys – Sport – Essen – Reisen – Sprachen – Freunde – Haustiere – …

8 Generationen

Probleme diskutieren

Was wird aus Oma? Lesen Sie die Vorschläge 1.–5. und notieren Sie zu jedem Vorschlag mindestens ein Pro- und ein Contra-Argument. Sie können auch einen weiteren Vorschlag formulieren.

Vorschlag	Pro	Contra
1. Oma zieht in ein Altersheim.		
2. Oma zieht in eine Wohngemeinschaft.		
3. Evis Vater gibt seine Arbeit auf und kümmert sich um Oma.		
4. Evis Mutter gibt ihre Arbeit auf und kümmert sich um Oma.		
5. Beide Elternteile arbeiten halbtags und teilen sich die Betreuung der Oma.		
6.		

Autor: Priscilia Nascimento

9 Migration

Klassenspaziergang

Haare schneiden	Computerprogramme instalieren	das Auto waschen
die Wohnung putzen	die Wäsche waschen	Obst und Gemüse kaufen
kochen	Wäsche bügeln	die Wohnung aufräumen
die Wohnung renovieren	Flugtickets kaufen	Partys organisieren
Geschenke kaufen	Eintrittskarten besorgen	Geschenke einpacken
Wände anstreichen	Computer reparieren	Teppiche reinigen

9 Migration

Deutschsprachige Filme

Berichten Sie über einen deutschsprachigen Film, den Sie gesehen haben. Bereiten Sie Ihren Bericht mit Hilfe der folgenden Punkte vor:

Titel	
Filmgenre	
Regisseur/in	
Jahr	
Darsteller/innen	
Hauptrollen	
Zeit der Handlung	
Ort der Handlung	
Filmhandlung	

Autor: Renato Ferreira da Silva

10 Europa

Institutionen der Europäischen Union

Das Europäische Parlament	Der Rat der Europäischen Union
beschließt Gesetze mit dem Rat der Europäischen Union	Treffen der Minister/innen der Mitgliedstaaten
kontrolliert Finanzen, den Haushalt und die EU-Kommission	diskutiert die Außen-, Sicherheits- und Wirtschaftspolitik der EU
Sitzungen in Brüssel oder Straßburg	der Vorsitz wechselt halbjährlich
Der Europäische Rat	**Die Europäische Kommission**
besteht aus Staats- und Regierungschef/innen der Mitgliedstaaten	„Regierung" von Europa
wählt den Präsidenten des Rats	besteht aus einem/einer Kommissar/in pro Mitgliedstaat
entscheidet über die Ziele der europäischen Politik	unterstützt von ca. 24.000 Beamten/Beamtinnen
Der Europäische Gerichtshof	**Die Europäische Zentralbank (EZB)**
sitzt in Luxemburg	ist unabhängig
entscheidet über Streitigkeiten	sitzt in Deutschland
zuständig für das europäische Rechtssystem	garantiert die Stabilität des Euros

10 Europa

Partnerinterview (Europäische Union)

Interviewen Sie Ihre Partnerin / Ihren Partner und schreiben Sie die Antworten auf.

1. **Wofür** ist das Europäische Parlament zuständig?
   Das Europäische Parlament ist zuständig für

2. **Wofür** ist der Rat der Europäischen Union verantwortlich?
   Der Rat der Europäischen Union ist verantwortlich für

3. **Wofür** ist die Europäische Union eigentlich wichtig?

4. **Wofür** würden Sie als Politiker/in mehr kämpfen?

5. **Wofür** würden Sie auf die Straße protestieren gehen?

6. **Wofür** sollte das Europäische Parlament sorgen?

7. **Wofür** sollte sich die Europäische Union mehr engagieren?

8. **Wofür** können wir der Europäischen Union dankbar sein?

9. Mehr Macht für die EU oder die Landesparlamente? **Wofür** stimmen Sie?

Autor: Andreas Fechner

10 Europa

Partnerinterview (Politik und ich)

Ergänzen Sie zuerst die passenden Präpositionen. Bilden Sie Fragen. Interviewen Sie danach Ihre Partnerin / Ihren Partner und schreiben Sie die Antworten auf.

1. sich interessieren + ...

   Wo.......... interessieren Sie sich in Bezug auf Politik?

   ....

2. sich ärgern + ...

   Wor.......... ärgern Sie sich oft in der Politik?

   ....

3. denken + ...

   Wor.......... denken Sie beim Stichwort „Europa"?

   ....

4. sich freuen + ... / ....

   Wor.......... würden Sie sich in der Politik freuen?

   ....

5. träumen + ...

   Wo.......... träumen Sie in Bezug auf Politik?

   ....

6. sich engagieren + ...

   Wo.......... engagieren Sie sich politisch?

   ....

7. demonstrieren + ... / ....

   Wo.......... würden Sie demonstrieren gehen?

   ....

Autor: Andreas Fechner

Station 2

Lerneraufsatz

Ergänzen Sie im Text die Doppelkonjunktionen aus dem Kasten und vergleichen Sie Ihre Antworten mit dem Text im Kursbuch auf Seite 206.

> entweder ... oder – je mehr ... desto besser – nicht nur ..., sondern auch – nicht nur ..., sondern auch – weder ... noch – entweder ... oder – je mehr ... desto mehr – weder ... noch – nicht nur ..., sondern auch

Mein Deutschunterricht

Ich lerne seit sieben Jahren Deutsch. Ich spreche natürlich .... Deutsch, ... Englisch, Russisch und Polnisch. Ich mag meinen Deutschunterricht. .... weil meine Lehrerin sehr nett und kompetent ist, ... wegen der Sprache und Kultur. .... lesen wir im Buch sehr viel über deutschsprachige Länder .... wir sehen uns Filme an bzw. hören deutsche Musik. Das ist toll!!! .... Filme und Radiobeiträge ich sehe und höre, ... verstehe ich auch. Da wir hier in Brzesko aber .... deutsche Muttersprachler an der Schule .... einen Austausch mit einer deutschen Klasse haben, sind Radio, Internet und Filme eine gute Möglichkeit, die Sprache zu lernen. Wir sehen natürlich .... Filme, ... üben .... Grammatik und Aussprache. Ich habe das Gefühl, ... Wörter und Strukturen ich lerne, ... verstehe ich. Ihr seht: Mein Unterricht ist .... langweilig .... monoton. Später möchte ich .... selbst Deutschlehrerin werden .... in einer Firma arbeiten und meine Sprachkenntnisse nutzen.

Autor: Gertrud Pelzer

Station 2

Was lassen Sie machen?

meine Haare schneiden

die Waschmaschine reparieren

den Kuchen backen

das Geschenk verpacken

das Auto reparieren

ein Kleid nähen

sich rasieren

neue Computerprogramme installieren

die Kinder abholen

Autor: Gertrud Pelzer

1 Zeitpunkte

1 **Wörter rund um „Zeit". Finden Sie Wörter mit *Zeit*.**

Beispiel: Ich arbeite jeden Tag acht Stunden, ich arbeite Vollzeit.

1. Wie spät ist es? Haben Sie die .... für mich?
2. Hat das Geschäft auch am Sonntag auf? Wie sind die ....?
3. Im nächsten Jahr müssen wir mehr arbeiten. Die .... erhöht sich auf 40 Stunden pro Woche.
4. Endlich Wochenende, endlich zu Hause. Ich freue mich auf meine ....
5. Ich sitze jetzt schon über eine Stunde hier. In dieser Praxis ist die .... einfach zu lang.
6. Ich muss die Arbeit in zwei Tagen abgeben. Der .... ist sehr groß.

2 **Nebensätze mit *während*. Schreiben Sie Sätze wie im Beispiel.**

Beispiel: Nina: kochen / Nina: telefonieren – Während Nina kocht, telefoniert sie.

1. Thomas: Zeitung lesen / Thomas: Radio hören

   Während Thomas ....

2. mein Freund: vor dem Fernseher sitzen / ich: einkaufen

   Während mein Freund ....

3. Sylvia: denkt an ihren Freund / Sylvia: fährt zur Arbeit

   Sylvia denkt ....

4. wir: ein Lied singen / wir: wandern

   Wir ....

5. ich: im Zug sitzen / ich: am Laptop arbeiten

   ....

6. sie: putzen / sie: schlechte Laune haben

   ....

3 **Nominalisierung mit *zum*. Ergänzen Sie die Verben in der passenden Form.**

1. Am Wochenende kann man sehr gut .... Sonntag ist der perfekte Tag zum .... *(ausschlafen)*.
2. Ich würde gerne noch ein bisschen .... , aber zum .... brauche ich meine Brille *(lesen)*.
3. Zum .... habe ich leider nicht genug Zeit, aber ich .... sehr gern *(tanzen)*.

1 Zeitpunkte

Einheit 1: Test **studio [21] B1**

4 *Während, wenn, als, weil, dass, damit* oder *denn*. Ergänzen Sie die passende Konjunktion.

```
An...: Claudia

Liebe Leonie,
........................¹ ich diese Mail schreibe, klingelt schon wieder das Telefon. Wahrscheinlich mein
Chef. Seit ich zu Hause arbeite, habe ich zu nichts mehr Zeit, ..............² immer jemand anruft.
Tagsüber, am Abend und auch am Wochenende! ..............³ ich noch Vollzeit im Büro gearbeitet
habe, hatte ich mehr Zeit für mich als heute, ................⁴ zu Hause war die Arbeit vorbei und ich
hatte Freizeit. Ich hätte nicht gedacht, ................⁵ Arbeit zu Hause so viel Stress bedeuten kann.
Ich wollte zu Hause arbeiten, ..................⁶ ich mehr Zeit für mich und die Kinder haben kann.
Und wie geht es dir? .................⁷ du magst, schreib mir doch bald.
Viele Grüsse
Anna
```

5 Daten zur jüngeren Geschichte. Schreiben Sie Sätze im Präteritum.

Beispiel: 1949–1961 – ca. 2,6 Mio. Menschen verlassen die DDR
Von 1949 bis 1961 verließen ca. 2,6 Mio. Menschen die DDR.

1. 13.8.1961 – die DDR-Regierung baut eine Mauer durch Berlin

   Am ....

2. 9.11.1989 – die Mauer fällt und die Menschen feiern in den Straßen

   ....

3. 3.10.1990 – West- und Ostdeutschland werden wiedervereinigt

   ....

4. nach 1990 – die DDR gibt es nicht mehr

   ....

6 Eine Zeitungsmeldung. Ergänzen Sie die Verben im Präteritum.

Am Freitagmorgen ....*fand*........ (finden)⁰ die Polizei vor dem Bahnhof in Wiesbaden einen

Mann, der vor dem Eingang ....¹ (liegen) und ....² (schlafen).

Die Beamten ....³ (sprechen) ihn an. Als er wach ....⁴ (werden),

....................⁵ (wissen) er nicht, wo er ....⁶ (sein). Die Polizei ....⁷

(sehen), dass er eine Verletzung am Kopf ....⁸ (haben) und ....⁹ (rufen)

einen Krankenwagen.

Autor: Dieter Maenner, Maria Funk

2 Alltag

Einheit 2: Test **studio [21] B1**

1 Auf der Bank. Was passt? Ergänzen Sie den Dialog mit dem richtigen Wort.

1. a) ausgefüllt
   b) beantragt
   c) unterschrieben

2. a) bekommen
   b) bezahlt
   c) zugeschickt

3. a) bleiben
   b) dauern
   c) warten

4. a) abheben
   b) auszahlen
   c) mitgehen

5. a) abheben
   b) dauern
   c) warten

6. a) brauche
   b) habe
   c) muss

7. a) auszahlen
   b) abheben
   c) vorlassen

8. a) Antrag
   b) Personalausweis
   c) Kontonummer

💬 Guten Tag, ich habe eine Frage. Ich habe letzten Monat eine EC-Karte .... ¹.

Die Karte habe ich auch schon .... ², aber noch nicht die Geheimzahl.

🗨 Ja, das kann manchmal ein paar Tage .... ³. Aber sie kommt bestimmt in den nächsten Tagen.

💬 Ich kann also heute noch kein Geld vom Automaten .... ⁴?

🗨 Nein, Sie müssen .... ⁵, bis Sie die Geheimzahl haben.

💬 Ich .... ⁶ aber heute Geld.

🗨 Ich kann Ihnen das Geld bar .... ⁷. Ich brauche nur Ihren .... ⁸.

2 Geben Sie Ratschläge. Benutzen Sie den Konjunktiv II (Präsens) der Modalverben.

Beispiel: „Ich habe immer Kopfweh." – weniger am Computer arbeiten *(sollen)*
Du solltest weniger am Computer arbeiten.

1. „Ich bin zu dick." – etwas abnehmen und mehr Obst und Gemüse essen *(sollen)*
   Herr Kröger, Sie ....

2. „Mein Rücken tut mir weh." – mehr Gymnastik machen *(müssen)*
   Ich denke, du ....

3. „Ich habe nie Zeit!" – weniger Überstunden machen *(sollen)*
   Frau Reiz, Sie ....

4. „Der Zug ist schon wieder zu spät!" – dich nicht immer so aufregen *(sollen)*
   Ich finde, du ....

5. „Herr Bauer ist immer so nervös." – einen Yogakurs besuchen *(können)*
   Ja, er ....

2 Alltag

3 Schreiben Sie die Satzanfänge und beenden Sie die Sätze mit eigenen Worten.

1. ich – es schön finden – sehr
   ....

2. mir – es gefallen – gut
   ....

3. es – schade sein – ziemlich
   ....

4 *Darum / deshalb / deswegen*. Schreiben Sie Sätze wie im Beispiel.

Beispiel: Ich gehe zur Verbraucherzentrale, weil meine Telefonrechnung nicht stimmt.
Meine Telefonrechnung stimmt nicht, deshalb gehe ich zur Verbraucherzentrale.

1. Paul möchte weniger arbeiten, weil er viel Stress hat.
   ...., deshalb ....

2. Ich gehe zur Polizei, weil ich meinen Ausweis verloren habe.
   ...., deswegen ....

3. Ich musste lange beim Arzt warten, weil ich keinen Termin hatte.
   ...., darum ....

5 Nebensätze mit *weil*.

1. Mit dem Auto stehe ich immer im Stau. Deshalb fahre ich jetzt Fahrrad.
   Ich fahre jetzt ...., weil ....

2. Karsten hat falsch geparkt. Deswegen hat er einen Strafzettel bekommen.
   ....,
   weil ....

3. Wir sind total gestresst. Darum machen wir jetzt Pause.
   Weil ....

6 Wie kann man es auch sagen? Verbinden Sie.

Ich bin bald da. 1   a Heute bin ich faul.
Ich bin gestresst. 2   b Ich ärgere mich.
Ich verstehe das nicht. 3   c Ich komme gleich.
Es stört mich. 4   d Ich bin total fertig.
Ich mache einfach mal gar nichts. 5   e Ich weiß nicht, was das bedeutet.

Autor: Dieter Maenner, Maria Funk

3 Männer – Frauen – Paare

Einheit 3: Test   studio [21] B1

1 Ordnen Sie zu und schreiben Sie Sätze. Benutzen Sie den Infinitiv mit *zu*.

Beispiel: Vergiss nicht / die Aufgaben machen – Vergiss nicht, die Aufgaben zu machen.

Hast du am Wochenende Zeit und Lust	1	a	eine neue Sprache lernen
Ich finde es sehr anstrengend	2	b	jeden Morgen früh aufstehen
Theo hat heute Abend keine Zeit	3	c	den Müll wegbringen
Es ist viel Arbeit	4	d	eine Wanderung machen
Mist, ich habe vergessen	5	e	zuhören
Versucht doch bitte	6	f	ins Kino gehen

1. ....
2. ....
3. ....
4. ....
5. ....
6. ....

2 Jemandem zustimmen oder widersprechen. Ergänzen Sie den Dialog.

💬 Ich ......*denke*......⁰, man muss nicht unbedingt heiraten, um glücklich zu sein.

💬 Du hast ....¹. Die Zeiten haben sich verändert.

💬 Da bin ich mir nicht ....². Ich glaube, die Heirat ist für die meisten
   Menschen immer noch sehr wichtig.

💬 Meiner ....³ nach ist es auch für die Kinder besser, wenn die Eltern
   verheiratet sind.

💬 Das ....⁴ ich nicht so. Oft bleiben die Eltern nur zusammen,
   weil sie Kinder haben. Das finde ich unmöglich.

💬 Da ....⁵ ich dir zu. Am wichtigsten ist natürlich die Liebe.

3 Wie heißen die Gegensätze? Ergänzen Sie.

1. glücklich ....
2. humorvoll ....
3. romantisch ....
4. sinnlos ....
5. verständnisvoll ....
6. ehrlich ....

Autor: Dieter Maenner, Maria Funk

3 Männer – Frauen – Paare

4 Schreiben Sie Sätze mit *dass*.

1. Claudine und Rainer lieben sich.

   Ich bin mir sicher, ...

2. Man muss nicht heiraten.

   Juan ist der Meinung, ...

3. Thomas denkt nur an seine Arbeit und ist schrecklich unromantisch.

   Ich glaube, ...

4. Es gibt zu viele Klischees über Männer und Frauen.

   Ich finde, ...

5. Hör mir zu!

   Ich möchte, ...

5 Lesen Sie die Texte und die Überschriften. Welche Überschrift passt zu welchem Text?

a **Hat Peter McStevens eine Neue?**

c **Wer liebt, lebt länger**

b **Viele Verliebte haben Depressionen**

d **McStevens mit geschiedener Frau im Café**

1 ☐

Mitten in der Scheidung von Julia Miles wurde Peter McStevens fotografiert, als er eine andere Frau küsste. Der Musiker traf seine Begleiterin, eine berühmte Modedesignerin, am vergangenen Wochenende in den Hamptons, einem beliebten Ausflugsziel in New York, schrieb die Zeitung „Tue Sun". McStevens und seine Begleiterin besuchten dort zusammen ein kleines Restaurant und genossen ein romantisches Abendessen. Auf einem der Fotos halten der Musiker und die Modedesignerin Händchen. Der 53-jährige McStevens und die 37-jährige Miles gaben im vergangenen Juni ihr Trennung bekannt.

2 ☐

Rechtzeitig zum Valentinstag haben Wissenschaftler erklärt, dass Liebe die Gesundheit des Herzens fördert. „Verliebt sein und geliebt werden hält gesund und ist gut für unsere Herzen", teilte die World Heart Federation WHF mit. Immer mehr Menschen haben Stress, Depressionen und Angst. Die Liebe scheint ein wirksames Mittel dagegen zu sein. In einer Studie wurden 1400 Frauen und Männer mit Arterienverengung über einen längeren Zeitraum untersucht. Nach fünf Jahren waren 50 Prozent der Alleinlebenden gestorben, von denen, die verheiratet waren oder eine feste Beziehung hatten, aber nur 15 Prozent.

4 Arbeit im Wandel

Einheit 4: Test **studio [21] B1**

1 Die „Route der Industriekultur". Lesen Sie den Text und ergänzen Sie die Adjektivendungen.

Entdecken Sie das Ruhrgebiet mit dem Fahrrad

Die „Route der Industriekultur per Rad" führt die Radreisenden durch eine spannend......¹ und vielseitig......² Region. Auf insgesamt über 700 Kilometern fahren Sie durch die industriell......³ Kulturlandschaft zwischen Duisburg und Hamm. Auf dem 230 Kilometer lang......⁴ *Emscher Park Radweg* entdecken Sie interessant......⁵ Denkmäler der Industriekultur und genießen die vielen grün......⁶ Flächen des Emscher Landschaftsparks. Auf dem 350 Kilometer langen *Rundkurs Ruhrgebiet* fahren Sie durch die historisch und geographisch sehr unterschiedlich......⁷ Räume zwischen Rhein und Ruhr.

Die „Route der Industriekultur per Rad" bietet ein groß......⁸ Angebot an Mieträdern und weiter......⁹ Serviceleistungen wie z. B. einen bequem......¹⁰ Gepäcktransport. Im aktuell......¹¹ Radwanderführer zur Route, den Sie beim Regionalverband Ruhr (Telefon: 02 01/20 69-2 75) bestellen können, finden Sie weitere interessant......¹² Informationen zur Geschichte und Gegenwart der verschieden......¹³ Orte sowie praktisch......¹⁴ Tipps und Hinweise zu den viel......¹⁵ „Bed & Bike"-Übernachtungsmöglichkeiten.

2 Zwei Unfälle. Ergänzen Sie die passenden Adjektive. Achten Sie auf die richtigen Endungen.

alt – ~~neu~~ – neu – klein – glatt

💬 Hast du dir das ......*neue*......⁰ Motorrad gekauft? Mit dem alten warst du doch nicht mehr zufrieden.

👍 Ja, aber ich hatte gestern schon einen ....¹ Unfall. Ich bin auf einer ....² Straße ausgerutscht. Und jetzt ist mein ....³ Motorrad in der Werkstatt. Zum Glück habe ich das ....⁴ Motorrad noch.

ganz – gut – spannend – schlimm – steil – arm

💬 Hast du schon gehört? Pedro hatte einen ....⁵ Unfall.

👍 Ja, er ist auf einer ....⁶ Treppe ausgerutscht und hat sich das Bein gebrochen. Dann haben ihn seine Kollegen in das Krankenhaus am Domplatz gebracht. Dort gibt es ....⁷ Ärzte. Und jetzt muss der ....⁸ Junge den ....⁹ Tag im Bett liegen und langweilt sich.

💬 Wir sollten ihm ein ....¹⁰ Buch kaufen.

Autor: Dieter Maenner

4 Arbeit im Wandel

Einheit 4: Test studio [21] B1

3 Anzeigen. Ergänzen Sie die Adjektivendungen.

1. Neu..... Sprachkurse an der VHS.
Die neu..... Kurse beginnen am 1.9.2016

2. Günstig..... Angebot
Fast neu..... Waschmaschine
für nur 50 Euro

3. Schön..... Ferienhaus zu vermieten mit groß..... Balkon und schön..... Garten.

4. Haben Sie ein alt..... Fahrrad, das Sie nicht mehr möchten, und suchen Sie ein neu..... Rad? Bei uns bekommen Sie gut..... Fahrräder zu günstig..... Preisen. Das alt..... Fahrrad nehmen wir in Zahlung. Dann wird Ihr neu..... Rad noch billiger.

4 Kleingarten-Verein Bochum-Ehrenfeld. Lesen Sie den Text. Was ist richtig? Kreuzen Sie an.

Sommerfest

Am 25. und 26. August veranstaltet der Kleingarten-Verein Bochum-Ehrenfeld 08 e.V. das alljährliche Sommerfest. Unter dem Motto: „Nachbarschaft, die schmeckt" wollen wir gemeinsam mit unseren Mitgliedern, Anwohnern und Gästen bei Sport und Spiel, Kunst und Kultur, Kulinarischem und Musik zusammenkommen.
Während wir am Samstag ein buntes und lautes Fest feiern, wollen wir den Sonntag eher ruhig und familiär verbringen: An einem langen Tisch vor dem Vereinshaus servieren wir unser selbst mitgebrachtes Essen und heiße und kalte Getränke, um den ganzen Tag lang in fröhlicher Runde zusammen zu sein.
Dieses Jahr hat unser Sommerfest eine ganz besondere Bedeutung: Wir feiern unser 100-jähriges Bestehen! 1908 erließ August Otte einen „Aufruf an die mittleren Beamten von Bochum" mit dem Ziel, in Bochum in der Nähe des Ehrenfeldes sogenannte Vereinsgärten zu schaffen und am 09.12.1908 fand die Gründungsversammlung des „1. Bochumer Schrebergartenvereins Bochum-Ehrenfeld" im Lokal des Schlosses Haus Rechen (jetzt etwa Standort des Schauspielhauses) statt. Schon ein Jahr später wurden die ersten 101 Gartenparzellen an die etwa 500 Gartenbewerber verlost. Der Verein war immer auch sozial tätig, so erging z.B. 1911 der Vereinsbeschluss, Kinder bedürftiger Familien für die Dauer von 4–5 Wochen zu betreuen und zu versorgen. Bis heute bietet der Verein seinen Freunden und Mitgliedern Gelegenheit zur Erholung und immer wieder auch Platz für Kulturelles oder einfach nur Spiel und Spaß. Dafür sorgen ein großer Kinderspielplatz, der Musikpavillon, in dem regelmäßig Konzerte stattfinden, und seit 1999 können sich unsere Besucher an dem großen Ökobeet mit Feuchtbiotop, Insektenhotel und Igelhaus erfreuen.

1. ☐ Am Samstag und Sonntag wird unterschiedlich gefeiert.
2. ☐ Zum Fest werden nur die Mitglieder eingeladen.
3. ☐ Den Verein gibt es schon seit 100 Jahren.
4. ☐ Die Gartenparzellen liegen im Schlossgarten.
5. ☐ Der Verein war immer auch für die Kinder von Ehrenfeld da.
6. ☐ Heute tut der Verein auch etwas für den Naturschutz.

Autor: Dieter Maenner

5 Schule und lernen

Einheit 5: Test **studio [21] B1**

1 Zehn Wörter zum Thema Schule. Ergänzen Sie die Vokale und die Artikel.

1. .... G....mn....s......m
2. .... Sch....l....bschl....ss
3. ....b....t....r
4. .... Z......gn....s
5. .... R......lsch....l....
6. ....nt....rr....cht
7. .... L......bl....ngsf....ch
8. .... H....s......fg....b....n
9. .... L....hr....r....n
10. .... N....t.....

2 Unterrichtsfächer. Schreiben Sie zu jeder Frage ein Schulfach.

1. Wie viel ist drei plus drei? ....
2. Woraus besteht Luft? Nenne die Formel. ....
3. Wer schrieb das Lied „Yesterday?" ....
4. Wann begann der 1. Weltkrieg? ....
5. Wer hat „Die blauen und die grauen Tage" geschrieben? ....
6. Wo liegt Ungarn? ....

3 Was passt zusammen? Verbinden Sie die Wortverbindungen.

in die Schule	1	a	lernen
auf das Gymnasium	2	b	machen
für das Abitur	3	c	studieren
Abitur	4	d	kommen
um einen Studienplatz	5	e	sich bewerben
Marketing	6	f	wechseln

4 Wenn das Wörtchen „wenn" nicht wäre.

1. die Arbeit nicht so anstrengend sein – abends nicht immer so müde sein

   Wenn ....

2. ein Auto haben – nicht mit dem Fahrrad fahren müssen

   ....

3. in deinen Kopf sehen können – wissen, was du denkst

   ....

4. die Grammatik nicht so schwer sein – der Unterricht mehr Spaß machen

   ....

Autor: Dieter Maenner, Maria Funk

5 Schule und lernen

5 Ein Gespräch über Urlaub. Ergänzen Sie *würde*, *wäre* oder *hätte*.

💬 Wenn ich jetzt Urlaub ....¹, ...² ich sehr gerne nach Italien fahren. Ich ....³ am liebsten am Meer und dann ....⁴ ich den ganzen Tag am Strand liegen. Ich ....⁵ viel Zeit und ....⁶ mich erholen.

💬 Ich ....⁷ am liebsten in Österreich, in den Bergen. Ich ....⁸ viel wandern. Den ganzen Tag nichts tun, das ....⁹ nichts für mich.

💬 Ich ....¹⁰ am liebsten eine Städtereise machen. Barcelona ....¹¹ toll, oder auch Prag. Diese Städte ....¹² ich gern einmal kennenlernen.

💬 Ich ....¹³ zu Hause bleiben. Dann ....¹⁴ ich endlich Zeit, meine Wohnung zu renovieren. Und ich ....¹⁵ Leute treffen, die ich lange nicht mehr gesehen habe.

6 Relativsätze. Verbinden Sie die Sätze wie im Beispiel.

Beispiel: Das ist unsere alte Schule. Ich bin gern in die Schule gegangen.
Dort ist unsere alte Schule, in die ich gern gegangen bin.

1. Wir müssen noch für die Prüfung lernen. Sie findet in zwei Wochen statt.
   ....
   ....

2. Das einsprachige Wörterbuch ist besser. Mit dem Wörterbuch arbeite ich jetzt.
   ....
   ....

3. Heute Abend treffen wir alte Schulfreunde. Wir haben sie lange nicht gesehen.
   ....
   ....

4. Wann gibst du mir das Buch zurück? Ich habe es dir vor einem Monat geliehen.
   ....
   ....

6 Klima und Umwelt

Einheit 6: Test **studio [21] B1**

1 **Wetterwörter. Welches Wort passt nicht? Unterstreichen Sie.**

1. Sonne: warm – schneien – scheinen – heiß
2. Gewitter: laut – Blitz – nass – trocken
3. Schnee: Hitze – Frost – kalt – Eis
4. Sturm: Wind – Regen – Frost – Orkan

2 **Folgen des Klimawandels und was man tun sollte. Ergänzen Sie die passenden Wörter.**

abnehmen – fahren – schmelzen – steigen – verbrauchen – fliegen

1. Es wird immer wärmer. Die Temperaturen werden ....
2. Die Gletscher werden ...., das Eis wird zu Wasser.
3. Die Menschen in den Wintersportgebieten werden weniger Arbeit haben,
   die Zahl der Arbeitsplätze wird ....
4. Um etwas für die Umwelt zu tun, sollten wir weniger Energie ....
5. Zum Beispiel könnte man weniger .... und mehr Zug ....

3 **Was wird in der Zukunft passieren? Schreiben Sie Sätze im Futur.**

Beispiel: ich – bald – perfekt Deutsch sprechen
Ich werde bald perfekt Deutsch sprechen. / Bald werde ich perfekt Deutsch sprechen.

1. meine Tochter – nächstes Jahr – heiraten – .

   ....

2. ich – in Zukunft – weniger arbeiten – .

   ....

3. wir – in Zukunft – mehr für die Umwelt tun – .

   ....

4. du – mich – bald – anrufen – ?

   ....

5. die Menschen – in 100 Jahren – glücklicher sein – ?

   ....

6 Klima und Umwelt

Einheit 6: Test **studio [21] B1**

4 Doppelkonjunktionen. Schreiben Sie Sätze mit *je ... desto ...* oder *nicht ..., sondern ...*

Beispiel: ich mehr arbeiten / ich mehr verdienen
Je mehr ich arbeite, desto mehr verdiene ich.

1. ich viel Fleisch essen / lieber Fisch mögen

   ....

2. die Bahnfahrten teurer sein / mehr Menschen das Flugzeug nehmen

   ....

3. viele Kinder wollen lesen / fernsehen

   ....

4. es weniger regnen / die Probleme für die Landwirtschaft größer sein werden

   ....

5. ich mehr Filme auf Deutsch sehen / schneller neue Wörter lernen

   ....

6. die Freunde zu viel Zeit kosten / die Arbeit zu lange dauern

   ....

5 Was ist der Grund? Schreiben Sie die Sätze mit *wegen* + Genitiv

Beispiel: Ich hatte einen Termin. Deshalb konnte ich nicht zum Unterricht kommen.
Wegen eines Termins konnte ich nicht zum Unterricht kommen.

1. Es ist Messe. Deshalb gibt es keine Hotelzimmer mehr.

   ....

2. Es gab einen Stau. Deshalb bin ich zu spät gekommen.

   ....

3. Es gibt eine Familienfeier. Deshalb ist das Restaurant heute Abend geschlossen.

   ....

6 Zeitangaben. Ergänzen Sie: *in der – im – um – am*

1. 💬 Ich möchte dich gern mal wieder besuchen. Hast du ....¹ Samstag Zeit?

   🗨 Das ist schlecht. ....² Wochenende passt es mir nicht, aber ich habe

   ....³ Montagabend Zeit. ....⁴ 19 Uhr bin ich zu Hause.

2. 💬 Was machst du ....⁵ Sommer?

   🗨 ....⁶ August fahre ich nach Griechenland.

   💬 Und was machst du ....⁷ ersten Septemberwoche?

Autor: Dieter Maenner

7 Das ist mir aber peinlich!

Einheit 7: Test **studio [21] B1**

1 **Welche Reaktion passt? Kreuzen Sie an.**

1. 💬 Entschuldigen Sie, das ist mein Platz. Hier ist meine Reservierung.
   💬 Oh, tut mir leid. Das war …
   - a) ☐ eine Entschuldigung.
   - b) ☐ eine Überraschung.
   - c) ☐ ein Versehen.

2. 💬 Ich habe schon wieder den Namen meines Kollegen vergessen.
   💬 Das wäre mir sehr …
   - a) ☐ peinlich.
   - b) ☐ sauer.
   - c) ☐ unfreundlich.

3. 💬 Herr Ober, ich wollte das Schnitzel mit Reis.
   💬 Oh, entschuldigen Sie. Das war ein … Ich dachte, Sie wollten Nudeln.
   - a) ☐ Missverständnis
   - b) ☐ Problem
   - c) ☐ Pech

4. 💬 Ich hätte gern zwei Liter Milch.
   💬 Entschuldigung. Ich warte schon über 10 Minuten. Ich bin dran.
   💬 …
   - a) ☐ Das hätte mir auch passieren können.
   - b) ☐ Wirklich? Ich habe Sie nicht gesehen. Tut mir leid.
   - c) ☐ Wo liegt das Problem? Ich habe schon bestellt.

2 **Gute Ratschläge. Geben Sie Ratschläge mit *wenn* und *sollte*.**

Beispiel: man eingeladen sein / pünktlich sein
　　　　　Wenn man eingeladen ist, sollte man pünktlich sein.

1. man gut gegessen haben / ein Trinkgeld geben
   ....

2. Sie jemanden nicht gut kennen / „Sie" sagen
   ....

3. man nach dem Weg fragen / höflich sein
   ....

4. du jemanden lieben / es ihm sagen
   ....

Autor: Dieter Maenner, Maria Funk

7 Das ist mir aber peinlich!

Einheit 7: Test **studio [21] B1**

3 **Satzverbindungen. Verbinden Sie die Sätze mit *obwohl*.**

Beispiel: Herr Bauer arbeitet schon wieder. Er ist noch krank.
Herr Bauer arbeitet schon wieder, obwohl er noch krank ist.
Obwohl Herr Bauer noch krank ist, arbeitet er schon wieder.

1. Tim kommt eine Stunde zu spät. Er ist meistens pünktlich.

   ...., obwohl ....

   Obwohl ....

2. Ich esse am liebsten nachts. Es ist ungesund.

   ...., obwohl ....

   Obwohl ....

4 **Partizip I. Verbinden Sie die Relativsätze.**

Beispiel: Unter dem Baum liegt ein Kind, das schläft.
Unter dem Baum liegt ein schlafendes Kind.

1. Man gibt die Nudeln in Wasser, das kocht.

   ....

2. Vor großen Hunden, die bellen, habe ich Angst.

   ....

3. Ich weiß keine Antwort, die passt.

   ....

5 **Plusquamperfekt und Präteritum. Schreiben Sie Sätze in der Vergangenheit mit *nachdem*.**

Beispiel: Thomas / zu lange schlafen ➡ zu spät zur Arbeit kommen
Nachdem Thomas zu lange geschlafen hatte, kam er zu spät zur Arbeit.

1. Tobias / zu spät zur Arbeit kommen ➡ sein Chef / sauer sein

   Nachdem ....

2. Tobias / nach Hause fahren ➡ Nudeln kochen und anbrennen lassen

   Nachdem ....

3. Tobias / Nudeln in den Müll werfen ➡ eine Pizza bestellen

   Nachdem ....

4. Tobias / die Pizza essen ➡ endlich ins Bett gehen und schlafen

   Nachdem ....

8 Generationen

Einheit 8: Test **studio [21] B1**

1 Eine Bitte per E-Mail. Lesen Sie die E-Mail. Welches Wort passt in die Lücken? Ergänzen Sie.

1. a) mich
   b) mir
   c) mein

2. a) deshalb
   b) denn
   c) weil

3. a) Letzten
   b) Letzter
   c) Letztes

4. a) vermuten
   b) erinnern
   c) wissen

5. a) mache
   b) habe
   c) gebe

6. a) über
   b) für
   c) um

E-Mail - Nachricht

An... Jasmin

Liebe Jasmin,

ich hoffe, es geht dir gut. Ich schreibe dir heute, weil ich ein Problem habe. Vielleicht kannst du ....¹ helfen. Wie du weißt, wohnt unsere Großmutter seit einem Jahr bei uns. Aber in der letzten Zeit hat sie Probleme, ...² sie immer mehr vergisst und immer öfter verwirrt ist. ....³ Freitag ist sie spazieren gegangen und nicht zurückgekommen. Ich habe sie gesucht und fand sie am Bahnhof. Sie wusste nicht mehr, wo sie war. Sie konnte sich auch nicht mehr ....⁴, was sie am Bahnhof tun wollte. Ich ....⁵ mir Sorgen. Du hast mir doch mal gesagt, dass du eine Organisation kennst, die jeden Tag ins Haus kommt und sich ....⁶ ältere Menschen kümmert. Könntest du mir die Adresse geben?
Liebe Grüße, Elli

---

2 Doppelkonjunktionen. Verbinden Sie die Sätze mit *weder ... noch* oder *nicht nur ..., sondern auch*.

Beispiel: Als Kind wollte ich keinen Spinat essen. Ich wollte auch keine Möhren essen.
        Als Kind wollte ich weder Spinat noch Möhren essen.

1. Peter will Astronaut werden. Er möchte ins All fliegen.
   ....

2. Ich wünsche mir einen Hund. Ich wünsche mir auch eine Katze.
   ....

3. Oma möchte nicht alleine wohnen. Sie möchte auch nicht im Altersheim wohnen.
   ....

4. Papa kann nicht auf Oma aufpassen. Mama kann auch nicht auf Oma aufpassen.
   ....

8 Generationen

Einheit 8: Test **studio [21] B1**

3 Nebensätze mit *seit*. Verbinden Sie und schreiben Sie die Sätze.

Beispiel: Claudia zahlt weniger Miete, seit sie in einer Wohngemeinschaft lebt.

Claudia zahlt weniger Miete,	1	a	viel glücklicher sein
Seit unsere Oma bei uns wohnt,	2	b	ein neues Kochbuch haben
Roberto hat viele neue Freundinnen,	3	c	in einer Wohngemeinschaft leben
Ich koche viel besser,	4	d	nicht mehr zu Hause wohnen
Seit Rebecca eine Arbeit gefunden hat,	5	e	keine Zeit mehr haben
Meine Schwester ist viel netter,	6	f	im Tanzkurs sein

2. ....
3. ....
4. ....
5. ....
6. ....

4 Possessivartikel im Genitiv. Welches Wort ist richtig? Kreuzen Sie an.

1. Meine Großmutter wohnt im Haus ☐ meinen ☐ meiner ☐ meines Eltern.
2. Das Auto ☐ meiner ☐ meinen ☐ meine Mutter war sehr teuer.
3. Der Geburtstag ☐ meinem ☐ meinen ☐ meines Bruders ist am 1. April.
4. Wir müssen das Dach ☐ unserem ☐ unseren ☐ unseres Hauses reparieren.

5 Traumberuf. Ergänzen Sie die Verben im Präteritum.

Als Kind ......*wollte*......⁰ *(wollen)* ich am liebsten Pilot werden. Mir ....¹ *(gefallen)* die Idee, die Erde von oben zu sehen. Aber der Unterricht in Physik ....² *(machen)* mir überhaupt keinen Spaß und Mathematik ....³ *(finden)* ich schrecklich. Gute Noten ....⁴ *(haben)* ich in Fremdsprachen. Nach der Schule ....⁵ *(wissen)* ich zuerst nicht, was ich machen ....⁶ *(sollen)*. Ich ....⁷ von Zuhause ....⁷ *(ausziehen)* und ....⁸ *(haben)* verschiedene kleine Jobs. Dann ....⁹ *(bringen)* mich ein guter Freund auf die Idee, doch mal ein paar Jahre ins Ausland zu gehen. Ich ....¹⁰ *(gehen)* nach Lateinamerika und mein Spanisch ....¹¹ *(werden)* immer besser. Heute studiere ich Sprachen und werde nach dem Studium hoffentlich einen Beruf finden, der mir Spaß macht.

Autor: Dieter Maenner, Maria Funk

9 Migration

1 **Migration. Welches Wort passt nicht? Unterstreichen Sie.**

1. Land: Italien – Österreich – Zürich – Deutschland
2. Migration: nachreisen – auswandern – Rückkehr – schenken
3. Gründe: Freiheit – Reise – Arbeit – Hoffnung

2 **Relativsätze. Schreiben Sie Relativsätze im Genitiv wie im Beispiel.**

Beispiel: Robert – seine Mutter wohnt in New York – möchte in den USA studieren
Robert, dessen Mutter in New York wohnt, möchte in den USA studieren.

1. Mein Freund – seine Eltern wohnen in Madrid – möchte bald nach Spanien ziehen
   ....
2. Meine Kollegin – ihr Vater ist letzte Woche gestorben – ist sehr traurig
   ....
3. Das Auto – seine Bremsen funktionieren nicht mehr – möchte ich verkaufen
   ....
4. Meine Nachbarn – ihre Kinder spielen bei uns in der Wohnung – sind sehr nett
   ....

3 **Was wird alles gemacht? Ergänzen Sie die Sätze im Passiv.**

Beispiel: Das Fahrrad **wird** heute noch **repariert** *(reparieren)*.

1. Der Müll .... jeden Montag .... *(abholen)*.
2. Die Bestellungen .... auch telefonisch .... *(aufnehmen)*.
3. In Deutschland .... viele Autos .... *(produzieren)*.
4. Pommes .... hier genauso gern .... wie Kartoffeln *(essen)*.

4 **Was macht man? Schreiben Sie die Sätze aus Aufgabe 3 mit *man*.**

Beispiel: Man repariert das Fahrrad noch heute.

1. Man holt ....
2. Man ....
3. ....
4. ....

9 Migration

Einheit 9: Test **studio [21] B1**

5 **Selber tun oder andere machen lassen? Schreiben Sie Sätze mit *lassen* + Infinitiv.**

Beispiel: Ich koche nicht selbst, ich lasse kochen.

1. Romano kauft nicht selbst ein, er ....
2. Er serviert auch nicht selbst, er ....
3. 💬 Reparierst du das Fahrrad selbst?
   👉 Nein, ich ....
4. 💬 Herr Schumann, ... Sie Ihre Wohnung .... ?
   👉 Nein, ich renoviere sie selbst.
5. 💬 Ricardo, ... du deine Wäsche .... ?
   👉 Nein, ich wasche sie selbst.

6 **Lesen Sie die E-Mail und die Fragen. Kreuzen Sie an: richtig oder falsch?**

An... Sonja

Liebe Sonja,

vielen Dank für deine Email. Mir geht es sehr gut hier in Zürich. Ich habe jetzt eine schöne kleine Wohnung in der Stadt gefunden und der erste Monat als Köchin im Restaurant war auch sehr gut. Die Arbeit macht mir viel Spaß und ich verdiene auch viel mehr als bei meiner alten Stelle in Deutschland. Ich bin so froh, dass ich hier einen Job gefunden habe. In Dresden war ich ja fünf Monate arbeitslos. Wie gut, dass ich mich entschlossen habe, auszuwandern. Manchmal vermisse ich natürlich meine Familie und auch Dresden, aber die Schweizer sind sehr nett. Nur die Sprache macht mir manchmal Probleme. Ich dachte, dass die Schweizer auch Deutsch sprechen, aber sie haben viele Wörter, die ganz anders sind und die ich erst noch lernen muss. Aber meine Kollegin Lara aus dem Restaurant übt nach der Arbeit oft mit mir. Letzte Woche waren wir in der Beiz – das ist das Schweizer Wort für Kneipe – und es war sehr lustig.

Du musst mich bald mal besuchen kommen, du fehlst mir.

Liebe Grüße

Deine Mariella

---

	richtig	falsch
1. Mariella ist seit fünf Monaten in Zürich.	☐	☐
2. Mariella ist ausgewandert, weil sie zu wenig verdient hat.	☐	☐
3. Mariella findet die Sprache der Schweizer schwierig.	☐	☐
4. Mariella verbringt ihre Freizeit manchmal mit Kollegen.	☐	☐
5. Ihre Kollegin Lara hilft Mariella nicht mit der Sprache.	☐	☐

Autor: Dieter Maenner, Maria Funk

10 Europa

1 Europa und Politik. Ergänzen Sie die Wörter aus dem Kasten.

Parlament – Zentralbank – Mobilität – Minister – Grenzen – Währung – Frieden – Bürokratie

1. In der EU können sich Studenten und Arbeitnehmer frei bewegen. Das nennt man ....
2. Das Gegenteil von Krieg heißt ....
3. Das Europäische .... wird von den Bürgern Europas gewählt.
4. Ein anderes Wort für zu viele Regeln und Vorschriften ist ....
5. Die Europäische .... kümmert sich um die Geldpolitik Europas.
6. In vielen EU-Ländern kann man ohne Passkontrolle in ein anderes Land reisen. Die .... sind offen.
7. Viele Länder der EU haben heute eine gemeinsame ...., den Euro.
8. Die Mitglieder einer Regierung nennt man ....

2 Wortbildung. Schreiben Sie die passenden Nomen zu den Adjektiven.

1. sicher ....
2. unabhängig ....
3. gesund ....
4. arbeitslos ....
5. schön ....
6. möglich ....
7. frei ....
8. einsam ....

3 Was ist richtig? Kreuzen Sie an.

1. ☐ Woran ☐ Worauf ☐ Wofür denkst du?
2. ☐ Woran ☐ Worauf ☐ Worüber ärgerst du dich?
3. ☐ Worauf ☐ Wofür ☐ Wovor freust du dich?
4. ☐ Worauf ☐ Wovon ☐ Wovor hast du geträumt?
5. ☐ Woran ☐ Worauf ☐ Wofür interessierst du dich?
6. ☐ Wogegen ☐ Wofür ☐ Worüber diskutiert ihr die ganze Zeit?

10 Europa

Einheit 10: Test **studio [21] B1**

4 Anders gesagt. Schreiben Sie die Sätze mit *brauchen + zu*.

Beispiel: Ich muss nicht abwaschen. – Ich brauche nicht abzuwaschen.

1. In der Eurozone muss man sein Geld nicht mehr wechseln.
   ....
2. Ich muss auch an der Grenze meinen Pass nicht mehr zeigen.
   ....
3. Wir müssen heute nicht arbeiten.
   ....
4. Du musst heute nicht einkaufen.
   ....

5 Satzverbindung. Schreiben Sie die Sätze mit *trotzdem*.

Beispiel: Die Europawahlen sind wichtig. (nur wenige Bürger wählen gehen)
Trotzdem gehen nur wenige Bürger wählen.

1. Ich habe kein Geld. (die teure Jacke kaufen)
   ....
2. Wir sprechen nicht gut Spanisch. (nach Spanien ziehen)
   ....
3. Politiker reden sehr viel. (zu wenig tun)
   ....
4. Sonja hat Urlaub. (jeden Tag früh aufstehen)
   ....
5. Ich lade dich immer wieder ein. (nie kommen)
   ....

6 Die Qual der Wahl. Verbinden Sie die Sätze mit *entweder … oder*.

Beispiel: Wir können mit dem Bus fahren. Wir können auch die U-Bahn nehmen.
Entweder fahren wir mit dem Bus oder wir nehmen die U-Bahn.

1. Du kannst mitkommen. Du kannst auch zu Hause bleiben.
   ....
2. Vielleicht fahre ich nach Berlin. Vielleicht fahre ich nach Hamburg.
   ....
3. Ich kaufe ein neues Fahrrad. Vielleicht lasse ich das alte reparieren.
   ....

Autor: Dieter Maenner, Maria Funk

Modelltest Goethe-Zertifikat B1 Hörtexte

Teil 1

Beispiel
Sie hören eine Nachricht auf dem Anrufbeantworter.
Guten Tag Frau Thomsen, hier ist Konrada Weller vom Kochstudio „Feine Küche". Sie wollten am 23.09. bei uns an einem Kochkurs teilnehmen. Diesen Termin muss ich leider absagen, denn der Kursleiter ist erkrankt. Ich schicke Ihnen heute Nachmittag per Mail einige Terminvorschläge, wann wir den Kurs noch einmal anbieten. Bitte schauen Sie, welcher Termin für Sie günstig wäre und rufen Sie mich möglichst bald zurück, damit wir einen Termin vereinbaren können.
Vielen Dank und entschuldigen Sie bitte die Umstände.

1. und 2.
Sie hören eine Nachricht auf dem Anrufbeantworter.
Guten Tag Frau Koplin, hier ist Kliewe von der Hausarztpraxis Dr. Buschbeck. Frau Koplin, Sie haben ja am 22.06. einen Termin bei uns. Diesen Termin muss ich leider absagen, weil Frau Doktor Buschbeck an diesem Tag zu einer Weiterbildung ist. Ich habe aber drei Tage später einen neuen Termin für Sie, am 25.06. um 7:30 Uhr. Und denken Sie bitte daran: Frau Doktor Buschbeck möchte Blut abnehmen. Sie sollen daher vor dem Termin nichts essen und trinken. Falls dieser neue Termin für Sie ungünstig ist, rufen Sie bitte zurück. Ach ja: Eine Überweisung brauchen Sie nicht mitbringen, die haben wir ja schon.
Vielen Dank und auf Wiederhören.

3. und 4.
Sie hören eine Ansage auf einem Anrufbeantworter.
Guten Tag, dies ist der Anrufbeantworter der Firma Möbel Mayer. Sie können uns zurzeit telefonisch leider nicht erreichen. Wir haben vom 22.12. bis zum 06.01. Betriebsferien. Ab dem 07.01. erreichen Sie uns wie gewohnt Montag bis Freitag von 9 bis 18 Uhr sowie Samstag von 9 bis 13 Uhr. Bitte beachten Sie auch, dass Internetbestellungen erst nach unseren Ferien bearbeitet werden können, dass eine Lieferung also frühestens in der zweiten Januarwoche erfolgt.
Wir wünschen Ihnen frohe Weihnachten und einen guten Start ins neue Jahr.

5. und 6.
Sie hören eine Ansage im Radio.
Liebe Hörerinnen und Hörer nun noch ein Hinweis in eigener Sache. Gestern Abend ist der Berliner Schriftsteller Gerold Hauser verstorben. Aus diesem Grund haben wir heute unser Programm geändert. Es folgen nun zunächst die Nachrichten und dann um 8:10 Uhr ein Interview mit Gerold Hauser. Das Interview entstand im März dieses Jahres und wurde bisher noch nicht veröffentlicht. Das ursprünglich geplante Hörspiel „Die Katze im Sack" folgt dann um 08:25 Uhr. Die Sendung „Neues aus aller Welt" beginnt um 9 Uhr.

7. und 8
Sie hören eine Nachricht auf dem Anrufbeantworter.
Hi Samira, hier ist Tabea. Ich wollte nur sagen, dass ich am Wochenende nicht da bin. Eigentlich wollte ich mit Tobi nach Hamburg fahren, in die Ausstellung. Aber jetzt soll das Wetter ja so toll werden. In die Ausstellung kann ich auch bei Regen gehen. Jetzt würde ich lieber ein Wochenende am Strand verbringen. Aber Tobi will sich bewegen, er ist eher für eine Radtour oder eine Wanderung. Naja, mal sehen, was wir machen. Ich berichte dir dann am Dienstag. Ciao und hab ein schönes Wochenende!

9. und 10.
Sie hören eine Durchsage auf einem Schiff.
Sehr geehrte Fahrgäste, wir erreichen nun in wenigen Minuten unser Fahrziel, die Insel Mainau. Wir wünschen Ihnen einen angenehmen Aufenthalt auf der Blumeninsel. Da wir heute besonders viele Familien mit Kindern an Bord haben, hier noch ein Tipp für die kleinen Besucher: An der Kasse gibt es einen Plan zur Insel Mainau mit allen Wegen und Einrichtungen. Auf diesem Plan sind verschiedene Stationen eingezeichnet, an denen die Kinder kleine Aufgaben lösen können. Wenn sie alle Aufgaben gelöst haben, können sich die Kinder dann eine kleine Überraschung im Informationszentrum abholen. Dieses Rätsel macht wirklich viel Spaß, ich kann Ihnen das sehr empfehlen.

Teil 2

Liebe Studentinnen und Studenten,

mein Name ist Thomas Oberländer. Ich bin wissenschaftlicher Mitarbeiter an der Fakultät für Maschinenbau und ich werde Sie morgen gemeinsam mit Professor Hilleberg auf Ihrem Ausflug zum Industriepark Höchst begleiten. Wie Sie bereits wissen, fahren wir morgen früh um 6:30 Uhr an der Bushaltestelle vor dem Hauptbahnhof los. Bitte seien Sie pünktlich. Die Busfahrt dauert knapp drei Stunden, wir werden also circa 9:30 Uhr ankommen.

Da einige von Ihnen noch nicht lange hier in Deutschland leben und vielleicht noch nichts über den Industriepark gehört haben, möchte ich Ihnen ein paar Informationen geben.

Die Anfänge des Industrieparks Höchst liegen etwa 150 Jahre zurück. Es ist also ein Industriestandort mit einer langen Tradition. Der Industriepark liegt ca. zehn Kilometer westlich vom Stadtzentrum Frankfurt und er hat aktuell eine Fläche von 4,6 Quadratkilometern, das entspricht 460 Fußballfeldern. Es gibt im Industriepark circa 90 Unternehmen und er ist Arbeitsplatz für 22 000 Menschen. Ungefähr 5 000 von ihnen arbeiten in den Bereichen Forschung und Entwicklung. Damit ist der Industriepark Höchst einer der größten Forschungs- und Produktionsstandorte der Chemie- und Pharmaindustrie in Europa.

Einmal jährlich findet im Industriepark ein sogenannter „Tag der offenen Tür" statt, an dem Interessierte das Gelände und auch einzelne Gebäude besichtigen können. Diesen Tag nutzen wir morgen für unseren Ausflug.

Um 10:00 Uhr werden wir eine etwa einstündige Rundfahrt über das Gelände machen. So können Sie einen ersten Eindruck vom Industriepark gewinnen. Danach werden wir eine Werksbesichtigung machen, das heißt also einen Betrieb mit seinen Produktionsanlagen besichtigen.

Nach dem Mittagessen können Sie dann selbst entscheiden, ob Sie noch eine weitere Werksbesichtigung machen wollen, oder ob Sie sich lieber das Kulturprogramm auf der Bühne anschauen möchten.

Die Rückfahrt ist um 15:30 Uhr. Treffpunkt ist der Parkplatz, an dem wir auch am Morgen ankommen.

Nun noch einige wichtige Hinweise:
Erstens. Aus Sicherheitsgründen müssen sich alle Personen, die an der Werksrundfahrt, also der Busfahrt über das Gelände teilnehmen, vorher registrieren. Ich habe das Formular für diese Anmeldung schon aus dem Internet runtergeladen und für jeden von Ihnen ausgedruckt. Bitte nehmen Sie sich jeder ein Formular und bringen Sie es morgen ausgefüllt mit.
Zweitens. Sie brauchen morgen unbedingt Ihren Personalausweis oder Reisepass. Dieser muss natürlich gültig sein.
Drittens: Das Wetter soll morgen ebenso warm und sonnig werden wie heute. Das ist sehr schön, aber bitte denken Sie daran, trotzdem feste Schuhe anzuziehen. Wer mit Sandalen kommt, kann nicht an den Werksbesichtigungen teilnehmen.

Und noch ein letzter Tipp:
Videokameras oder Fotoapparate können Sie morgen zu Hause lassen, denn auf dem Gelände des Industrieparks ist das Fotografieren und Filmen verboten.
So, das war es von meiner Seite. Wer noch Fragen hat, kann gerne noch zu mir kommen. Auf Wiedersehen und bis morgen.

Teil 3

+ Hallo Konrad, lange nicht gesehen! Wie geht's dir?
− Hi Tina, mir geht's prima. Und dir?
+ Auch gut, danke!
− Du warst lange nicht mehr beim Training. Warst du verletzt?
+ Nein, ich hatte nur keine Zeit. Ich war die letzten Wochen viel unterwegs.
− Wegen der Arbeit?
+ Nee, das nicht. An den Wochenenden war ich bei Daniel, in Bremen und dann war ich noch bei vier Vorstellungsgesprächen.
− Vorstellungsgespräche? Du hast doch einen super Job! Haben Sie dir etwa gekündigt?
+ Nein, nein. Aber ich habe mich in Bremen beworben. Ständig zwischen Heidelberg und Bremen hin- und herfahren – das ist wirklich stressig! Daniel und ich wollen endlich zusammen wohnen.
− ... und Familie gründen?
+ Nee, das noch nicht, aber wir heiraten in sechs Monaten.
− Ach, das sind ja Neuigkeiten! Das freut mich! Nur schade, dass du weggehst! Will Daniel nicht nach Heidelberg ziehen?
+ Doch, er würde gerne hierher ziehen, aber er hat in Bremen eine super Stelle an der Universität und hier in Stuttgart hat er keine Chance, einen vergleichbaren Job zu finden.
− Ah, schade! Aber ich kann mir vorstellen, dass du als Programmiererin leichter eine neue Stelle findest.
+ Ja, das stimmt. Und ehrlich gesagt finde ich es nicht so schlimm, hier wegzuziehen. Ich meine, meine Freunde werde ich ganz sicher vermissen, aber ich freue mich auch darauf, dass ich dann wieder näher am Meer wohne.
− Ah stimmt, du kommst ja von der Küste!
+ Genau, ich bin an der Ostsee in der Nähe von Kiel aufgewachsen und erst zum Studium nach Heidelberg gekommen. Und meine Geschwister und mein Vater leben auch noch dort.
− Na, dann ist Bremen ja perfekt!
+ Ganz genau!
− Und wie waren die Vorstellungsgespräche? Meinst du, dass du eine Zusage bekommst?
+ Ja, ich denke, dass es klappt. Das eine Gespräch lief wirklich super, die Stelle passt perfekt zu meinen Qualifikationen und der Chef war auch total nett.
− Na dann hoffe ich für dich, dass das klappt! Hast du deine Stelle hier schon gekündigt?
+ Das mache ich erst, wenn ich eine Zusage in Bremen habe. Außerdem habe ich hier nur vier Wochen Kündigungsfrist zum Monatsende, das ist also ganz unproblematisch.
− Und wann planst du deinen Umzug?
+ Am liebsten würde ich Ende Mai umziehen. Aber das hängt natürlich davon ab, wie schnell das mit dem neuen Job geht.
− Wenn du dann Hilfe beim Umzug brauchst, sag auf jeden Fall Bescheid. Ich helfe gerne!
+ Das ist nett! Aber bis dahin sehen wir uns bestimmt noch ein paar Mal hier beim Training. Daniel ist die nächsten sechs Wochen in Südafrika auf Forschungsreise – da werde ich sicher öfter zum Training kommen!
− Das klingt super. Dann bis bald, ich muss los.
+ Ja, bis dann. Grüß Steffi von mir!
− Mach ich. Tschau!

Teil 4

* Liebe Zuhörerinnen und Zuhörer, herzlich willkommen zu „Pro und Contra". Heute spreche ich mit meinen Studiogästen über ein sehr aktuelles Thema, nämlich über Castingshows. Dazu begrüße ich im Studio Frau Tara Pflügner sowie Herrn Simon Tomalla. Beide sind freie Journalisten und beide beschäftigen sich schon seit mehreren Jahren mit dem Thema.
Herr Tomalla, letzte Woche konnte man in verschiedenen Zeitungen, unter anderem auch in einem Artikel von Ihnen, lesen, dass Castingshows einen negativen Einfluss auf junge Menschen haben. Worum geht es bei dieser Kritik konkret?
− Zum Beispiel zeigen wissenschaftliche Studien, dass viele Mädchen zu wenig essen, weil sie sich zu dick finden. Sie wollen unbedingt so dünn sein wie die Mädchen aus den Castingshows.
* Was sagen Sie dazu? Frau Pflügner?
+ Nun ja, ich denke, dass daran nicht die Castingshows schuld sind. Ich meine, die jungen Leute haben heute ja ständig Werbung mit superschlanken Models vor Augen. Und über die Figuren der Models wird schon seit Jahren diskutiert, nicht erst seit den Castingshows. Außerdem muss man bei den Castingshows auch unterscheiden. Es gibt ja verschiedene Shows, in denen es um unterschiedliche Talente geht. Wenn jemand sehr gut singen oder tanzen kann, dann muss er nicht extrem hübsch oder super schlank sein, um bei einer Show wie „Popstars" oder „Das Supertalent" zu gewinnen.

− Naja! Meiner Meinung nach geht es bei diesen Shows immer vor allem ums Aussehen! Und das führt dazu, dass die Jugendlichen denken, dass man nur Erfolg haben kann, wenn man super aussieht und perfekt ist. Das ist wirklich nicht gut! Vor allem für junge Leute ist das sehr gefährlich.

+ Herr Tomalla, da muss ich Ihnen widersprechen. Das stimmt so einfach nicht. Bei den Tanzshows geht es ums Tanzen und das Showtalent und bei den Shows für Gesang, geht es ums Singen! Das ist ja das Tolle, an diesen Shows. Junge Leute haben Talent und tun etwas mit Leidenschaft und die Show gibt ihnen die Möglichkeit einem großen Publikum zu zeigen, was sie können. Und den Zuschauern gefällt das. Deshalb sind diese Shows ja auch so ein großer Erfolg weltweit. Zuschauer machen mit den Teilnehmern die Erfahrung, dass man viel erreichen kann, wenn man übt, fleißig ist und an sich glaubt. Ich kann daran nichts Schlechtes finden. Das ist doch eine tolle Erfahrung für das gesamte Leben!

* Nun, nicht alle Castingshow-Teilnehmer, finden, dass die Teilnahme eine gute Erfahrung war. Man hört ja auch immer wieder, dass ehemalige Teilnehmer sehr negative Dinge berichten.

− Ja, genau so ist es. Denn für die Teilnehmer entsteht durch die Shows ein riesiger Druck, der diese jungen Menschen oft auch kaputt macht. Millionen Zuschauer sehen beim Gewinnen und Verlieren zu. Und oft gehen die Leute, die die Leistungen der Teilnehmer dann kommentieren, also die Jury, nicht gut mit den Teilnehmern um. Sehr oft werden da Dinge gesagt, die unfair sind und auch peinlich für die Teilnehmer. Viele Teilnehmer gehen als Verlierer aus der Show. Und wir wissen nicht, wie dann deren Alltag so aussieht. Ich mag es mir gar nicht vorstellen.

+ Sicher, es gibt immer nur einen Gewinner und nur wenige Castingshow-Teilnehmer schaffen es wirklich, mit ihrem Talent gutes Geld zu verdienen und Karriere zu machen. Aber das gehört doch auch zum Leben dazu. Die jungen Leute lernen, Kritik zu akzeptieren. Daraus können sie viel lernen, sich verbessern. Und außerdem wissen die Teilnehmer vorher, was in der Show passiert. Wenn jemand das nicht möchte, dann darf er nicht teilnehmen.

* Ja, da sind wir auch bei einem ganz wichtigen Punkt: Die Jugendlichen bekommen durch Castingshows den Eindruck, dass es das größte Glück der Welt ist vor der Kamera zu stehen und berühmt zu sein, es gibt unzählige Bewerbungen für die Shows. Frau Pflügner glauben Sie, dass Jugendliche wirklich schon verstehen können, dass die Teilnahme an einer Castingshow auch unangenehm sein kann, dass das Berühmtsein auch negative Seiten hat?

+ Ja, davon bin ich überzeugt, die jungen Leute, die sich für die Shows bewerben, wissen genau, was sie wollen und dass sie dafür hart arbeiten müssen.

* Das kann ja sein, aber dass berühmt sein nicht gleich glücklich sein bedeutet, das verstehen sie vermutlich noch nicht.

− Ja, genau so ist es. Ich finde es furchtbar, dass heutzutage schon Grundschüler auf die Frage nach ihrem größten Traum antworten „berühmt sein". Unsere Kinder sollten wissen, dass Freundschaften, Beziehungen, Bildung, eine berufliche Perspektive, Frieden, Freiheit und Gesundheit wichtig für das Glücklichsein sind und nicht Berühmtheit.

+ Aber Berühmtheit ist ja auch nichts Schlechtes.

− Nein, aber es ist auch nicht schlimm, wenn man nicht berühmt ist, sondern einfach nur durchschnittlich. Und das sehen viele der Kids heute nicht mehr.

Lösungen Einheiten

Willkommen in B1

2 Sprachen verbinden
1 b) 1. c – 2. a – 3. b

1 Zeitpunkte

1 Zeitgefühl – gefühlte Zeit
1 a) a: die Arbeitszeit – b: die Lernzeit – c: die Uhrzeit – d: der Zeitdruck – e: der Zeitdruck – f: das Zeitdokument – g: die Wartezeit – h: die Halbzeit – i: das Zeitfahren – j: die Freizeit

2 a) *Person 1:* Foto i – *Person 2:* Foto e – *Person 3:* Foto f – *Person 4:* Foto c – *Person 5:* Foto a
b) 1. Person 5 – 2. Person 2 – 3. Person 1 – 4. Person 3 – 5. Person 4
c) schnell: schnell vergehen, rennen, wie im Flug vergehen – langsam: dahinschleichen, langsam vergehen, stillstehen

2 Wo bleibt die Zeit?
1 b) *Titel:* Das sagt die Statistik. – küssen – 9 Monate – Wohnung putzen – 2 Jahre, 2 Monate – essen – fernsehen – 7 Jahre
c) 2. im Auto sitzen – 3. Zeit im Stau verbringen – 4. Zeit für die Arbeit verwenden – 5. Zeit zum Essen brauchen – 6. Zeit zum Lesen haben

6 b) 1. liest – 2. schreibt – 3. hört

3 Zeitgeschichte
2 a) 2. Z. 14 – 3. Z. 23 – 4. Z. 7 – 5. Z. 32 – 6. Z. 2

3 *Richtig:* 1., 2., 6., 7. und 8.
3. Während der Teilung Deutschlands war Ost-Berlin die Hauptstadt der DDR.
4. Im Zweiten Weltkrieg wurde das Tor stark beschädigt.
5. Nach dem Bau der Mauer durften die Ost-Berliner nicht mehr nach West-Berlin und in die BRD reisen.

4 2. Herr Weimann – 3. Frau Feilke, Frau Finster – 4. Frau Feilke – 5. Frau Finster – 6. Frau Feilke, Frau Finster – 7. Herr Weimann

5 *regelmäßige Verben:* regieren, regierte – bauen, baute – marschieren, marschierte – enden, endete – trennen, trennte – feiern, feierten
unregelmäßige Verben: sein, war – beginnen, begann – werden, wurde – dürfen, durften – fallen, fiel – treffen, trafen

6 a) aß – er sah – schrieb
b) *Beispiel:*
Präteritum: schrieb – Perfekt: hat geschrieben – Partizip: gesehen – Definition: 1 (etw.) e. Nahrung in den Mund nehmen (kauen) u. – *Beispiel:* ich habe es gesehen – Imperativ: sieh[e]!

4 Nachdenken über Zeit
2 b) *Wer?:* die Besucher, der Komponist John Cage – *Was?:* das langsamste Konzert der Welt – *Wann?:* seit 5. September 2011 für 639 Jahre – *Wo?:* in Halberstadt in der St. Burchadi-Kirche

3 b) 2. Alles zu seiner Zeit – 3. Der Narre gescheit – 4. Der Reiche wird arm – 5. Das Kalte wird warm – 6. Der Junge wird alt – 7. Das Nahe wird weit

2 Alltag

1 Alltagsprobleme
1 a) 1 – 5 – 6 – 2 – 3 – 4

2 *Richtig:* 1., 4. und 5.
Falsch: 2. Die Politesse macht keine Ausnahme. Der Falschparker muss Strafe zahlen. 3. Der Anschlusszug wartet. 6. Das Fahrrad ist 13 Uhr fertig. Die Reparatur kostet 4,50 Euro.

2 Notfälle
1 a) *Dialog 1:* Foto 1 und 3, *Beispiel:* Hilfe bei der Bank; *Dialog 2:* Foto 2 und 4; *Beispiel:* Bei der Polizei/Handy gestohlen

2 *Beispiel: die EC-Karte verlieren:* Sie hat ihre EC-Karte verloren. – *ein Formular ausfüllen:* Hast du das Formular ausgefüllt? – *Geld bekommen:* Bei der Bank bekomme ich Geld. – *eine Quittung ausfüllen:* Der Kunde füllt die Quittung aus. – *den Personalausweis dabei haben:* Haben Sie Ihren Personalausweis dabei? – *100 Euro abheben:* – Ich möchte 100 Euro abheben. – *ein Protokoll vorlesen:* Sie liest das Protokoll vor. – *auf dem Weg sein:* Ich war bereits auf dem Weg, aber dann hat Wadim abgesagt. – *ein komisches Gefühl haben:* Ich hatte ein komisches Gefühl. – *ein Handy stehlen:* Wurde dir auch schon einmal dein Handy gestohlen? – *Anzeige erstatten:* Möchten Sie Anzeige erstatten? – *eine Kopie bekommen:* Kann ich bitte eine Kopie bekommen?

4 b) Nach *weil* folgt ein Nebensatz, das Verb steht am Ende. Nach *darum/deshalb/deswegen* folgt ein Hauptsatz, das Verb steht auf Position 2.
c) *Hauptsatz:* darum will ich sie sperren. – Deshalb bin ich hier. – deswegen suchte ich nach meinem Handy. *Nebensatz:* weil mein Handy gerade gestohlen wurde.

5 a) 2 Der Beamte fragt nach weiteren Details (Ihre Adresse, Zeit, Ort). – 3 Sie geben Informationen zu Ort, Zeit etc. – 4 Der Beamte notiert alles, liest Ihnen das Protokoll vor und bittet Sie um Ihre Unterschrift. – 5 Sie unterschreiben das Protokoll und fragen, wie es weitergeht. – 6 Der Beamte sagt, dass Sie Post bekommen, wenn es neue Informationen gibt. – 7 Sie bedanken und verabschieden sich.

3 Stress im Beruf?
1 c) Wiebke Staude, 51, Werbetexterin – *Stressfaktoren:* lange Arbeitszeiten, Überstunden, großer Zeitdruck – *Strategien:* keine Mails nach 19 Uhr, keine Telefonate am Wochenende, zweimal pro Woche Sport
Thorsten Döhler, 42, Architekt – *Stressfaktoren:* selbständig, eigenes Büro, alle Aufträge angenommen, Arzttermine verschoben, auch abends gearbeitet – *Strategien:* eige-

nes Büro geschlossen, nicht mehr selbständig, mehr Zeit für die Familie
Annette Feistel, 21, Kinderkrankenschwester – *Stressfaktoren:* oft Nachtdienst, Fehler dürfen nicht passieren, körperlich und psychisch schwere Arbeit – *Strategien:* Lesen, zweimal pro Woche Freunde treffen, Yoga

2 b) Vor allem für junge Leute mit kleinen Kindern ist das sehr schwierig. – Unsere Arbeitswelt hat sich in den letzten Jahren ziemlich stark verändert, … – Das hilft mir sehr. – Ich habe damals als Architekt mit eigenem Büro ziemlich viel gearbeitet, …
– Daher lebe ich sehr viel freier. – Diese Entscheidung war sehr gut für mich und auch meine Familie. – Aber ich liebe meinen Beruf, die Arbeit mit Eltern und besonders mit unseren kleinen Patienten. – Darum lese ich sehr viel … – Ich glaube, ich habe eine ziemlich gute Work-Life-Balance.

4 a) 1 mit dem Hund spazieren, Joggen gehen – 2 lesen – 3 Musik hören – 4 Yoga machen
b) Titel der Sendung: Sprechstunde – Thema: Was tun gegen Stress?
c) 1., 2., 4., 5., 6., 7., 8., 11., 12., 13.

4 Gute Ratschläge

1 a) *Beispiel:* 2. Mein Chef findet, ich müsste schneller arbeiten. – 3. Mein Arzt findet, ich sollte endlich ein bisschen abnehmen. – 4. Mein Hund findet, ich sollte längere Spaziergänge machen. – 5. Meine Mutter findet, ich könnte endlich ein Kind bekommen.

5 Lachen ist gesund!

1 a) Lachen ist gesund, weil es verschiedene biochemische Prozesse auslöst. die den Körper und die Psyche positiv beeinflussen.
b) 1. Wissenschaftler – 2. Studie – 3. Organismus – 4. Psyche – 5. Effekt

2 a) Lachen ist die beste Medizin. – Der beste Arzt ist das Lachen. – Lachen macht gutes Blut.
b) 1 Griechenland – 2 Russland – 3 China

3 Er hat seine Frau Maria vergessen. Wegen der Geburt seines ersten Kindes ist er aufgeregt.

3 Männer – Frauen – Paare

1 Männer und Frauen

1 b) Geige – Smartphone – Kamera – Sessel – Füller
c) 1. S – 2. S – 3. L – 4. L

2 a) *typisch Frau:* einkaufen gehen; können nicht einparken; reden viel; telefonieren stundenlang; meinen nicht, was sie sagen; sind gefühlvoll; machen den Haushalt; erziehen die Kinder; gehen zur Arbeit –
typisch Mann: reden wenig; sprechen nicht über Gefühle, aber über Karriere, Politik, Sport und Computer; sind unsensibel und unkompliziert; bauen Regale; waschen das Auto; gehen zur Arbeit

2 Männer- und Frauenberufe

1 a) *Typische Frauenberufe:* Kosmetikerin, Hauswirtschafterin, Mitarbeiterin in der Ernährungswirtschaft, Erzieherin, Krankenpflegerin, Sprechstundenhilfe, Friseurin

Typische Männerberufe: Maurer, Metall- und Anlagenbauer, Elektriker, Maler, Lackierer, Berufskraftfahrer
b) Nur 4,6 % der Beschäftigten in Elektroberufen sind Frauen. Das ist ein typischer Männerberuf. – Nur wenige Männer arbeiten als Friseure, es sind nur 10,3 %. – Kosmetikerin ist ein typischer Frauenberuf. 96,6 % sind Frauen.

2 a) 1. Roth – 2. Sommer – 3. Sommer und Lauterbach – 4. Roth – 5. Roth und Sommer
c) *Beispiel:* Unterschiede entstehen durch die Gesellschaft. Kinder lernen sich an Rollenbildern zu orientieren, Klischees beeinflussen Männer und Frauen bei der Berufswahl. Frauen haben gelernt, kommunikativ zu sein.

3 a) 2 und 3

3 Über Paare sprechen

1 a) 1. Leben Sie in einer Partnerschaft? – 2. Warum leben heute so viele Menschen allein? – 3. Glauben Sie denn noch an die große Liebe? – 4. Haben Sie Kinder oder wünschen Sie sich Kinder?
b) *Elena König:* neun Jahre verheiratet; große Liebe: ja; keine Kinder, Job ist wichtig – *Michael Lang:* geschieden; Single, große Liebe: vielleicht, noch nicht gefunden; eine Tochter – *Ivana Boksic:* Single; große Liebe: nein; vielleicht in zwei bis drei Jahren

2 a) 1. glücklich – 2. sinnvoll – 3. ehrlich – 4. romantisch – 5. kritisch – 6. verständnisvoll – 7. humorvoll – 8. kompliziert

4 a) 1. zu leben – 2. mitzukommen – 3. einsam zu sein – 4. über alles zu sprechen und ehrlich zu sein – 5. zu haben
b) Satzende – trennbaren Verben

4 Paare lieben – Paare streiten

1 a) *Richtig:* 1., 3. und 4.

2 *Sach-Ohr:* Die Ampel ist jetzt grün! – *Ich-Botschaft:* Ich komme zu spät zur Arbeit, weil du zu langsam bist! – *Beziehungs-Ohr:* Du kannst wirklich nicht Autofahren! – *Aufforderungs-Ohr:* Jetzt fahr endlich los!

4 a) *lang:* Lorenz – verstehen – wie – kleben;
kurz: bissfest – immer – spinnen – lang – kochen – kurz

4 Arbeit im Wandel

1 Die größte Stadt Deutschlands

1 *Beispiel:* Das Ruhrgebiet liegt im Westen von Deutschland. Die Region liegt in Nordrhein-Westfalen. Bochum liegt zwischen den Flüssen Ruhr und Emscher. Duisburg liegt an den Flüssen Rhein und Ruhr. Dortmund liegt östlich von Gelsenkirchen. Gelsenkirchen liegt in der Nähe von Bochum.

2 a) 1. Ruhrpott – 2. unter Tage arbeiten – 3. Kumpel – 4. malochen – 5. Schrebergarten – 6. Rennpferd – 7. Förderturm
b) 1. Landkarte – 2. Opa Heinrich im Schrebergarten … – 3. arbeiten unter Tage … – 4. Onkel Helmut mit „Rennpferd" – 5. Vater und die Jungs beim Finale …
c) *Richtig:* 2., 3. und 6. – *Falsch:* 1. Meine Urgroßeltern sind 1905 ins Ruhrgebiet gekommen. 4. Frau Kowalskis Vater arbeitete kurz nach dem Krieg als Bergarbeiter und seit den 1960er Jahren arbeitete er im Supermarkt.

5. Onkel Helmut züchtete Brieftauben. Agathe ist eine Brieftaube.

3 alle

2 Von der Stahlfabrik zur Traumfabrik

1 a) 1. Das Ruhrgebiet liegt im Bundesland Nordrhein-Westfalen. – 2. Zum Ruhrgebiet gehören u. a. die Städte Bottrop, Gelsenkirchen und Bochum. – 3. Im 19. Jahrhundert begann im Ruhrgebiet der Abbau von Kohle. – 4. Die Arbeit unter Tage war sehr hart. – 5. Ein beliebtes Hobby waren Brieftauben. – 6. Im Schrebergarten konnte die Familie Gemüse anbauen und spielen.
b) 1 geografische Lage – 2 die Arbeitsmigration – 3 Arbeitsbedingungen im Bergbau – 4 Freizeit

2 *Industrieregionen:* eine der größten Europas (Z. 1), Zum Ruhrgebiet gehören u. a. die Städte Bochum, ... (Z. 4) – *Schwarzes Gold:* Kohle (Z. 15) – *Städtchen:* 1850 hatte Dortmund 4000 Einwohner (Z. 16) – *Großstadt:* 1900 waren es fast 143 000. (Z. 17) – *Arbeitsmigration:* für die Stahlproduktion brauchte man Arbeitskräfte. (Z. 22 f.), Sie kamen vom Land oder aus dem Ausland. (Z. 23) – *europäisches Ausland:* aus Polen, ...aus den Niederlanden, Österreich/Ungarn und aus Italien (Z. 30 f.) – *Kohle- und Stahlkonzerne:* bei Krupp und Thyssen (Z. 34 f.) – *Arbeit unter Tage:* im Bergbau (Z. 42) – *krank:* die Arbeit war anstrengend, ungesund und schmutzig (Z. 41 ff.) – *„Rennpferde des kleinen Mannes":* Brieftauben (Z. 62) – *Schrebergärtchen:* in der Gartenkolonie (Z. 65), Platz zum Spielen (Z. 68), Kartoffeln und Gemüse (Z. 69) – *Auf Schalke:* ins Stadion, Fußball (Z. 71 f.) – *das Revier:* wie die Kumpel den Ruhrpott liebevoll nennen (Z. 74 f.)

3 a) *1800:* Abbau von Kohle – *1850:* Dortmund 4000 Einwohner – *1859:* Arbeitstag mindestens 12 Stunden (auch für Kinder) – *1883:* Einführung der Sozialgesetzgebung – *1900:* Einwohnerzahl Dortmund 143 000 – *1914:* Arbeitsmigration (700 000 Arbeiter aus dem Ausland) – *1960er/70er Jahre:* Arbeitsmigration (über 1 Million Arbeiter) – *heute:* Fußballvereine

4 die Stadt – das Städtchen (Z. 19); das Haus – das Häuschen (Z. 26); das Bier – das Bierchen (Z. 61); der Schrebergarten – das Schrebergärtchen (Z. 67)

5 a) 1 a – 2 e – 3 e – 4 d – 5 b
b) *Das neue Ruhrgebiet:* b, c, e – *Freizeit im Revier:* a, d – Zeitstrahl Aufgabe 3: *ab 1945:* wirtschaftlicher Aufschwung – *1960er Jahre:* Wirtschaftskrise, Zechen und Stahlwerke schließen – *1970er Jahre:* Gründung von Universitäten, neue Berufe – *heute:* attraktive Wohnorte, Ruhrgebiet als Reiseziel, saubere Luft, Kultur, Fußballvereine

6 a) *Bevölkerung:* kleine Städtchen – große Industrieregion mit fast sechs Millionen Einwohnern; *Arbeit:* sehr harte Arbeit in Zechen und Stahlwerken – attraktive Arbeitsplätze/neue Berufe im Dienstleistungsbereich; *Freizeit:* wenig Freizeit, Stammkneipe, Schrebergarten, Fußball – Fußball, Freizeitparks, Kultur

3 Arbeitsunfälle

1 Stolperfallenräumer: 6 Personenbeschützerin: 2 Gefahrenmelderin: 5

2 a) Plakat Stolperfallenräumer passt zum Unfallbericht von Tanja Rohde (T)

b) *Tanja:* 1. in einem großen Unternehmen – 2. das rechte Bein – 3. in einer teuren Spezialklinik; *Marco:* 1. alten – 2. auch im Winter, selbst auf glatter Straße – 3. rutscht ihm die leichte Maschine weg – 4. sechs lange Monate

3 *ohne Artikel:* großer Fußballfan, schwere Arbeitsunfälle, treue Fans, neue Berufe, moderne Technologiezentren, attraktive Standorte, attraktive Arbeitsplätze, neue Freizeitparks, große Kinozentren, renommierte Schauspielhäuser, mit schweren Akten, bei gutem Wetter, auf glatter Straße –
nach bestimmten Artikeln: die größte Stadt, die geografische Lage, die größte Industrieregion, zwischen den kleinen Flüssen, des „schwarzen Goldes", in den großen Zechen, die kleinen Häuschen, aus dem europäischen Ausland, bei den großen Kohle- und Stahlkonzernen, des kleinen Mannes, der wirtschaftliche Aufschwung, die deutschen Produkte, den linken/rechten Arm –
nach unbestimmten Artikeln: ein beliebtes Hobby, ein attraktives Reiseziel, eine große Industrieregion, ein passendes Plakat, in einem großen/kleinen Unternehmen, in einer teuren Spezialklinik, in einer gefährlichen Kurve

4 1. Die BG ist die gesetzliche Unfallversicherung für Arbeitnehmer und Arbeitnehmerinnen. – 2. Die BG kümmert sich um Personen, die einen Unfall am Arbeitsplatz oder auf dem Weg dahin erleiden. – 3. Die BG sorgt nach einem Unfall für eine optimale Behandlung und übernimmt die Kosten. – 4. Pro Jahr gehen bei den BG etwa 1,2 Millionen Arbeitsunfälle ein. – 5. 20- bis 29-Jährige sind besonders gefährdet, weil jungen Berufstätigen die Routine fehlt, sie mehr riskieren als ältere Arbeiter und sich oft zu sicher fühlen.

6 2. sonniges – 3. schwierige – 4. schneller/ schnelle – 5. schlechtes – 6. nette

8 a) *Text 1:* Schwerer – Autobahn – Fahrer – Rettungshubschrauber – km – Klinik – *Wer?:* 34-jähriger Bankkaufmann aus Duisburg – *Was?:* schwerer Autounfall – *Wann?:* gestern – *Wo?:* auf der Autobahn A44
Text 2: Verkäuferin – verletzt – Supermarkt – Kopfverletzungen – einer – Krankenhaus – *Wer?:* 47-jährige Verkäuferin Marta G. – *Was?:* Unfall bei Hilfsaktion – *Wann?:* gestern – *Wo?:* in einem großen Supermarkt? – *Wie/Warum?:* Helferin stolperte über den Gehstock und fiel gegen ein schweres Regal
b) *ohne Artikel:* schwerer Unfall – mit leichten Kopfverletzungen
nach bestimmten Artikel: der 34-jährige Bankkaufmann – der tragische Unfall – der junge Fahrer – mit dem örtlichen Rettungshubschrauber – die 47-jährige Verkäuferin
nach unbestimmten Artikel: von einer feuchtfröhlichen Firmenfeier – in einem großen Supermarkt – einer alten Dame – gegen ein schweres Regal – mit einer tiefen Schnittwunde

10 *Beispiel:* Unfall im Einsatz – Ein 36-jähriger Notarzt aus Bochum war gestern im Einsatz und wollte zu einer verletzten jungen Mutter. Er stolperte über ein kleines Spielzeugauto, das auf dem Fußboden lag. Dabei brach er sich seinen rechten Arm. Helfer transportierten Mutter und Notarzt in die Klinik.

5 Schule und lernen

1 Schulalltag in Deutschland

2 a) 1 b – 2 f – 3 c – 4 a – 5 d – 6 e – 7 g
b) 2. 1 – 3. 2 – 4. 6

3 a) 4 – 5 – 2
b) *Richtig:* 3. – *Falsch:* 1. Tobias wollte zur Literatur-AG gehen, aber es sind zu viele Bücher auf der Leseliste und er möchte lieber in der Medien-AG helfen. 2. Kristina ist gerade auf dem Weg zur Literatur-AG bei Frau Rasche. – 4. An der „Langen Nacht der Mathematik" nehmen Schulen aus ganz Schleswig-Holstein teil. 5. Bei der „Langen Nacht der Mathematik" übernachtet man in der Turnhalle.
c) *Beispiel:* Eine Literatur-AG ist eine Arbeitsgemeinschaft, in der man viele Bücher liest und über Bücher redet.
Die „Lange Nacht der Mathematik" ist ein Wettbewerb, bei dem Schüler die ganze Nacht in der Schule bleiben und Matheaufgaben lösen.

2 Das deutsche Schulsystem

1 2. vier – 3. 9. – 4. ein weiteres Schuljahr – 5. 10 – 6. 12 – 6. Ende

2 a) 1981: Kindergarten – 1984: 1. Klasse Grundschule – 1988: Gymnasium – 1990: Realschule – 1994: Realschulabschluss – 1994–1996: Gymnasium – 1996: Abitur – 1997–2004: Studium Sozialpädagogik

3 a) *Hausmeister:* Heizung überwachen, Lampen und kaputte Stühle reparieren, um Kopiergeräte kümmern, Getränke verkaufen, Schnee räumen, den Weihnachtsbaum aufstellen
Schulsozialarbeiterin: Schüler beraten, mit Eltern und Lehrkräften nach Lösungen suchen, Schüler bei der Berufswahl unterstützen, Arbeitsgemeinschaften leiten, bei Konflikten helfen

4 a) 2. *Wunsch:* Ich wünschte, die Schule würde eine weitere Schulsozialarbeiterin einstellen. *Realität:* Die Schule hat nur eine Schulsozialarbeiterin – 3. *Wunsch:* Ich wünschte, Schülerinnen und Schüler würden mich bei Problemen sofort um Hilfe bitten. *Realität:* Die Schülerinnen und Schüler kommen bei Problemen nicht sofort zu mir. – 4. *Wunsch:* Ich wünschte, ich hätte einen Kollegen, dann könnten wir uns die Arbeit teilen. *Realität:* Ich habe keinen Kollegen.

5 b) *Beispiel:* Ich wäre gern in Italien und hätte gern ein kleines Ferienhaus. Ich könnte Zeit mit meiner Freundin verbringen und faulenzen sein. Ich würde jeden Tag ausschlafen und viel lesen.

6 a) würde + Infinitiv
c) du würdest – wärst; er/sie/es wurde – würde – war – wäre

7 a) 1. hätte – 2. könnte – 3. wüsste – 4. wären – 5. wäre

8 a) 1. wäre – 2. könnte – 3. müsste – 4. wüsste – 5. hätte – 6. würde

3 Meine Schulzeit

1 *Schulfach:* Biologie, Englisch, Kunst, Religion, Deutsch, Latein, Physik –
Schularten: Berufsschule, Hauptschule, Realschule, Gymnasium, Grundschule –
Menschen an der Schule: Schüler, Musiklehrer, Sozialarbeiterin, Mathematiklehrerin, Vertrauenslehrerin, Schulsekretärin, Hausmeister –
Gegenstände im Klassenzimmer: Chemiebuch, Wörterbuch, Tafel, Computer, Landkarte

2 a) 1 c – 3 d – 4 b – 5 f – 6 e
b)

	der/ein	das/ein	die/eine	Pl.
Nom				die
Akk	den	das	die	
Dat		dem		

3 *Beispiel:* Meine Erinnerungen an die Schulzeit sind positiv. Ich war gerne in der Schule. Mein Lieblingsfach war Kunst, weil ich gerne zeichne. Ich hatte viele Schulfreunde. Viel Spaß hatten wir auf den Klassenfahrten. Einen Lieblingslehrer hatte ich nicht. Nur das Schulessen hat mir nie geschmeckt.

4 Lernvorlieben

1 a) *Kommentar 1:* 3 – *Kommentar 2:* 4 – *Kommentar 3:* 1 – *Kommentar 4:* 2
b) *Beispiel:* Die Personen auf dem zweiten Foto lernen draußen. Sie sind im Park und das Wetter ist schön. Sie lernen in der Gruppe und haben Bücher dabei. – Die Person auf dem dritten Bild lernt zu Hause auf dem Sofa. Er lernt durch Hören und durch Schreiben. Er lernt alleine. – Die Person auf dem vierten Bild lernt in der Bibliothek. Sie lernt mit dem Computer.
c) *Beispiel:* Ich lerne am liebsten zu Hause. Es muss ruhig sein, damit ich mich konzentrieren kann. Ich lerne mit Büchern und meinen eigenen Notizen. Es ist wichtig, oft kurze Pausen zu machen. Manchmal lernen wir auch zu zweit. Dann kann man diskutieren.

Station 1

1 Training für den Beruf: Eine Präsentation vorbereiten und durchführen

1 a) a 3 – b 2 – c 1 – d 4
b) *Foto a: Wer?:* Architekt – *Wo?:* im Büro – *Für wen?:* Stadtplaner – *Ziel:* Entwurf vorstellen
Foto b: Wer?: Marketing-Abteilung – *Wo?:* im Büro – *Für wen?:* Geschäftsführer – *Ziel:* Zahlen darstellen
Foto d: Wer?: Sekretärin – *Wo?:* in der Besprechung – *Für wen?:* Chef – *Ziel:* Termine klären

2 a) Espressomaschine

2 Wörter – Spiele – Training

1 b) *seine Meinung ausdrücken:* Das Foto gefällt mir so gut, weil … – Ich finde (nicht), dass … – Meiner Meinung nach …
jmdm. zustimmen: Da bin ich ganz deiner Meinung. – Da hast du Recht – Stimmt. – Das sehe ich auch so / (ganz) genauso. – Ganz genau! – Na klar! – Das stimmt.
jmdm. widersprechen: Ich bin nicht deiner Meinung. – Da stimme ich dir nicht zu. – Das kann man so nicht sagen. – Das ist nicht ganz richtig.
Wünsche äußern: Ich hätte gern … und wünsche mir … – Ich möchte … – Wenn ich doch … – Ich wäre gern …

3 Grammatik und Evaluationen

2 **a)** *Wer?:* Nadeschda Prokofjewna Suslowa – *Was?:* die erste Frau an der Universität – *Wo?:* Zürich – *Wie viele?:* heute sind 48 % der Studierenden Frauen

b) *regelmäßig:* studierten – *unregelmäßig:* war, schrieb, bin, werden, kommen, hatte, waren, sind, war, durften, trafen

c) *Beispiel:* Von 1861 bis 1864 besuchte Nadeschda Prokofjewna Suslowa die medizinische Akademie in Sankt Petersburg. Sie begann 1865 das Studium der Medizin an der Universität Zürich. Mit 24 Jahren beendete sie ihr Studium mit einer Promotion. Prokofjewna heiratete 1868 einen Züricher Augenarzt. Sie zogen gemeinsam nach Sankt Petersburg. Dort eröffnete sie als erste Frau Russlands eine eigene Praxis für Frauen.

3 Filmstation

2 **a)** 1 c – 2 c – 3 b – 4 a

b) 1 Ausgangsort – 2 geblieben – 3 signalisieren – 4 Osten – 5 Sonne – 6 überstehen – 7 Morgen – 8 tanken – 9 Sonne – 10 Zeitumstellung

4 *Herr Dreyer: Richtig:* 1. und 3. – *Falsch:* 2.
Frau Dreyer: Richtig: 3. – *Falsch:* 1. und 2.

5 1. Erwartungen – 2. Stress – 3. streiten

6 Klima und Umwelt

1 Wetter, Wetter, Wetter!

1 **a)** *Text a:* Wetterchaos in Deutschland – *Text b:* Hochwasser – *Text c:* Rekordwetter – *Text d:* Sturm in Deutschland

b) *Grimma* (Text b): eine Stadt im Bundesland *Sachsen* – *Hochwasser* (Text a): Nach starkem Regen treten Flüsse über die Ufer. – *Mulde* (Text b): Ein Fluss, der durch die Stadt Grimma fließt. – *Kyrill* (Text d): Ein Orkan, der das Rhein-Main-Gebiet lahm gelegt hat. – *Wetterrekord* (Text c): Rekorde wie z. B. die höchste Temperatur oder der meiste Schnee. – *Jahresgesamtniederschlag* (Text c): Der Niederschlag, der in einem Jahr fällt. – *Beispiel weitere Wörter: Schneedecke* (Text c): Schnee, der Häuser oder den Boden bedeckt.

2 der Sturm, das Hochwasser, das Gewitter, der Schnee, der Hagel, der Orkan

4 1. Text d/falsch (Es gab einige Leichtverletzte.) – 2. Text a/richtig – 3. Text b/richtig – 4. Text c/falsch (Schnee im Sommer kommt in Bayern nicht jedes Jahr vor, aber 1962 gab es Schnee im Sommer.) – 5. Text b/richtig – 6. Text a/richtig

5 **a)** 1. *Weil es viel regnete,* gab es Hochwasser in Süd- und Ostdeutschland. – 2. *Es regnete viel.* Deshalb/Deswegen/Darum gab es Hochwasser in Süd- und Ostdeutschland. – 3. *Wegen des Regens* gab es Hochwasser in Süd- und Ostdeutschland. – 4. *Wegen der Hitzewelle* gab es Straßenschäden auf deutschen Autobahnen.

b) Wegen der Hitze brechen Betonplatten und stehen mehrere Zentimeter hoch. Deshalb kam es bereits in den letzten Tagen zu kilometerlangen Verkehrsstaus. (Text a) – Wegen des starken Regens treten vor allem in Deutschland und Österreich viele Flüsse über die Ufer. (Text b) – Wegen des Orkans „Kyrill" kam es auch im Rhein-Main-Gebiet zu zahlreichen Schäden und Behinderungen. (Text d) – Wegen umgestürzter Bäume und beschädigter Oberleitungen stellte die Deutsche Bahn gegen 19 Uhr den gesamten Nah- und Fernverkehr in der Region ein. (Text d)

Folgen des Sturms: zahlreiche Schäden und Behinderungen, umgestürzte Bäume und beschädigte Oberleitungen → Bahn stellt Nah- und Fernverkehr ein
Folgen der Hitzewelle: Betonplatten brechen → kilometerlange Verkehrsstaus
Folgen des Hochwassers: Flüsse treten über die Ufer → die Anwohner müssen ihre Häuser verlassen

2 Der UN-Klimareport – Ursachen und Prognosen

1 **a)** *Foto a:* die Dürre/die Hitze – *Foto b:* der Schnee/(das Eis) – *Foto c:* der Sturm/der Orkan – *Foto d:* das Hochwasser

b) *Beispiel:* Dornröschen schläft im Märchen hundert Jahre. Wenn man so lange wartet und nichts gegen den Klimawandel tut, werden die Folgen schlimm sein.

c) Prognosen: 1., 2. und 4.

d) *Textgrafik: Trend 1:* Die Temperatur wird steigen. – *Trend 2:* Wasser wird knapp. – *Trend 3:* Der Meeresspiegel wird steigen. – *Folgen für die Ostsee:* mehr Sonne, mehr Feriengäste – *Folgen für die Alpen:* Unwetter und Lawinen, weniger Schnee, weniger Wintersport, weniger Arbeitsplätze in den Skigebieten – *2050:* weniger Wasser in Brandenburg – *Städte:* an den Küsten, durch ansteigenden Meeresspiegel bedroht – *Folgen:* Gefahr für Menschen, Verlust von Land, Gefahr für Wirtschaft – *Spaniens Süden:* Hitzewellen, Trockenperioden, Wasserprobleme

2 **a)** *Abschnitt 1:* Industrieländer, UN-Klimareport, Prognose, Weltklimakonferenz –
Abschnitt 2: Meeresspiegel, Klimaexperte, Wetteraufzeichnungen, Treibhausgase, Frostperiode

b) *Trend:* eine Entwicklung –
Ferienregionen: Gebiet, in dem viele Menschen Urlaub machen –
Klimaprognosen: Vorhersagen darüber, wie das Klima in der Zukunft sein wird –
Unwetter: extremes Wetter mit Sturm, Regen, Hagel oder Gewitter –
Skitourismus: ein Wirtschaftszweig, Tourismus in Skiregionen –
Südeuropa: das südliche Europa –
Trockenperioden: Zeit, in der wenig Niederschlag fällt –
Ökonomien: die Wirtschaft eines Landes –
Nichtstun: nicht handeln, nicht aktiv sein

3 seltener/häufiger – kälter/wärmer – billiger/teurer – tiefer/höher – schwächer/stärker

4 **a)** (+): 1., 2., 6., 7., 8., 11., 13. und 14.
(–): 3., 4., 5., 9., 10. und 12.

b) *Bild 1:* 2100, Kitzbühel, Lift geschlossen – *Bild 2:* 2100, Ostsee, 21–26 Grad – *Bild 3:* 2015, Ostsee, 17–23 Grad – *Bild 4:* 2015, Kitzbühel, 56 Liftanlagen

c) *Beispiel:* Die Temperatur wird steigen. Es wird mehr Hitzewellen und Trockenperioden geben. Die Eisdecken in Grönland werden schmelzen. Feuchte Regionen werden mehr Regen haben. Unwetter und Lawinen in Gebirgen werden zunehmen.

5 1 b – 2 c – 3 a

3 Umweltprobleme: Wissen Sie eigentlich, …?

1 a) *6:* Jeder Deutsche verbraucht pro Jahr sechs Bäume (z. B. für Papier). – *10:* Jeder Deutsche produziert zehn Tonnen CO_2 im Jahr. – *80:* Pro Person werden in Deutschland 80 Kilogramm Nahrungsmittel pro Jahr in den Müll geworfen. – *123:* Jeder Deutsche verbraucht ca. 123 Liter Wasser am Tag.
b) 2. Wie kann man den Wasserverbrauch reduzieren? – 3. Welche Folgen hat der große Wasserverbrauch in der Landwirtschaft? – 4. Wie hoch ist der Verbrauch von Papier?

2 1. Nicht der private Wasserverbrauch, sondern der Wasserverbrauch in der Landwirtschaft ist das größte Problem. – 2. Nicht der Winter 2006, sondern der Winter 2007 war der wärmste Winter. – 3. Nicht die Tiere, sondern die Menschen sind schuld am Klimawandel.

4 a) (S. 116): Je mehr Sonne und je höher die Temperaturen, umso mehr Feriengäste werden kommen. – Je wärmer es wird, desto mehr Eis wird am Nord- und Südpol schmelzen. – Und je mehr Eis schmilzt, desto höher wird der Meeresspiegel.
(S. 118): Je länger wir nichts tun, umso größer wird das Problem. – Je mehr Energie wir verbrauchen, desto mehr Energie müssen wir produzieren. – Je mehr Kohle und Öl wir dafür verbrennen, desto mehr CO_2 entsteht und desto wärmer wird die Erde. – Je mehr Sie kaufen, desto mehr werfen Sie auch weg.
b) 1. Je mehr Geld die Menschen haben, desto mehr Autos kaufen sie. – 2. Je mehr Fleisch die Menschen essen, desto mehr Tiere muss die Landwirtschaft züchten. – 3. Je weniger Schnee in den Alpen fällt, desto weniger Wintersporttouristen gibt es. – 4. Je mehr Menschen es gibt, desto mehr Umweltprobleme gibt es.

5 a) *Beispiel:* Schlecht für die Umwelt ist, wenn man jeden Tag mit dem Auto fährt. – Der Müll ist ein großes Problem. – Je weniger wir konsumieren, desto besser für die Umwelt.
b) *Frau Wolf:* 1., 2. und 5. – *Herr Jung:* 2., 6. und 7. – *Frau Simon:* 2., 3. und 7.
c) *Beispiel:* Ich bin zu Fuß zur Arbeit gelaufen. – Ich bin einkaufen gegangen und habe einen Beutel aus Stoff benutzt.

6 *Beispiel:* Liebe Redaktion von Natur pur,
Ich denke, dass jeder etwas gegen den Klimawandel tun kann. Die Tipps in Ihrem Artikel sind sehr nützlich. Auto fahre ich schon lange nicht mehr. Hier in der Großstadt braucht man kein Auto, denn alles ist sehr nah oder mit Bus und Bahn zu erreichen. Wenn ich das Auto mal brauche, dann nutze ich Carsharing oder die Mitfahrzentrale. Ich glaube, viele Leute behalten ihr Auto nur aus Bequemlichkeit.

Liebe Grüße
…

7 Das ist mir aber peinlich!

1 Was ist Ihnen (nicht) peinlich?

1 b) *Beispiel:* 1. Jens Berg meint, dass das Rotwerden eine „natürliche Reaktion" ist. – 2. Ursachen für das Rotwerden sind Unsicherheit, Verlegenheit, Freude und Ärger. – 3. Darwin sagte, dass es die „menschlichste aller Ausdrucksformen" ist.
c) *Jochen Finster:* Foto 3 – *Sarah Schulz:* Foto 1 – *Volker Westphal:* Foto 2

2 a) 3. und 4.
b) *Lisa (L):* 1. und 4. – *Franziska (F):* 2. und 3.

3 *Beispiel:* Mir ist schon einmal etwas sehr Peinliches passiert. Es passierte vor ein paar Monaten. Ich war mit einer Freundin im Kino. Wir waren zu spät und der Film hatte schon angefangen. Es war dunkel und wir mussten unsere Plätze suchen. Da bin ich über eine Tasche gestolpert und habe meine Cola verschüttet. Das war mir sehr peinlich. Die Leute haben geholfen und mir Taschentücher gegeben.

2 Was sagt der Knigge?

2 b) Menschen, denen gutes Benehmen wichtig ist, lesen solche Bücher. Sie kennen solche Situationen und wollen von Experten wissen, wie man sich richtig verhält.

3 a) Z. 2–3 (Wecken Sie ihn, obwohl sie ihn nicht kennen?)
b) Z. 1–2 – Z. 3–4 – Z. 5–6 – Z. 10–11 – Z. 15–16

4 a) Sie <u>wecken</u> Ihren Strandnachbarn. Sie <u>kennen</u> ihn nicht. – Sie <u>wecken</u> Ihren Strandnachbarn, obwohl Sie ihn nicht <u>kennen</u> – Obwohl Sie ihn nicht <u>kennen</u>, <u>wecken</u> Sie Ihren Strandnachbarn.
Mit *obwohl* beginnt ein **Neben**satz.
b) 1. Die Gäste kommen erst um 20 Uhr, obwohl auf der Einladung „Beginn 18 Uhr" steht. – 2. Ich bin müde, obwohl ich früh ins Bett gegangen bin. – 3. Svenja nimmt nicht zu, obwohl sie ständig Schokolade isst. – 4. Viele Leute liegen im Park auf dem Rasen, obwohl es verboten ist.

5 *Beispiel:* Die Frau füttert die Tauben, obwohl Tauben füttern verboten ist. – Die Leute baden im Brunnen, obwohl es verboten ist. – Obwohl Spielen im Park verboten ist, spielen die Jugendlichen Volleyball.

6 *Beispiel:* Wenn man in meinem Land ins Theater geht, sollte man gute Kleidung tragen. Auf keinen Fall sollte man Jeans und Turnschuhe tragen.

3 Knigge international

1 a) Eva Berger ist technische Optikerin und Betriebswirtin. Sie arbeitet bei der optronica GmbH. Sie beantwortet Fragen zum Angebot der Firma und hilft, wenn man Unterstützung bei innovativen optisch-technischen Ideen braucht.
b) Japan, USA, Italien, Russland
c) 1. Russland – 2. USA – 3. Japan – 4. Italien
d) *USA:* Wie direkt darf man sein?/mit dem Vornamen ansprechen – *Japan:* Wem gibt man wann die Visitenkarte?/Sushi nicht mit den Händen essen, nicht in der Öffentlichkeit die Nase putzen – *Italien:* Wie oft darf man im Gespräch reinreden, unterbrechen oder nachfragen?/Geschäftliches beim Essen besprechen – *Russland:* Wie viel Privates erzählt man beim Kennenlernen?/erst ken-

nenlernen, dann das Geschäftliche; sich für die Gastfreundschaft bedanken

3 **a)** *Ellenbogenländer:* geringer Abstand zum Gesprächspartner – *Handgelenk-Kulturen:* größerer Abstand zum Gesprächspartner – *Fingerspitzen-Staaten:* große Distanz zum Gesprächspartner
b) *Ellenbogenländer:* Spanien, Italien, Griechenland, Türkei, Indien, Südamerika – ☺ private Themen besprechen, persönliche Beziehungen aufbauen
Handgelenk-Kulturen: Frankreich, USA, Russland, arabische Länder, China, Australien – ☺ über Prominente reden, Komplimente für gute Leistungen machen – ☹ gutes Aussehen loben, nach der Familie fragen
Fingerspitzen-Staaten: Deutschland, England, Skandinavien, Kanada, Japan – ☺ Komplimente über Beruf und Firma machen – ☹ Person oder Kleidung loben, über das Privatleben sprechen

5 1. in einer zusammenwachsenden Welt – 2. ein passender Gesprächsanfang – 3. ein überzeugendes Thema
Regel: Partizip I = Verb (Infinitiv) + **d** + Endung/Adjektivendung

4 Was tun, wenn …?

1 **a)** Er hat einen schlechten Tag. Eine Nachbarin beschwert sich, weil Herr Kramer den Müll zur falschen Zeit einwirft. Er verschüttet Kaffee auf den Rock seiner Chefin. Er begrüßt Herrn Wang falsch. Er stellt sein Fahrrad an einem Ort ab, wo es verboten ist und muss eine Strafe zahlen.

2 **a)** 1. 1/2 – 2. 1/2 – 3. 2/1 – 4. 2/1
c) 2. Nachdem Karstens Kaffee umgefallen war, wechselte seine Chefin die Kleidung. – 3. Beide begrüßten Herrn Wang, nachdem die Chefin ihre Kleidung gewechselt hatte. – 4. Karsten fuhr mit dem Fahrrad nach Hause, nachdem er zehn Euro gezahlt hatte.
(1): Plusquamperfekt – (2): Präteritum – Bildung Plusquamperfekt: *haben* oder *sein* im Präteritum + Partizip II

3 **b)** *Beispiel:* Nachdem an diesem Tag nichts funktioniert hatte, traf er sich am Abend mit seinen Freunden und erzählte ihnen alles.

4 **a)** *Situation 1:* Das wollte ich nicht. Das war ein Versehen. Pardon! – *Situation 2:* Entschuldigung, das war ein Versehen. Kann ich Ihnen helfen? – *Situation 3:* Oh Verzeihung, das tut mir leid. – *Situation 4:* Das wusste ich nicht.

5 **a)** 2.
b) *Beispiel:* Liebe Yu,
Du musst wissen, dass viele Leute in Deutschland sehr umweltbewusst sind. Der Müll wird nach Papier-, Bio- und Restmüll getrennt und dann in unterschiedliche Mülltonnen geworfen.
Liebe Grüße
Sylvia

8 Generationen

1 Jung und alt

1 **a)** *Beispiel: in der Kindheit:* draußen spielen, in die Schule gehen, glücklich sein – *in der Jugend:* in die Schule gehen, lernen, aktiv und fit sein, die erste Liebe, ungeduldig sein, glücklich sein – *im mittleren Alter:* die Wohngemeinschaft, die Familie, zusammen /allein leben, glücklich sein, sich Sorgen machen – *im hohen Alter:* mehrere Generationen, alt werden, in Rente gehen, die Krankheit, das Altersheim, glücklich sein

2 **a)** *Beispiel:* Vermutlich geht es um die Familie und wie die Generationen zusammenleben. Ich denke, es könnte um eine Enkelin und ihre Großmutter gehen.
b) *Foto 1:* in der Schule, beste Freundin – *Foto 2:* im Altersheim – *Foto 3:* am Bahnhof, Oma kommt – *Foto 4:* zu Hause, Kaffee und Kuchen – *Foto 5:* im Café, Oma und Enkelin
Mögliche Reihenfolge: 1 – 3 – 4 – 5 – 2
Beispiel (9 Sätze): Maria erzählt ihrer besten Freundin in der Schule, dass ihre Oma aus Hannover zu Besuch nach Berlin kommt. Am Nachmittag sitzen alle bei Kaffee und Kuchen. Es gibt viel zu erzählen. Marias Oma sagt, dass sie in ein Altersheim ziehen will. Sie kann nicht mehr allein in ihrem großen Haus leben. Marias Oma will in ein Altersheim in Berlin ziehen, damit sie näher bei ihrer Familie ist. Maria findet das gut, weil sie ihre Oma dann immer besuchen kann. Aber Marias Oma ist auch traurig, weil sie die Heimat verlassen muss und viele Bekannte nicht mehr sehen kann. Schon kurz nachdem Marias Oma ins Altersheim gezogen ist, lernt sie dort andere Seniorinnen kennen.

3 **b)** Blaue Tage sind gute, klare Tage. Da ist alles so, wie es sein soll. An grauen Tagen hat Oma Aussetzer und kann sich an nichts erinnern.

2 In einen Roman einsteigen …

1 **a)** Oma Lotte, Bert, Evi und Vera
b) 1. Oma Lotte – 2. Evi – 3. Britta – 4. Bert – 5. Oma Lotte – 6. Vera – 7. Vera – 8. Bert – 9. Oma Lotte – 10. Bert – 11. Evi

2 **a)** *Richtig:* 2. und 4.
Falsch: 3. Das ist Bert und das ist sein Kind Evi. Britta ist die Mutter seines Kindes.
b) 2. Das ist Britta und das ist ihre Schwiegermutter Lotte. Bert ist der Sohn ihrer Schwiegermutter. – 3. Das ist Bert und das ist sein Kind. Britta ist die Mutter seines Kindes. – 4. Das ist Bert und das sind seine Eltern. Britta ist die Schwiegertochter seiner Eltern.

3 2. Zeile 2–3 – 4. Zeile 14–15 – 5. Zeile 16 – 6. Zeile 20

4 **b)** *Beispiel:* 2. *die Schultern senken* = jemand macht sich Sorgen – 3. *den Kopf schütteln* = etwas verneinen – 4. *nach etwas tasten* = jemand sucht etwas – 5. *jemandem die Daumen drücken* = jemandem Glück wünschen – 6. *den Kopf hängen lassen* = traurig oder ohne Hoffnung sein – 7. *die Stirn runzeln* = jemand versteht oder mag etwas nicht – 8. *die Augenbrauen heben* = jemand ist überrascht – 9. *einen trockenen Mund bekommen* = jemand ist nervös, aufgeregt oder angespannt
c) Z. 2–3: Ihre Hand tastete nach Evis Hand. – Z. 8: Der Vater schüttelte den Kopf. – Z. 12: Sie ließ die Schultern wieder sinken.

5 a)

Genitiv		
ich	meines	meiner
du	deines	deiner
er/es	seines	seiner
sie	ihres	ihrer
wir	unseres	unserer
ihr	eures	eurer
sie/Sie	ihres/Ihres	ihrer/Ihrer

3 Interessen und Konflikte

1 a) Oma möchte, dass Evi Tagebuch führt. – Oma will sich nicht unterkriegen lassen. – Vermutlich möchte Oma ins Altersheim gehen. – Mutter und Vater wollen weiterarbeiten. – Evi möchte nicht, dass ihre Oma ins Altersheim geht.

2 *Beispiel:* 1. Evi kommt nach Hause. – 2. Evi findet, ihre Oma soll nicht in ein Heim gehen. – 3. Oma möchte, dass Evi ein Merkbuch schreibt. – 4. Oma will genau wissen, wie oft sie gute Tage und wie oft sie Aussetzer hat. – 5. Die Eltern und Oma überlegen, ob Oma ins Heim gehen soll. – 6. Evi will nicht, dass Oma ins Heim zieht. – 7. Evi schlägt vor, dass ihre Mutter oder ihr Vater zu Hause bleiben und auf Oma aufpassen. – 8. Evis Mutter möchte nicht zu Hause bleiben, weil sie ihre Arbeit mag.

3 b und c) 1. Seit Oma älter geworden ist, nennt sie ihren Sohn wieder Berti. – 2. Seit Oma mit ihnen im Haus wohnt, ist Vera unzufrieden. – 3. Seit Oma immer mal etwas vergisst, notiert Evi alles im Notizbuch. – 4. Seit Evi ein Merkbuch führt, freut sich Oma über jeden blauen Tag. – 5. Seit Oma in ein Altersheim ziehen will, macht sich Evi Sorgen um Oma.

4 Regel: Nach den Vokalen **au**, **a**, **o**, **u** spricht man ein *ch* [x] wie in *versprochen*.

4 Probleme diskutieren

1 a) *Beispiel:* 1. *Pro:* Die Pflegekräfte sorgen gut für sie. *Contra:* Sie fühlt sich dort nicht zu Hause. – 2. *Pro:* Die Wohngemeinschaft ist wie eine Familie. – *Contra:* Die Pflegekräfte wechseln oft. – 3. *Pro:* Der Vater kann viel Zeit mit seiner Mutter verbringen. *Contra:* Er verdient kein Geld. – 4. *Pro:* Oma kann bei ihrer Familie bleiben. *Contra:* Vera ist ohne Arbeit unzufrieden. – 5. *Pro:* Oma ist nicht allein. *Contra:* Sie arbeiten und verdienen weniger.

4 a) 2.

5 Was siehst du, wenn …

1 b) *Beispiel:* Im Buch geht es darum, was Kinder in Deutschland heute bewegt und welche Träume, Wünsche und Ängste sie haben.

2 *Richtig:* 1. und 3.
Falsch: 2. Das Buchcover und die Bilder sind nicht langweilig und passen gut zum Buch. – 4. Die Informationstexte zwischen den Interviews sind interessant und wichtig.

3 a) Er hat weder Angst vor Spinnen noch vor Schlangen! – Anna (9 Jahre) erzählt, dass sie nicht nur bessere Noten haben möchte, sondern auch besser Klavier spielen will.

– Lachen Sie mit, wenn Ibrahim (10 Jahre) erzählt, dass er weder Hundehaufen noch Löwen mag. – Im Buch finden Sie nicht nur viel Lustiges, sondern auch Hintergrundinformationen.

b) 1. Das Buch informiert nicht nur über Kinder in Deutschland, sondern präsentiert auch viele lustige Antworten auf die kleinen und großen Fragen des Lebens. – 2. Das Buchcover ist weder langweilig noch sind die Zeichnungen hässlich. – 3. Die Interviews mit den Kindern haben nicht nur eine gute Länge, sondern sind auch immer kurzweilig. – 4. Die Informationstexte zwischen den Interviews sind weder öde noch unnötig.

4 *Beispiel:* Als Kind wollte ich am liebsten Zoodirektor werden. Ich fand nicht nur Haustiere, sondern auch die großen wilden Tiere interessant. Besonders schön war für mich, wenn wir in den Zoo gingen. Außerdem wollte ich immer alle Tiere füttern, aber das ging leider nicht.

9 Migration

1 Migration geht uns alle an!

1 1. und 4.

2 a) 1. In die USA – 2. Sieben Millionen – 3. Aus der Türkei – 4. ins Ruhrgebiet – 5. der Nationalsozialisten aus
b) c – b – a – d
c) *Gastarbeiter:* 1950er Jahre; aus Italien, Spanien, Portugal, der Türkei – *Auswanderer nach Übersee:* im 19. Jahrhundert; in die USA; nach Brasilien, Kanada, Australien – *polnische Arbeiter:* Ende des 19. Jahrhunderts, ins Ruhrgebiet, Bergbau – *Menschen, die von den Nationalsozialisten verfolgt wurden:* ab 1933, in die USA, nach Südamerika und Skandinavien – *Spätaussiedler:* seit Ende der 1980er Jahre; aus Russland, Rumänien und Kasachstan

3 a) *Beispiel:* 1800: viele Auswanderer wegen Problemen in Europa – 1900: polnische Arbeiter ziehen ins Ruhrgebiet – 1914: ca. vier Millionen Deutschen ziehen in die USA – 1933: Menschen fliehen wegen der Nationalsozialisten ins Ausland – 1950: Arbeitskräfte aus Italien, Spanien, Portugal und der Türkei kommen nach Deutschland – 1964: der millionste Gastarbeiter kommt nach Deutschland – seit 1980: mehr als zwei Millionen Spätaussiedler – 2015: über 100 000 Deutsche wandern jährlich aus

4 *Beispiel:* Die Menschen verlassen ihr Land, weil sie arbeitslos sind und keinen Job finden. Sie sind unzufrieden mit ihrer Situation. Deshalb suchen sie ihr Glück in einem anderen Land. Sie wollen Geld verdienen und wünschen sich ein besseres Leben.

2 Eine Migrationsgeschichte

1 b) *Foto 1:* Z. 1 – *Foto 2 und 3:* Z. 3–5 – *Foto 4:* Z. 10–11 – *Foto 5:* Z. 20–23
c) *Rosa:* kocht für die italienischen Gastarbeiter, wird krank – *Romano:* lässt andere für sich im Restaurant arbeiten – *Gigi:* möchte gern Regisseur werden, dreht einen Dokumentarfilm, lernt Italienisch, eröffnet ein Kino – *Giancarlo:* geht zur Preisverleihung – *Jo:* ist mit den Brüdern befreundet

2 *Beispiel:* Die Wohnung, das Wetter, das Obst und Gemüse: alles ist anders als in Italien. Rosa ist unzufrieden. Die Familie muss Deutsch lernen.

4 *Beispiel:* Ich lasse mir die Haare schneiden, aber den Teppich lasse ich reinigen. Die Wohnung putze ich selbst, aber die Schuhe lasse ich reparieren. Die Wäsche wasche ich selbst, aber die Hemden lasse ich bügeln. Obst und Gemüse kaufe ich selbst ein. Die Wohnung lasse ich streichen, aber meine Briefe schreibe ich selbst.

6 a) Kino in Solino, Hochzeit, Mutter wieder gesund, Brüder streiten nicht mehr
b) *Beispiel:* Gigi hat in Solino ein Kino, das gut läuft. 1984 ist Mutter Rosa wieder gesund. Gigi und Ada heiraten. Sie laden die ganze Familie zur Hochzeit nach Italien ein. Auch Giancarlo kommt. Gigi und Giancarlo beenden ihren Streit.

3 Solino: Ein Film über das Weggehen und Heimkehren

1 a) *Fatih Akin:* 42, Hamburg, Regisseur/ Schauspieler/Produzent, Film/Kino/Geschichten von Menschen mit spannenden Lebenswegen – *Gründe:* gutes Drehbuch, eigene Familiengeschichte – *die Amatos:* italienisch, stehen stellvertretend für alle Gastarbeiterfamilien – *Themen:* Familie, Heimat, Migrationserfahrungen, Weggehen und Heimkehren
b) *Beispiel: der Gastarbeiter:* Person, die in einem fremden Land arbeitet. – *der/die Regisseur/in:* Person, die einen Film dreht/Regie führt. – *der/die Schauspieler/in:* Darsteller im Theater oder im Film – *der Lebensweg:* Stationen im Leben, Lebensgeschichte – *die Migrationsgeschichte:* die Geschichte der Migration (z. B. in Deutschland) oder eine Geschichte über Migration (wie der Film „Solino") – *die türkischen Wurzeln:* die Familie/jemand stammt aus der Türkei – *das Drehbuch:* Buch mit den Texten und Anweisungen für die Schauspieler – *das Denkmal:* erinnert an eine Person oder ein Ereignis
c) (+): 2. – (–): 1. und 3.

2 a) 2. Das Restaurant, dessen Name „Solino" ist, war die erste Pizzeria im Ruhrgebiet. – 3. Rosa, deren Vater gerade gestorben war, wollte nicht nach Deutschland. – 4. Gigi und Giancarlo, deren Lebenswege unterschiedlich sind, treffen sich nach zehn Jahren wieder.
b) Immer wieder erzählt Fatih Akin von Menschen, deren Lebenswege schwierig, aber spannend sind, weil sie aus der Heimat weggegangen sind. – Mit „Solino" stellt Fatih Akin das erste Mal Menschen, deren Migrationsgeschichte sich nicht mit der Türkei verbindet, in den Mittelpunkt. – Fatih Akin, dessen türkische Wurzeln auch für dieses Filmprojekt von Vorteil waren, zeigt sich mit „Solino" italienischer als ein Italiener.
c) 1. Gigi, dessen Privatkino alle fasziniert, ist im Dorf sehr beliebt. – 2. Rosa, deren Gesundheit sich verschlechtert, geht nach Italien zurück. – 3. Gigi und Giancarlo, deren Streit zehn Jahre gedauert hat, wollen sich in Solino wiedersehen.

3 b) Familie, Sprache, Verkehrsmittel, Essen, Wetter

4 … und deshalb wandern wir aus Deutschland aus

1 a) 1. Deutsche wandern aus, weil sie hoffen, dass sie im Ausland bessere berufliche und private Perspektiven haben. – 2. Das beliebteste Zielland ist die Schweiz. – 3. Die Grafik zeigt die beliebtesten Länder, in die Deutsche auswandern. – 4. „Goodbye Deutschland" ist ein TV-Format, das Menschen, die auswandern, mit der Kamera begleitet.
b) *Richtig:* 1., 2. und 4.
Falsch: 3. Nach Kanada wanderten 2012 nur 2692 Deutsche aus.

2 a) *Bernd Reichelt:* Handwerker – *Mandy Haschke:* Kellnerin
b) *Bernd Reichelt:* Jobprobleme: arbeitslos, über 40 – Freunde: Kollegen, treffen sich abends, fischen – Zufriedenheit: sehr zufrieden – Rückkehr: wenn er in Rente geht
Mandy Haschke: Jobprobleme: keine feste Stelle als Kellnerin – Freunde: Freund zieht auch nach Tirol – Zufriedenheit: zufrieden – Rückkehr: im Moment nicht

5 Nicht nur Menschen wandern aus …

1 b) *Woher?:* aus Südamerika – *Seit wann in Europa?:* seit dem 16. Jahrhundert, zuerst in Irland und Portugal – *Verbreitung weltweit?:* China und Indien = die größten Anbauländer, Russland = der größte Verbrauch (250 kg pro Jahr)

2 Zuerst werden die Kartoffeln geschält. Dann werden die Kartoffeln gekocht. Danach werden der Apfel und die Kartoffeln in Scheiben geschnitten und in eine Schüssel gegeben. Die Gewürzgurken und die Zwiebel werden klein geschnitten, der Schnittlauch wird gehackt und alles wird in die Schüssel gegeben. Dann wird Senf hinzugegeben. Zum Schluss wird Gurkenflüssigkeit und Öl über den Salat gegossen. Dann wird mit Salz, Pfeffer, etwas Kümmel und Zucker abgeschmeckt.

3 a) Aktiv: Man schält die Kartoffeln. Man schmeckt den Salat mit Salz und Pfeffer ab. – Passiv: Die Kartoffeln werden geschält. Der Salat wird mit Salz und Pfeffer abgeschmeckt.
b) Man schält die Kartoffeln. Dann kocht man die Kartoffeln. Danach schneidet man den Apfel und die Kartoffeln in Scheiben und gibt sie in eine Schüssel. Man schneidet die Gewürzgurken und die Zwiebel klein, hackt den Schnittlauch und gibt alles in die Schüssel. Zum Schluss gießt man Gurkenflüssigkeit und Öl über den Salat. Man schmeckt mit Salz, Pfeffer, etwas Kümmel und Zucker ab.

4 *Beispiel:* Heute ist die Jeans eines der beliebtesten Kleidungsstücke weltweit. Die Jeans stammt aus den USA, wo Levis Strauss im 19. Jahrhundert ein Patent für eine Hose mit Nieten anmeldete. Die Jeans war früher eine Arbeitshose und wurde von Cowboys getragen. Nach dem Zweiten Weltkrieg brachten amerikanische Soldaten die Jeans nach Europa.

10 Europa

1 Wir sind Europa!

2 Belgien, Bulgarien, Dänemark, Deutschland, Estland, Finnland, Frankreich, Griechenland, Irland, Italien Kroatien Lettland Litauen Luxemburg Malta, Niederlande, Österreich, Polen, Portugal, Rumänien, Schweden, Slowakei, Slowenien, Spanien, Tschechien, Ungarn, Vereinigtes Königreich, Zypern

3 a und b) *Christina Reiter:* Österreich – Studentin – Frieden und Stabilität, offene Grenzen, Währung

Milan Jaska: Slowenien – Übersetzer – Arbeit, EU-Institutionen, gemeinsame Wirtschaftszone
Baiba Graudinga: Lettland – Au-Pair – Sprachenvielfalt, Kunst und Kultur, EU-Freizügigkeit

4 (+): Memet Kurtulus, Marek Veselý
(–): Traudel Peterlein
(~): Saskia Fürth

2 Das politische Europa

1 a) a 2 – b 6 – c 1 – d 5
b) 1. 5. – 2. 1. – 3. 2. – 4. 6. – 5. 4. – 6. 3.

2 a) *Personen:* die Regierungschefs – der Präsident des Rates – die Beamten – die Minister der Mitgliedstaaten – die EU-Bürger
Institutionen: der Rat der EU – der europäische Rat – das EU-Parlament – die Kommission – der Rat der Europäischen Union
b) *kommen viermal im Jahr zusammen:* die Regierungschefs – *hat die Funktion eines Organisators und Moderators:* Präsident des Europäischen Rates – *genehmigt den Haushalt:* der Rat der Europäischen Union – *unterstützen die Kommission:* die Beamten – *entscheidet über allgemeine Ziele der EU-Politik:* der Europäische Rat – *ernennt die Kommissare und Kommissarinnen:* der Europäische Rat – *wählen die Abgeordneten:* die EU-Bürger – *beschließt Rechtsvorschriften und Gesetze:* das EU-Parlament und der Rat der EU – *arbeitet Gesetzesvorschläge aus:* die Kommission

3 *Beispiel: Richtig:* Die Europäische Zentralbank hat ihren Sitz in Deutschland. – Die Kommission hat 24 000 Beamte und Beamtinnen. – Die EU hat 28 Mitgliedsstaaten. *Falsch:* Der Präsident oder die Präsidentin des Europäischen Rates wird für 24 Monate gewählt. (36 Monate) – Bei der letzten Europawahl 2014 gab es eine hohe Wahlbeteiligung. (niedrige) – Der Europäische Gerichtshof hat seinen Sitz in Frankreich. (Luxemburg)

4 1 b – 2 d – 3 a – 4 c

5 a) 1 d – 2 c – 3 b – 4 a
b) 1. Womit identifizieren Sie sich – mit Europa oder mit Ihrem Land? Ich identifiziere mich mit Europa./Sowohl als auch, etwas mehr mit Deutschland. – 2. Wovon träumen Sie in Bezug auf Europa? Ich träume von einer geringen Arbeitslosigkeit./Von mehr Perspektiven – ja davon träume ich. – 4. Worüber ärgern Sie sich in der Europapolitik? Ich ärgere mich über die Asylpolitik./Ich ärgere mich am meisten über die EU-Kritiker.
c) *Kühne:* Ich denke an Frieden und Stabilität. – Sowohl als auch, etwas mehr mit Deutschland. – Ich ärgere mich am meisten über die EU-Kritiker. – Ich träume von einer geringeren Arbeitslosigkeit.
Höfl: Ich denke an ein Europa ohne Grenzen. – Ich identifiziere mich mit Europa. – Ich ärgere mich über die Asylpolitik. – Von mehr Perspektiven – ja davon träume ich.
d) 1. Ja, beide interessieren sich für Politik. Lena studiert Politik und Christian European Studies. – 2. Lena ist in der SPD. Christian ist nicht in einer politischen Partei. – 3. Lena engagiert sich für ein Ende der Arbeitslosigkeit und für Chancengleichheit durch Bildung. Christian engagiert sich für eine gerechte Einwanderungspolitik und mehr Klimaschutz.

6 a) *Beispiel: Was regt mich auf?:* zu viel Müll, Konsumgesellschaft, Tierquälerei – *Worüber freue ich mich?:* Frieden, Austauschprogramme der EU, offene Grenzen in der EU

3 Meinungen zu Europa

1 a) *Klara Wolf: Frieden/Stabilität:* seit 1957 Zeit des Friedens – *Wirtschaft:* Handel ohne Grenzen, starke Kaufkraft, Erfindungen – *Arbeitslosigkeit:* EU finanziert Arbeitsplätze – *Reisefreiheit:* keinen Pass vorzeigen – *Jugend:* Mobilität von Studenten – *Mehrsprachigkeit:* gefördert
Hans Thal: Frieden/Stabilität: Balkankriege nicht verhindert – *Wirtschaft:* zu wenig in Technologie und Wissenschaft investiert – *Arbeitslosigkeit:* großes Problem Jugendarbeitslosigkeit – *Reisefreiheit:* mehr Kriminalität – *Jugend:* Job wichtiger als Austauschprogramme – *Mehrsprachigkeit:* zu teuer

2 a) *Frau Wolff:* 2. und 5. – *Herr Thal:* 6. – (–): 1, 3. und 4.
b) Unabhängigkeit/unabhängig, Mehrsprachigkeit/mehrsprachig, Reisefreiheit/frei, Möglichkeiten/möglich, Gesundheit/gesund, Sicherheit/sicher, Arbeitslosigkeit/arbeitslos

3 a) Heute braucht kein EU-Bürger Angst vor einem Krieg zu haben. – Zwischen Finnland und Portugal brauchen Europäer keinen Pass vorzuzeigen – Wir brauchen keine Angst vor unterschiedlichen Meinungen zu haben, aber … – … EU-Bürger brauchen keinen Ausweis zu zeigen, …
b) In der Eurozone müssen sie ihr Geld nicht mehr wechseln. – Wir müssen keine Angst vor der Vielfalt Europas haben.
c) Man braucht keine Arbeitslosigkeit zu befürchten. – Man braucht keinen Asylantrag zu stellen. – Man braucht keine Studiengebühren zu zahlen. – Man braucht sich nicht zwischen Familie und Job zu entscheiden.

4 Europa entdecken

1 a) *Beispiel:* 1. Welches Land ist das beliebteste Reiseziel? – 2. Wie viele Orte in Europa haben einen Namen mit nur einem Buchstaben? – 3. Wo gibt es die meisten Brunnen? – 4. In welchem Land gibt es 32 000 km Fahrradwege?
b) Trotzdem besuchen jedes Jahr fast 477 Millionen Touristen den europäischen Kontinent. – Trotzdem hatte ich viel Spaß beim Lesen.
1. Die USA sind viel größer als Frankreich. Trotzdem hat Frankreich jährlich mehr Besucher. – 2. Es gibt weltweit viele interessante Reiseziele. Trotzdem ist Europa Reiseziel Nr. 1. – 3. Die Informationen sind nicht wichtig. Trotzdem präsentiert sie Magnus in seinem Blog. – 4. Europa hat viele Bauwerke. Trotzdem gehört nur das Kolosseum zu den „Neuen sieben Weltwundern".

2 a) Entweder mache ich ein Praktikum in Brüssel oder ich arbeite in Berlin. – Entweder ich jobbe als Kellnerin in Österreich oder ich arbeite als Touristenführerin in Spanien. – Entweder ich gehe auf Weltreise oder ich mache eine Rundreise durch Europa.
b) *Beispiel:* Wenn ich Urlaub in Europa mache, dann gehe ich zelten. Ich mag auch Ferien auf dem Bauernhof. Übers Wochenende mache ich manchmal eine Städtereise. Strandurlaub gefällt mir auch.

Station 2

1 Training für den Beruf: Smalltalk

1 a) *Foto a:* eine Konferenz, Smalltalk in der Pause, Kollegen/Experten treffen
Foto b: Blumengeschäft, Verkäuferin, telefonieren, E-Mails lesen/schreiben
Foto c: im Team arbeiten, eine Videokonferenz machen, eine Besprechung haben, Aufgaben/Ergebnisse besprechen
Foto d: auf dem Flughafen, Kollegen treffen, Smalltalk
Foto e: sich unterhalten, telefonieren
b) a 3 – b 1 – c 2 – d 5 – e 4
c) Wetter, Sehenswürdigkeiten in der Stadt, Beruf, Flug/Reise

2 b) Der Sprecher beleidigt den Kollegen, stellt eine Frage zum Geld und lästert über den Chef.

3 a) 1. Waren Sie dann auch schon auf dem Uetliberg? – 2. Das ist aber lang! Gab es keinen Flug? – 3. Sie sollten unbedingt die Altstadt besichtigen. – 4. Ich bin bei SAP in Walldorf. – 5. So ein Pech, dass es hier schon seit Tagen regnet. – 6. Hoffentlich kommt der Bus bald. Bei diesem Wetter macht es keinen Spaß zu warten.

2 Wörter – Spiele – Training

1 a) *Problem:* 4. – *Pro-Argumente:* 3. und 5. – *Contra-Argument:* 1. – *Vorschlag:* 2.
b) *Beispiel:* Wir produzieren zu viel Müll. Wir kaufen zu viele Lebensmittel, die wir nicht brauchen. Außerdem kaufen wir viele billige Kleidungsstücke, die nicht lange halten. Aber viel Müll wird auch recycelt. Deshalb müssen wir unser Verhalten ändern: Wir müssen weniger, dafür aber Qualität kaufen.

3 a) *Beispiel:* Das Nachtlied
gesungen, geträumt,
süß und dunkel,
das Nachtlied,
es klingt,
wir hören
wir singen immer
das Nachtlied
süß und dunkel,
gesungen, geträumt.

3 Grammatik und Evaluationen

1 a) Werbebroschüre – *Für das Autofahren:* unabhängig, größere Dinge transportieren, bequem – *Gegen das Autofahren:* keine Parkplätze, Stau, Stress, teuer, Smog
b) fluchende Autofahrer / Autofahrer, die fluchen – telefonierender Autofahrer/ein Autofahrer, der telefoniert – hupende und wütende Autofahrer / Autofahrer, die hupen und wütend sind – spielende Kinder / Kinder, die spielen – Musik hörende Fußgänger / Fußgänger, die Musik hören – steigende Benzinpreise / Benzinpreise, die steigen – zahlreicher werdende Autos / Autos, die zahlreicher werden.

2 a) … nicht nur Deutsch, sondern auch Englisch … – Nicht nur weil meine Lehrerin …, sondern auch wegen der Sprache … – Entweder lesen wir … oder wir sehen uns Filme an … – Je mehr Filme … desto mehr verstehe ich … – … aber weder deutsche Muttersprachler … noch einen Austausch … – … nicht nur Filme, sondern üben auch … – … je mehr Wörter …, desto besser verstehe ich. – … weder langweilig noch monoton. – … entweder selbst einmal … oder in einer Firma.
b) Ein guter Freund ist weder langweilig noch unhöflich. – Ein Haustier ist weder langweilig noch schmutzig. – Meine beste Freundin ist nicht nur witzig, sondern auch ehrlich. – Ein guter Film ist nicht nur lustig, sondern auch ernst. – Je mehr man Deutsch lernt, desto sicherer fühlt man sich. – Je weniger Zeit man hat, desto unsicherer fühlt man sich. – Entweder wir machen Urlaub an der See oder in den Bergen. – Entweder mache ich die Hausaufgaben am Wochenende oder am Montag.

3 Ich lasse meine Haare schneiden. – Ich lasse die Waschmaschine reparieren. – Ich lasse das Auto reparieren. – Ich lasse ein Kleid nähen.

4 Der Tag war lang. Nachdem Norbert die Wäsche aufgehängt hatte, arbeitete er am Computer. Nachdem er am Computer gearbeitet hatte, kochte er Spaghetti. Nachdem er Spaghetti gekocht hatte, spülte er das Geschirr. Nachdem er das Geschirr gespült hatte, brachte er seinen Sohn ins Bett. Nachdem er seinen Sohn ins Bett gebracht hatte, schaute er fern.

5 a) 2 e – 3 f – 4 g – 5 a – 6 c – 7 d
b) *Beispiel:* 1. Die Schwester meiner Frau arbeitet bei Siemens. – 2. Ich bin zur Arbeit gegangen, obwohl ich Zahnschmerzen hatte. – 3. Sie studiert, um Karriere zu machen. – 4. Paula, deren Katze immer zu uns kommt, ist unsere Nachbarin. – 5. Benjamin hatte gerade Fenster geputzt, als es an der Tür klingelte. – 6. Die Mülltonnen werden jede Woche geleert. – 7. Nächstes Jahr werde ich so sparen, dass ich in den Urlaub fahren kann.

4 Filmstation

1 a) *Beispiel:* Die Amatos kommen 1964 von Italien nach Deutschland. In Duisburg eröffnen sie eine Pizzeria mit dem Namen „Solino". Die ganze Familie hilft im Lokal. Gigi, der Sohn, möchte Regisseur werden. Die Ehe der Eltern zerbricht. Die Mutter geht mit Gigi nach Italien zurück. Gigis Film gewinnt einen Preis. Er kann ihn aber nicht abholen, da er in Italien ist. Deshalb lässt sich sein Bruder für den Film feiern. Die Brüder streiten sich. Gigi bleibt in Italien und eröffnet dort ein Kino.
b) *Mutter Rosa:* Ich bin unglücklich! Ich halte das nicht mehr aus! Was soll ich nur machen. – *Vater Romano:* Ich will nicht mehr! Wir werden eine Lösung finden. Wir müssen das zusammen schaffen! – *Gigi und Giancarlo:* Das wäre ja toll! Das ist ja spannend. Oh, wir freuen uns darauf.
c) 1., 5. und 6.
d) *Beispiel: Szene 1:* Was soll jetzt werden? Wie geht es jetzt weiter? – *Szene 2: Romano:* Alles wird gut werden. Lass es uns versuchen. *Rosa:* Wenn ich auch so optimistisch sein könnte.

2 b) 2., 4., 6., 9., 12. und 13.
c) 1., 3., 8., 11. und 14.
d) ☺ 3. und 7. (in der Pause), 14. (nach Absprache) – ☹ 9., 11., 12. und 13.
e) Superheld_Nr3
Beispiel: Handy auf dem Tisch, wenn man mit Freunden zusammen ist? Finde ich ok, wenn's die anderen nicht stört.

Lösungen Modelltest

Lesen

1. 1 Falsch – 2 Richtig – 3 Richtig – 4 Falsch – 5 Falsch – 6 Richtig
2. 7b – 8b – 9a – 10b – 11a – 12b
3. 13f – 14X – 15h – 16i – 17d – 18c – 19e
4. 20 Nein – 21 Nein – 22 Nein – 23 Ja – 24 Ja – 25 Ja – 26 Nein
5. 27a – 28c – 29c – 30b

Hören

1. 1 Falsch – 2b – 3 Richtig – 4b – 5 Richtig – 6b – 7 Falsch – 8a – 9 Falsch – 10c
2. 11b – 12a – 13c – 14c – 15b
3. 16 Falsch – 17 Falsch – 18 Falsch – 19 Richtig – 20 Falsch – 21 Richtig – 22 Richtig
4. 23b – 24c – 25b – 26b – 27c – 28a – 29b – 30a

Schreiben

1. *Beispiel*

   Liebe Tanja,
   ich war am Wochenende im Kino und habe den neuen James Bond Film gesehen. Er hat mir wirklich gut gefallen, obwohl so viele Leute gesagt haben, dass er ziemlich schlecht ist. Aber ich mag Action und die Musik war auch sehr gut. Ich würde aber auch sehr gerne mal wieder einen Liebesfilm sehen, aber Mark hat keine Lust. Möchtest du vielleicht nächstes Wochenende mit mir ins Kino gehen? Wir könnten vorher auch noch essen gehen.
   Liebe Grüße, Maria

2. *Beispiel*

   Also ich bin sehr froh, dass wir einen modernen Fernseher haben. Wir kucken zwar nicht viele Fernsehsendungen, aber mit unserem Fernseher kann man online Filme oder Serien schauen. Das ist sehr praktisch, weil man anfangen kann, wann man möchte und auch Pause machen kann. Und es kommt keine Werbung. Manchmal schauen wir gleich mehrere Folgen von unserer Lieblingsserie hintereinander. Aber ich finde es gut, dass wir keinen Fernseher im Schlafzimmer haben. Es ist viel gemütlicher, wenn man abends noch ein Buch liest oder sich noch ein bisschen unterhalten kann.

3. *Beispiel*

   Liebe Frau Keller,
   vielen Dank für Ihre Email und die nette Einladung zum Sommerfest. Ich habe mich sehr darüber gefreut. Leider habe ich keine Zeit, am Vormittag bei den Vorbereitungen zu helfen, weil ich einen Kurs an der Universität habe.
   Viele Grüße, Maria

Lösungen Tests

Einheit 1

1. 1. Uhrzeit – 2. Öffnungszeiten – 3. Arbeitszeit – 4. Freizeit – 5. Wartezeit – 6. Zeitdruck
2. 1. Während Thomas Zeitung liest, hört er Radio. – 2. Während mein Freund vor dem Fernseher sitzt, kaufe ich ein. – 3. Sylvia denkt an ihren Freund, während sie zur Arbeit fährt. – 4. Wir singen ein Lied, während wir wandern. – 5. Während ich im Zug sitze, arbeite ich am Laptop. – 6. Während sie putzt, hat sie schlechte Laune.
3. 1. ausschlafen/Ausschlafen – 2. lesen/Lesen – 3. Tanzen/tanze
4. 1. Während – 2. weil – 3. Als – 4. denn – 5. dass – 6. damit – 7. Wenn
5. 1. Am 13.08.1961 baute die DDR-Regierung eine Mauer durch Berlin. – 2. Am 9.11.1989 fiel die Mauer und die Menschen feierten in den Straßen. – 3. Am 3.10.1990 wurden West- und Ostdeutschland wiedervereinigt. – 4. Nach 1990 gab es die DDR nicht mehr.
6. 1. lag – 2. schlief – 3. sprachen – 4. wurde – 5. wusste – 6. war – 7. sah – 8. hatte – 9. rief

Einheit 2

1. 1b – 2a – 3b – 4a – 5c – 6a – 7a – 8b
2. 1. Herr Kröger, Sie sollten etwas abnehmen und mehr Obst und Gemüse essen. – 2. Ich denke, du müsstest mehr Gymnastik machen. – 3. Frau Reiz, Sie sollten weniger Überstunden machen. – 4. Ich finde, du solltest dich nicht immer so aufregen. – 5. Ja, er könnte einen Yogakurs besuchen.
3. 1. Ich finde es sehr schön, dass … – 2. Es gefällt mir gut, dass … – 3. Es ist ziemlich schade, dass …
4. 1. Paul hat viel Stress, deshalb möchte er weniger arbeiten. – 2. Ich habe meinen Ausweis verloren, deswegen gehe ich zur Polizei. – 3. Ich hatte keinen Termin, darum musste ich lange beim Arzt warten.
5. 1. Ich fahre jetzt Fahrrad, weil ich mit dem Auto immer im Stau stehe. – 2. Karsten hat einen Strafzettel bekommen, weil er falsch geparkt hat. – 3. Weil wir total gestresst sind, machen wir jetzt Pause.
6. 1c – 2d – 3e – 4b – 5a

Einheit 3

1 1. Hast du am Wochenende Zeit und Lust, eine Wanderung zu machen? – 2. Ich finde es sehr anstrengend, jeden Morgen früh aufzustehen. – 3. Theo hat heute Abend keine Zeit, ins Kino zu gehen. – 4. Es ist viel Arbeit, eine neue Sprache zu lernen. – 5. Mist, ich habe vergessen, den Müll wegzubringen. 6. Versucht doch bitte zuzuhören.

2 1. Recht – 2. sicher – 3. Meinung – 4. sehe – 5. stimme

3 1. unglücklich – 2. humorlos – 3. unromantisch – 4. sinnvoll – 5. verständnislos – 6. unehrlich

4 1. dass Claudine und Rainer sich lieben. – 2. dass man nicht heiraten muss. – 3. dass Thomas nur an seine Arbeit denkt und schrecklich unromantisch ist. – 4. dass es zu viele Klischees über Männer und Frauen gibt. – 5. dass du mir zuhörst.

5 1a – 2c

Einheit 4

1 1. spannende – 2. vielseitige – 3. industrielle – 4. langen – 5. interessante – 6. grünen – 7. unterschiedlichen – 8. großes – 9. weiteren – 10. bequemen – 11. aktuellen – 12. interessante – 13. verschiedenen – 14. praktische – 15. vielen

2 1. kleinen – 2. glatten – 3. neues – 4. alte – 5. schlimmen – 6. steilen – 7. gute – 8. arme – 9. ganzen – 10. spannendes

3 1. Neue Sprachkurse an der VHS. Die neuen Kurse beginnen am 1. 9. 2016. – 2. Günstiges Angebot: Fast neue Waschmaschine für nur 50 Euro. – 3. Schönes Ferienhaus zu vermieten mit großem Balkon und schönem Garten. – 4. Haben Sie ein altes Fahrrad, das Sie nicht mehr möchten, und suchen Sie ein neues Rad? Bei uns bekommen Sie gute Fahrräder zu günstigen Preisen. Das alte Fahrrad nehmen wir in Zahlung. Dann wird Ihr neues Rad noch billiger.

4 richtig: 1, 3, 5, 6

Einheit 5

1 1. das Gymnasium – 2. der Schulabschluss – 3. das Abitur – 4. das Zeugnis – 5. die Realschule – 6. der Unterricht – 7. das Lieblingsfach – 8. die Hausaufgaben – 9. die Lehrerin – 10. die Note

2 1. Mathematik – 2. Chemie – 3. Musik – 4. Geschichte – 5. Deutsch – 6. Geographie

3 1d – 2f – 3a – 4b – 5e – 6c

4 1. Wenn die Arbeit nicht so anstrengend wäre, wäre ich abends nicht immer so müde. – 2. Wenn ich ein Auto hätte, müsste ich nicht mit dem Fahrrad fahren. – 3. Wenn ich in deinen Kopf sehen könnte, wüsste ich, was du denkst. – 4. Wenn die Grammatik nicht so schwer wäre, würde der Unterricht mehr Spaß machen.

5 1. hätte – 2. würde – 3. wäre – 4. würde – 5. hätte – 6. würde – 7. wäre – 8. würde – 9. wäre – 10. würde – 11. wäre – 12. würde – 13. würde – 14. hätte – 15. würde

6 1. Wir müssen noch für die Prüfung lernen, die in zwei Wochen stattfindet. – 2. Das einsprachige Wörterbuch, mit dem ich jetzt arbeite, ist besser. – 3. Heute Abend treffen wir alte Schulfreunde, die wir lange nicht gesehen haben. – 4. Wann gibst du mir das Buch zurück, das ich dir vor einem Monat geliehen habe?

Einheit 6

1 1. schneien – 2. trocken – 3. Hitze – 4. Frost

2 1. steigen – 2. schmelzen – 3. abnehmen – 4. verbrauchen 5. fliegen, fahren

3 1. Meine Tochter wird nächstes Jahr heiraten. – 2. Ich werde in Zukunft weniger arbeiten. – 3. Wir werden in Zukunft mehr für die Umwelt tun. – 4. Wirst du mich bald anrufen? – 5. Werden die Menschen in 100 Jahren glücklicher sein?

4 1. Ich esse nicht viel Fleisch, sondern (ich) mag lieber Fisch. – 2. Je teurer die Bahnfahrten sind, desto mehr Menschen nehmen das Flugzeug. – 3. Viele Kinder wollen nicht lesen, sondern fernsehen. – 4. Je weniger es regnet, desto größer werden die Probleme für die Landwirtschaft sein. – 5. Je mehr Filme ich auf Deutsch sehe, desto schneller lerne ich neue Wörter. 6. Nicht die Freunde kosten zu viel Zeit, sondern die Arbeit dauert zu lange.

5 1. Wegen der Messe gibt es keine Hotelzimmer mehr. – 2. Wegen des Staus bin ich zu spät gekommen. – 3. Wegen einer Familienfeier ist das Restaurant heute Abend geschlossen.

6 1. am – 2. Am – 3. am – 4. Um – 5. im – 6. Im – 7. in der

Einheit 7

1 1c – 2a – 3a – 4b

2 1. Wenn man gut gegessen hat, sollte man ein Trinkgeld geben. – 2. Wenn Sie jemanden nicht gut kennen, sollten Sie „Sie" sagen. – 3. Wenn man nach dem Weg fragt, sollte man höflich sein. – 4. Wenn du jemanden liebst, solltest du es ihm sagen.

3 1. Tim kommt eine Stunde zu spät, obwohl er meistens pünktlich ist. Obwohl er meistens pünktlich ist, kommt Tim eine Stunde zu spät. – 2. Ich esse am liebsten nachts, obwohl es ungesund ist. Obwohl es ungesund ist, esse ich am liebsten nachts.

4 1. Man gibt die Nudeln in kochendes Wasser. – 2. Vor großen bellenden Hunden habe ich Angst. – 3. Ich weiß keine passende Antwort.

5 1. Nachdem Tobias zu spät zur Arbeit gekommen war, war sein Chef sauer. – 2. Nachdem Tobias nach Hause gefahren war, kochte er Nudeln und ließ sie anbrennen. – 3. Nachdem Tobias die Nudeln in den Müll geworfen hatte, bestellte er eine Pizza. – 4. Nachdem Tobias die Pizza gegessen hatte, ging er endlich ins Bett und schlief.

Einheit 8

1 1b – 2c – 3a – 4b – 5a – 6c

2 1. Peter will nicht nur Astronaut werden, sondern auch ins All fliegen. – 2. Ich wünsche mir nicht nur einen Hund, sondern auch eine Katze. – 3. Oma möchte weder alleine noch im Altersheim wohnen. – 4. Weder Papa noch Mama können auf Oma aufpassen.

3 2. Seit unsere Oma bei uns wohnt, ist sie viel glücklicher. – 3. Roberto hat viele neue Freundinnen, seit er im Tanzkurs ist. – 4. Ich koche viel besser, seit ich ein neues Kochbuch habe. – 5. Seit Rebecca eine Arbeit gefunden hat, hat sie keine Zeit mehr. – 6. Meine Schwester ist viel netter, seit sie nicht mehr zu Hause wohnt.

4 1. meiner – 2. meiner – 3. meines – 4. unseres

5 1. gefiel – 2. machte – 3. fand – 4. hatte – 5. wusste – 6. sollte – 7. zog … aus – 8. hatte – 9. brachte – 10. ging – 11. wurde

Einheit 9

1 1. Zürich – 2. schenken – 3. Reise

2 1. Mein Freund, dessen Eltern in Madrid wohnen, möchte bald nach Spanien ziehen. – 2. Meine Kollegin, deren Vater letzte Woche gestorben ist, ist sehr traurig. – 3. Das Auto, dessen Bremsen nicht mehr funktionieren, möchte ich verkaufen. – 4. Meine Nachbarn, deren Kinder bei uns in der Wohnung spielen, sind sehr nett.

3 1. Der Müll wird jeden Montag abgeholt. – 2. Die Bestellungen werden auch telefonisch aufgenommen. – 3. In Deutschland werden viele Autos produziert. – 4. Pommes werden hier genauso gern gegessen wie Kartoffeln.

4 1. Man holt den Müll jeden Montag ab. – 2. Man nimmt die Bestellung auch telefonisch auf. – 3. Man produziert in Deutschland viele Autos. – 4. Man isst Pommes hier genauso gern wie Kartoffeln.

5 1. Romano kauft nicht selbst ein, er lässt einkaufen. – 2. Er serviert auch nicht selbst, er lässt servieren. – 3. Nein, ich lasse es reparieren. – 4. Herr Schumann, lassen Sie Ihre Wohnung renovieren? – 5. Ricardo, lässt du deine Wäsche waschen?

6 1. falsch – 2. falsch – 3. richtig – 4. richtig – 5. falsch

Einheit 10

1 1. Mobilität – 2. Frieden – 3. Parlament – 4. Bürokratie – 5. Zentralbank – 6. Grenzen – 7. Währung – 8. Minister

2 1. Sicherheit – 2. Unabhängigkeit – 3. Gesundheit – 4. Arbeitslosigkeit – 5. Schönheit – 6. Möglichkeit – 7. Freiheit – 8. Einsamkeit

3 1. Woran – 2. Worüber – 3. Worauf – 4. Wovon – 5. Wofür – 6. Worüber

4 1. In der Eurozone braucht man sein Geld nicht mehr zu wechseln. – 2. Ich brauche auch an der Grenze meinen Pass nicht mehr zu zeigen. – 3. Wir brauchen heute nicht zu arbeiten. – 4. Du brauchst heute nicht einzukaufen.

5 1. Trotzdem kaufe ich die teure Jacke. – 2. Trotzdem ziehen wir nach Spanien. – 3. Trotzdem tun sie zu wenig. – 4. Trotzdem steht sie jeden Tag früh auf. 5. Trotzdem kommst du nie.

6 1. Entweder du kommst mit oder du bleibst zu Hause. – 2. Entweder ich fahre nach Berlin oder ich fahre nach Hamburg. – 3. Entweder ich kaufe ein neues Fahrrad oder ich lasse das alte reparieren.